近代早期英国社会史研究

A Study of Social History in
Early Modern England

赵秀荣　著

中国社会科学出版社

图书在版编目(CIP)数据

近代早期英国社会史研究/赵秀荣著. —北京:中国社会科学出版社,2017.12

ISBN 978 – 7 – 5203 – 0223 – 4

Ⅰ.①近… Ⅱ.①赵… Ⅲ.①社会史—研究—英国—近代 Ⅳ.①K561.4

中国版本图书馆 CIP 数据核字(2017)第 086599 号

出 版 人	赵剑英
责任编辑	郭 鹏
责任校对	张艳萍
责任印制	李寡寡

出　　版	中国社会科学出版社
社　　址	北京鼓楼西大街甲 158 号
邮　　编	100720
网　　址	http://www.csspw.cn
发 行 部	010 – 84083685
门 市 部	010 – 84029450
经　　销	新华书店及其他书店
印　　刷	北京明恒达印务有限公司
装　　订	廊坊市广阳区广增装订厂
版　　次	2017 年 12 月第 1 版
印　　次	2017 年 12 月第 1 次印刷

开　　本	710×1000　1/16
印　　张	20
字　　数	280 千字
定　　价	78.00 元

凡购买中国社会科学出版社图书,如有质量问题请与本社营销中心联系调换

电话:010 – 84083683

版权所有　侵权必究

序　言

赵秀荣副教授的《近代早期英国社会史研究》即将付梓，嘱我为之作序。秀荣是我在人民大学历史学院系联系较多的同仁，多年来一直悉心从事英国史的研究，颇有成绩。即便在日内瓦担任孔子学院中方院长的四年中，仍旧在诸多事务中拨冗治史，撰成这部学术著作。感佩之余，我十分乐意添加赘言，以为介绍。

在西方世界，英国无疑是率先告别传统社会而进入现代门槛的国家，它最先建构了资本主义的宪政体制，开启了启蒙运动与工业革命的进程。而且，它的政治制度、法律体系与思想观念随着"西力东渐""西学东渐"的浪潮而对世界诸多国家和地区产生了重大而深远的影响。正因为如此，英国历史素来为西方史家所关注。在我国世界史学界，英国史研究也是发端最早、成果最为突出的研究领域。自改革开放以来，我国学者秉承前辈开拓的学术路径，对英国史展开了多层次、多角度的研究，不仅在政治史、经济史、宗教史、思想文化史、殖民史等传统领域步步深入，而且也将视野投向社会史、环境史等"新史学"领域并取得相当进展。不过，我国学者在英国史中"新史学"的耕耘尚属"拓荒"阶段，多聚焦在某个问题的"个案"考察，综合性的研究还很少见。就社会史而言，有关人口、婚姻、家庭、福利、疾病等专题时有论文乃至专著问世，但综合性的学术著作则寥寥可数。秀荣教授的这部著述，无疑填补了我国史学界在英国近代早期社会史领域的一项重要学术空白。

这部著作在系统追踪与梳理西方以及国内学术史的基础上，对近代早期（1500至1700年）的英国社会进行全方位的周详考量。全书囊括的大问题是："土地与人口""经济与社会""乡村与城市""宗教改革""叛乱与镇压""贫困与济贫""瘟疫与饥荒""犯罪与惩罚""巫术与迫害""婚姻与家庭""科学革命""教育的进步""疾病与健康""医疗行业的发展""疯癫与疯人院"及"自杀现象及认知"。通过对这十六个大问题的考察，该著比较全面清晰地论证了这一时期英国的社会结构、社会组织及其运行、社会行为模式与社会心理状态，大幅度地展示了近代早期英国社会的历史图景。

在理论、方法上坚持兼容并包的科学态度，由此而在相关解读上有所突破、有所建树，则是这部著作的另一个特点。在分析论证中，该著以唯物史观为理论指南，批判地借鉴社会学、"新史学"乃至后现代史学的理论与方法，去剖析这一时期的经济社会结构和社会问题，从而使相关的研究更加深入与精致。例如，当代西方的后现代主义史学从"知识与权力的互动"与历史源于"文本"的叙述、修辞这一认知出发，强调知识具有意识形态的属性与历史的主观性。这一历史研究的"语言学转向"，对历史客观性与历史诠释的可靠性形成巨大冲击。然而，该著并未对后现代史学的理论一概排斥，而是从中吸纳有益的学术理念来观照问题。正是对福柯理论、方法的批判借鉴，使得该著对这一时期英国社会的疯癫、疯人院、自杀、健康与医疗等问题作了精致入微的考察，提出了富有创新意义的学术见解。这是十分值得称道的！

这部著作还给人留下一个深刻印象，那就是相关研究建立在对翔实史料分析的基础上。书中不仅引用了不少第一手的文献资料尤其是16、17世纪早期历史文献，而且也参考了诸多当代西方学者有价值的学术成果。而在印证的过程中，作者并非每文必录，机械照搬，而是在对史料进行认真鉴别、互参的基础上作合理的选择、援引与诠释，力求做到不发空言，史论结合，对历史现象做出可信的解读。

从1500年至1700年的两个世纪，是英国从封建社会向资本主义社会过渡的历史转型时期。对于这一转型，国内史学界的考量多聚焦在新君主制与民族国家的建构、英国革命与宪政体制的确立、传统经济向市场经济的转变等问题上，很少从整体的社会史的角度来系统考察这一转型过程。从这个意义上讲，这部著作的刊行，无疑将有助于我们进一步深化对这一时期英国历史大变革的基础、特征与走向的认识，其重要的学术价值不喻自明。

如果从学术发展史的大视野来观察，《近代早起期英国社会史研究》一书的问世，对于我们厘定适合于自身的学术路向，则更有意义。这些年来，在国内的历史研究中，"全球史"的学术理路开始凸显，而日益拓展的"新史学"则萌生出"碎片化"的苗头，传统的地区、国别史研究似乎受到冷落。在这种热络的学术氛围中，秀荣教授"不改初心"，始终将自己的研究聚焦在英国史，力图将传统的史学研究融于自己的自下而上的"新史学"研究之中，并且按照"年鉴学派"最初的"总体史"的学术理念与范式来规范自己的理路，持之以恒，做出骄人的成绩。这对于我们尤其是年轻的一代学人，无疑是一个十分有益的启示！

以上几点只是本人对秀荣这部著作的初步认识，很难说是精准到位。至于对该著的全面、整体的评价，我想应该留待史学界同仁来加以一一评说，无须我在此过多着墨。

孟广林
2017 年 12 月于中国人民大学

目　　录

绪论 ·· (1)
    一　国内外研究状况 ··· (2)
    二　本书立意及主要内容 ······································· (5)

第一章　土地与人口 ·· (12)
    一　中世纪晚期经济状况 ······································· (12)
    二　庄园中的社会关系 ·· (16)
    三　近代早期的人口增加及价格革命 ······················· (17)
    四　圈地运动 ··· (21)

第二章　经济与社会 ·· (25)
    一　农业的发展 ·· (25)
    二　呢绒及其他工业的发展 ···································· (28)
    三　贸易的发展 ·· (33)
    四　社会的两级分化 ··· (34)

第三章　乡村与城市 ·· (43)
    一　乡村的变化 ·· (43)
    二　城市化的进程 ·· (47)
    三　独一无二的伦敦 ··· (49)
    四　伦敦的"移民" ··· (53)

五　伦敦对国家经济发展的影响 …………………………（56）

第四章　宗教改革………………………………………………（60）
　　一　宗教改革的背景 …………………………………………（61）
　　二　支持传统教会的证据 ……………………………………（63）
　　三　批评传统教会的声音 ……………………………………（64）
　　四　宗教改革的过程 …………………………………………（68）
　　五　英国国教的确立 …………………………………………（78）

第五章　叛乱与镇压……………………………………………（81）
　　一　都铎王朝主要的叛乱 ……………………………………（81）
　　二　叛乱的目的 ………………………………………………（87）
　　三　叛乱的类型及特点 ………………………………………（89）
　　四　叛乱领导者的构成 ………………………………………（91）
　　五　17世纪的骚乱 ……………………………………………（92）

第六章　贫困与济贫……………………………………………（95）
　　一　贫困的定义及问题的本质 ………………………………（95）
　　二　贫困产生的原因 …………………………………………（96）
　　三　穷人的确认 ………………………………………………（98）
　　四　中世纪教会济贫 …………………………………………（100）
　　五　政府济贫 …………………………………………………（101）

第七章　瘟疫与饥荒……………………………………………（106）
　　一　近代早期的瘟疫 …………………………………………（106）
　　二　对瘟疫的解释 ……………………………………………（110）
　　三　对瘟疫的应对 ……………………………………………（112）
　　四　瘟疫对社会的影响 ………………………………………（114）
　　五　饥荒 ………………………………………………………（115）

第八章　犯罪与刑罚 …… (119)
  一　法庭 …… (119)
  二　法律的执行者 …… (124)
  三　犯罪 …… (126)
  四　刑罚 …… (132)
  五　赦免与女性犯罪 …… (134)

第九章　巫术与迫害 …… (138)
  一　大众信仰 …… (138)
  二　巫术迫害 …… (140)
  三　反巫术的立法 …… (143)
  四　巫术审判的波动 …… (146)
  五　妇女与巫术 …… (147)

第十章　婚姻与家庭 …… (152)
  一　妇女在社会中的地位 …… (152)
  二　妇女的公共和私人领域 …… (154)
  三　单身女性及寡妇 …… (156)
  四　婚姻 …… (160)
  五　家庭关系 …… (164)
  六　家庭功能 …… (166)

第十一章　科学革命 …… (171)
  一　科学革命之前的信仰体系 …… (171)
  二　科学革命发生的社会背景 …… (174)
  三　天才的世纪 …… (178)
  四　科学革命的影响 …… (181)

第十二章　教育的进步 ·············· (184)
　　一　读写能力的衡量及调查 ·············· (185)
　　二　教育革命？ ·············· (190)
　　三　促进教育发展的因素 ·············· (193)
　　四　高等教育的发展 ·············· (196)
　　五　教育发展带来的结果 ·············· (198)

第十三章　疾病与健康 ·············· (203)
　　一　对疾病的认识 ·············· (203)
　　二　疾病的自我治疗 ·············· (207)
　　三　自我保健 ·············· (209)
　　四　对待死亡的态度 ·············· (213)

第十四章　医疗行业的发展 ·············· (215)
　　一　医者 ·············· (215)
　　二　医疗技术的有限性 ·············· (219)
　　三　对医疗行业的批评 ·············· (222)
　　四　医患关系 ·············· (226)
　　五　18—19世纪医院兴起 ·············· (228)

第十五章　疯癫与疯人院 ·············· (232)
　　一　对疯癫的认识 ·············· (233)
　　二　疯者的处境 ·············· (234)
　　三　疯人院 ·············· (237)
　　四　约克静修所道德疗法的尝试 ·············· (239)
　　五　对约克静修所的批评 ·············· (242)
　　六　疯人院改革 ·············· (244)

第十六章 自杀现象及认知 ………………………………（247）
　　一　自杀的人数 ……………………………………（247）
　　二　自杀的方式及动机 ……………………………（250）
　　三　对自杀的惩罚 …………………………………（252）
　　四　自杀在宗教上的解释 …………………………（256）
　　五　反对自杀的原因 ………………………………（257）
　　六　近代晚期对自杀态度的转变及原因 …………（259）

结语 …………………………………………………………（272）

参考文献 ……………………………………………………（278）

后记 …………………………………………………………（304）

绪　　论

本书的近代早期大体指 1500—1700 年。① 《牛津英语词典》对近代早期的定义如下："英国的近代早期上接中世纪（15 世纪末期），与都铎王朝（1485—1603 年）和斯图亚特王朝（1603—1714）吻合。1485 年的博斯沃思战役（The Battle of Bosworth）标志着'玫瑰战争'的结束、亨利七世治下的都铎王朝建立（他建立了更稳定的中央政府）。1476 年威廉·卡克斯顿（William Caxton）引进了印刷术，从此一个'书写世界'诞生。1688 年的'光荣革命'、安妮女王上台及 1707 年英格兰和苏格兰的联合标志着近代早期的结束。"② 本书上限始于都铎王朝开始——1485 年，下限终于 1688 年"光荣革命"（其中《医疗行业的发展》和《自杀现象及认知》两章会涉及 18、19 世纪的变化）。此书没有过多涉及 17 世纪中期的内战。

这里的英国指英格兰和威尔士，不包括苏格兰。虽然都铎王朝反复无常的亨利八世、处女女王伊丽莎白一世、斯图亚特王朝被称为是"欧洲最聪明的傻瓜"的詹姆士一世、被送上断头台的查理一世、"快活王"查理二世可能更吸引读者的目光，但本书主要关注

---

① 学界对近代早期的分期有不同意见。一种说法认为近代早期是从 1480—1700 年，另一种说法认为近代早期是从 1500—1750 年，还有人认为是从 1500—1800 年。笔者在《1500—1700 年英国商业与商人研究》采取的分期法是 1500—1700 年，这里仍旧遵循 1500—1700 年的划分法，具体断限是从 1485 年至 1688 年。

② http://public.oed.com/aspects-of-english/english-in-time/early-modern-english-an-overview/ visited on 15th October 15, 2017.

下层民众，而不集中于都铎王朝和斯图亚特王朝的君主。换言之，本书更多聚焦于社会史而非政治史，尝试进行自下而上的史学研究——虽然作为背景也会介绍近代早期政治、经济的发展。

近代早期英国正处在从封建社会向资本主义社会过渡、从传统经济向市场经济转变过程中，整个社会处于转型期。正是在这一时期，英国政治观念、经济、文化、社会结构、宗教都发生了重大变化，中世纪原有的"惯例"（Customary）被打破，原有的价值体系、道德约束遭受挑战。在经济上，资本主义初步发展，呢绒业发达，圈地运动兴起，向美洲的殖民开始。在文化上，莎士比亚的戏剧独领风骚、弥尔顿的诗歌激发人们的想象、约翰·李尔本的民主主义思想挑战等级秩序观念；同时，普通百姓的识字率提高，小学教育及大学教育初步发展。大众的社会生活也呈现不同的情况，贵族、农夫的婚姻、家庭呈现不同的画面；都铎王朝时期巫术审判一度泛滥，但英格兰从未出现欧洲大陆那样的迫害狂潮。这一时期，人们开始记录人口增长的情况，但疾病、瘟疫仍旧是人民生命的主要威胁，人均寿命有限，医疗服务不足。医院等医疗公共服务设施还很初步，不能达到救死扶伤的目的。人们依据宗教的观点解释巫术、疯癫、自杀等问题，社会弱势群体依旧处于社会最底层，但理性的观点开始出现，医学得到初步的发展，社会陋习被摒弃。

本书选取16个专题（"土地与人口""经济与社会""乡村与城市""宗教改革""叛乱与镇压""贫困与济贫""瘟疫与饥荒""犯罪与惩罚""巫术与迫害""婚姻与家庭""科学革命""教育的进步""疾病与健康""医疗行业的发展""疯癫与疯人院"及"自杀现象及认知"）进行论述，力图为读者展示近代早期英国社会图景。

一　国内外研究状况

国外关于近代早期英国社会史的研究著作汗牛充栋，这里仅举数例有代表性的成果。夏普教授的《1550—1760近代早期英格兰：

社会史》（J. A. Sharpe, *Early Modern England: A Social History, 1550 – 1760*, Bloomsbury Academic, 1997）考察了从 1550 年至 1760 年的英格兰社会状况。作者使用大量地方档案，通过考察英国社会的各层社会单元——从街区、酒馆到庄园及王宫，提出他自己的观点：尽管有战争、饥荒、瘟疫以及剧烈的宗教危机，但近代早期社会仍旧是"可控的"（Governable）。怀特森教授的《1580—1680 年的英国社会》（K. Wrightson, *English Society, 1580 – 1680*, Routledge, 2002）生动地描绘了从 16 世纪晚期到 17 世纪早期英国社会和乡村变化的图景。怀特森教授讨论了英国社会的延续性及变化的过程，强调发生在不同社会群体和不同地区的变化。此外，怀特森教授还出版了《人世的必须：近代早期英国经济生活》（K. Wrightson, *Earthly Necessities: Economic Lives in Early Modern Britian*, Penguin, 2000）。此书重新定义了近代早期英国经济史，介绍了近代早期经济生活变化的过程、检视了这些变化如何影响到社会不同阶层的男人、女人和孩子。今年，怀特森教授主编了《1500—1750 年英国社会史》（K. Wrightson, *A Social History of England, 1500 – 1750*, Cambridge University Press, 2017），此书选取不同主题，进一步丰富了早期社会史的研究，同时也启发读者从更广的视角思考政治、经济、思想的变化。科沃德教授的《近代早期英国社会的变化及延续性》（B. Coward, *Social Change and Continuity in Early Modern England, 1550 – 1750*, Rutledge, 1997）一书考察了源于革命压力带来的宗教和思想变化，以及 16 世纪晚期和 17 世纪早期发生的通货膨胀和人口增加。作者认为，社会变化及其持续性造就了近代早期英国社会的独特性。克莱教授出版了两卷本的《经济扩张和社会变化：1500—1700 年的英格兰》（C. G. A. Clay, *Economic Expansion and Social Change: England, 1500 – 1700*, 2Vols, Cambridge University Press, 1984）。此书主要讲述了在人口增长、通货膨胀、农业商业化、伦敦发展、新制造业出现的经济背景下英格兰经济和社会变化。作者指出，当时传统生产、社会结构和价值都受到挑战，导致了激进的经济和社会的转型。此外，还有一些主题研究，如门德尔森和克劳福德教授的《近代早期英国妇女》（S. Mendelson and P. Crawford, *Women in Early Modern England*, Oxford University Press, 2000）。此书利用大量原始资料考查了16、17世纪英国妇女的各个方面，重建了都铎王朝和斯图亚特王朝妇女精神和物质生活世界。阿普比教授的《都铎王朝和斯图亚特王朝时期的瘟疫》（A. B. Appleby, *Famine in Tudor and Stuart England*, Stanford University Press, 1978）一书主要考察了16世纪晚期和17世纪早期逐渐增加的人口对英格兰人口、经济和社会结构造成的压力，集中考察的地区是威斯特摩兰和昆伯兰。雷伊教授的《英格兰大众文化：1550—1750》（B. Reay, *Popular Cultures in England*, 1550—1750, Harlow, 1998）一书探讨了1550—1750年英格兰大众文化，重点关注各个社会阶层的信仰，以及不同年龄段、性别和宗教群体的不同。斯莱克教授编辑的《近代早期英格兰叛乱、民众抗议及社会秩序》［P. Slack (ed.), *Rebellion, Popular Protest and the Social Order in Early Modern England*, Cambridge, 1984］一书讨论了当代学者如何重新解释16—18世纪的大众抗议，内容包括1536和1549年都铎王朝时期大规模叛乱、伦敦的骚乱以及18世纪的粮食暴动。此外，还有卡普教授的《当流言遇上蜚语——近代早期英国妇女、家庭及邻里关系》（B. Capp, *When Gossips Meet. Women, Family and Neighborhood in Early Modern England*, Oxford University Press, 2003）也是精彩的著作。①

目前，国内关于英国社会史的专著有许洁明著《十七世纪的英国社会》（中国社会科学出版社2004年版），此书从整体上讨论了17世纪英国社会结构、社会管理、社会细胞、社会纽带及社会观念，涉及到法律、家庭、邻里关系、教育等方面，对17世纪社会史进行了有益的探索。此外，还有一些专题研究，如阎照祥老师的《英国贵族史》（人民出版社2000年版）、《英国近代贵族体制研究》（人民出版社2006年版）。张乃和老师的《近代早期英国特许

---

① 其他相关著作请参阅"参考文献"。

权研究》(人民出版社2014年版)。陆启宏老师的《近代早期西欧的巫术与巫术迫害》(复旦大学出版社2009年版)。宋佳红老师的《近代早期英国婚姻观念的变迁》(世界图书出版公司2015年版)。刘贵华老师的《人文主义与近代早期英国大学教育》(中国社会科学出版社2016年版)。谭赛花老师的《近代早期英国的服饰与社会变迁》(湖南人民出版社2015年版)。丁建定老师的《英国济贫法制度史》(人民出版社2014年版)。江立华老师的《英国人口迁移与城市发展,1500—1750》(中国人口出版社2002年版)。张佳生老师的《十六世纪英国的贫困问题与民间济贫》(中国社会科学出版社2012年版)。笔者的《英国商业与商人研究:1500—1700》(社会科学文献出版社2004年版)。尹虹老师的《十六、十七世纪前期英国流民问题研究》(中国社会科学出版社2003年版)。这些著作对英国社会史都进行了有益的探索,特别是陆启宏博士关于巫术的研究非常深入,但学界缺少一部对这一时期的全面、系统的研究。

二 本书立意及主要内容

英国辉格派史学家一度认为,近代早期英国政治、经济、文化上的巨大变化是英国近代化的起步,在这一历史阶段,英国政治和宗教自由、经济繁荣——虽然其中也有倒退、暴政、迷信和无知。自20世纪50年代起,历史学家也开始重新思考和重新研究这一历史阶段,不仅注重政治史而且关注社会史。笔者在本书中不仅努力展示英国社会的各个层面,更关注大众的声音,同时进行理性的反思,努力构建一种客观、全面的历史。所以,从这个意义上讲,本书具有填补国内学术研究空白之意,这是本书的学术价值之一。笔者在写作过程中,利用了一定数量的16、17世纪早期历史文献,对许多历史问题做出了中国学者的独特的解读,这是本书的学术价值之二。本书在国内首次进行了关于疯癫、疯人院、自杀、健康与医疗等问题专题研究,这是本书学术价值之三。

本书 16 章，加绪论及结语共有 18 个部分。

第一章追溯了中世纪晚期英国的经济状况。中世纪英国自给自足的庄园经济在近代早期开始逐渐被突破，庄园中领主与佃农的依附关系也开始逐渐被突破，这主要是由于近代早期英国人口的增加及价格革命造成领主实际收入减少所导致的后果。此外，这一时期养羊业发达，呢绒业随之发展，呢绒业首先在没有行会限制的乡村兴起，呢绒业的发达使得很多领主圈占公有地。笔者指出，在以往圈地研究中存在误区，对此，向荣老师做了进一步修正，他认为：圈地不完全是暴力行为，也有自由交换或领主圈占公有地现象。并且，16 世纪的圈地运动与 17 世纪的圈地运动也有所不同。

第二章介绍了近代早期的经济发展及社会结构变化。在农业方面，这一时期耕作技术进步，农产品作物增加。在工业方面，以呢绒业为代表的工业勃兴，此外皮革业、玻璃业、制革业、冶铁业、煤炭业也都有所发展。在工农业发展的基础上，对内、对外贸易开始兴盛。并且，随着资本主义经济的萌芽、发展，社会两级分化。笔者也修正了随着圈地运动和资本主义经济发展，领主阶层开始衰落，乡绅、自耕农阶层兴起的观点，指出：在社会变革的过程中，领主阶层也在抓住各种机会扩大自己的收入，虽然原有的"惯例"不利于领主修改自己的契约，但他们利用增加罚金等其他方法限制佃农的逃离，同时，他们也积极采取更灵活的方式应对市场的变化，因此，他们处境总得说来并没有严重恶化。

第三章探讨了近代早期乡村和城市的变化。近代早期的乡村社会是分层的和等级制的，无论是教界还是俗界都鼓励人们安分守己，遵从国王的权威及教会的权威。同时，当时的社会又不是静止的，充满了流动和迁移。迁移主要是由于经济发展带来的城镇化进程，当时出现了很多中等规模的城市，居于其上的是伦敦。伦敦在英国的地位独一无二，伦敦不仅吸引了大批"移民"，并且以伦敦为中心形成的全国市场对全国经济有拉动作用，同时，对国内外贸易也有刺激作用。伦敦是英国经济发展的引擎。

第四章讲述了宗教改革的过程——从亨利八世到伊丽莎白一

绪 论

世。20世纪80年代以前，史学家认为，宗教改革代表进步的力量，但20世纪80年代以后，这种观点逐渐被修正。笔者这里也更正了一些误解：英国在亨利八世宗教改革之后并没有马上成为新教国家，亨利八世时期的宗教改革更多涉及的是与教皇之间的权力之争，而没有涉及教义的改革。直到爱德华六世时期，随着新教《祈祷书》的颁布，英国才可以被称为新教国家。宗教改革在玛丽一世时期被颠覆，国家又回到天主教信仰，但因为亨利八世时期被解散的修道院不能得到恢复，加之玛丽在位时间比较短，所以伊丽莎白上台后的新教改革没有受到太大的阻力，当然，这跟伊丽莎白本人妥协、折中的策略分不开。

第五章讨论了16、17世纪的叛乱。第一，介绍了都铎王朝时期的历次叛乱。这一时期出现的叛乱比之前或之后任何时期都多，主要是由于宗教改革及圈地运动引发。第二，讨论了叛乱的目的。叛乱者并没有提出要推翻国王，叛军也没有进攻伦敦，他们认为自己是请愿者而不是叛乱者。第三，讨论了这一时期叛乱的类型及特点。当时的叛乱既有政治原因的叛乱也有社会、经济和宗教原因的叛乱。第四，讨论了叛乱领导者的构成。乡绅与国王的关系很复杂，他们既是王权的保护者有时也是王权的挑战者，在"求恩巡礼"的叛乱中乡绅参与领导叛军，同时乡绅与叛军的关系也很复杂。第五，介绍了17世纪叛乱的不同特点。从严格意义上来讲，17世纪更多的是骚乱而不是叛乱，当然内战不在笔者定义的叛乱之列。

第六章讨论了贫困与济贫。贫困是一个相对的概念，近代早期英国社会定义了"背景性的贫困"和"危机性的贫困"，更让政府担忧的是"劳动贫困"——即想工作但找不到工作而陷入贫困的人口。在中世纪，主要是教会承担了济贫的职能，但因为中世纪早期教会鼓励"志愿性"贫困，加之教会济贫仅限于教区，因此，到伊丽莎白时期政府开始承担济贫的义务——先后通过《济贫法》，规定济贫原则，开始征收济贫税。

第七章探讨了这一时期的瘟疫与饥荒。困扰近代早期英国的瘟疫主要是鼠疫，本章讨论了瘟疫对英国社会造成的冲击。1666 年之前，英国经常遭受瘟疫的冲击，当时人民对瘟疫的解释停留在天谴论，一些人注意到瘟疫传播的途径，但并没有有效对付瘟疫的手段。限制人口流动、加强检疫最终制止了瘟疫的传播。黑死病改变了整个欧洲乃至世界的历史，它毫无偏倚地把死亡带到每个人面前。此外，本章还讨论了饥荒，主要集中在昆伯兰和威斯特摩兰两郡，昆伯兰郡和威斯特摩兰郡发生了三次严重的人口危机：1587—1588 年、1597—1598 年、1623—1624 年。其中 1597—1598 年的确发生过饥荒。

第八章讨论了犯罪及刑罚。首先，介绍了近代早期英国的法庭体系：巡回法庭、四季法庭、自治市季审法庭、庄园法庭及教会法庭，它们之间既有等级关系，职能也有重合之处。其次，介绍了法律的执行者：治安法官、郡长及巡警。再次，介绍了这一时期的犯罪类型，如暴力犯罪及财产犯罪以及对犯罪的惩罚措施。关于这一时期社会治安，史学家有不同的观点。劳伦斯·斯通（L. Stone）认为这一时期充满暴力，但基斯·怀特森（K. Wrightson）及夏普（J. Sharp）教授都认为这一时期没有出现大规模有组织犯罪。最后，介绍了罪犯被赦免的情况：亨利八世之前，教士犯罪如果可以背诵诗篇中的章节就可以享受"教士豁免"，女性如果怀孕也可以免除死刑的惩罚。

第九章探讨了巫术与迫害。首先，介绍了近代早期除基督教之外的大众信仰及民间术士。其次，探讨了英国发生的巫术迫害。与欧洲大陆相比，英国巫术迫害的规模小、程度轻。这与英国的司法审判手段相关。因为，英国普通法，除了涉及到叛国罪不允许刑讯逼供，不允许酷刑折磨，也就很少发生屈打成招的例子。此外，英国从未将女巫视为恶魔崇拜的成员，指控也很少来自上层。再次，探讨了英国三部巫术法案，分别出现在 1542 年、1563 年、1604 年。史学家对 16 世纪巫术审判的增加及 17 世纪巫术审判的减少做出了自己的解读。最后，指出虽然女性占据了巫术审判的大多数，但对巫术的审判并不是针对女性的。

绪　论

第十章介绍了近代早期英国的婚姻与家庭。妇女在当时社会中处于依附的地位，宗教信仰、古典医学理论以及英国法律传统都强化了女性弱者的地位。以往的研究认为，这一时期女性没有参与到公共事务中来，但卡普（B. Capp）教授认为，如果我们重新定义政治的概念，近代早期的英国妇女在政治生活中也发出过自己的声音。人们认为婚姻是女性的归宿，但近代早期英国也有大量单身的妇女，她们由于各种原因保持独身，也有很多妇女在婚后失去自己的丈夫成为寡妇，不同阶层的寡妇命运迥然不同。这时的大部分家庭都是核心家庭，家庭关系不仅涉及丈夫、妻子，以及他们与子女的关系，也涉及到他们与仆人的关系。本章集中于丈夫和妻子的关系，但很难对家庭关系进行归纳概括。笔者认为，近代早期的英国家庭不像斯通教授所言，是没有任何爱可言的。近代早期的英国家庭不仅是居住和消费的单位，是生育下一代、情感寄托的单位，而且是生产单位。

第十一章介绍了科学革命。在科学革命发生之前，存在三种解释世界的传统："有机传统""魔法传统"（与新柏拉图主义密切相关）及"机械传统"。许多史学家认为科学革命的发生与新教改革密切相关——如韦伯斯特（Charles Webster）教授及马克斯·韦伯（Max Weber）教授，但夏普教授对此表示质疑。无疑，在科学革命的年代，英国涌现了一批天才人物：培根、哈维及牛顿。自然科学的成就也影响到英国社会科学的发展，如洛克、佩第、格里高利·金。科学革命不仅颠覆了教会的权威，也颠覆了古代、中世纪知识的权威，改变了人们的思维方式，为后来的工业革命及英国建立日不落帝国奠定了基础。

第十二章介绍了近代早期教育的进步。斯通、大卫·科雷西（David Cressy）、玛格丽特·斯布福特（Margaret Spufford）都提出了如何衡量近代早期读写能力的问题。近代早期读写能力除了有社会阶层及地域的差别，还有性别的差别，女性的读写能力显然低于男性。斯通认为，这一时期发生了教育革命。不管我们如何定义教育革命，这一时期教育得到发展，究其原因在于：一是文艺复兴时期的人文主义的促动；二是宗教改革的影响。除了初等教育，高等教育也得到发展。教育发展的结果是：贵族、神职人员的受教育水平提高，同时教育质量提高、学校增加，这为英国社会及经济发展提供了无限可能性。

第十三章介绍了近代早期的疾病与健康。对近代早期的英国人来说，生病是生命中重要的一部分，死亡也并不遥远。他们认为，恶劣的环境是疾病的罪魁祸首；疾病可能是巫师的符咒或者邪恶力量所导致的；人类的堕落被广泛认为是生病、痛苦和死亡的原因。因此，疾病被认为是上帝的"手指"。在这种认识下，大部分人生病后都自我治疗。谨慎的作法是注意饮食、保暖、锻炼。更重要的是，保持身体适度的平衡。因此，这一时期人们并不依赖医生（当然，正规医生人数有限也是一个重要原因），更多依赖的是自我保健。近代早期英国死亡的宗教意义大于医学意义，人们见惯了死亡，因此也能平静地接受死亡。

第十四章介绍了近代早期医疗行业的发展。近代早期英国的医疗从业者主要分为三个等级：内科医生、外科医生和药剂师。除了这些人之外，还有大量游医术士，甚至家庭主妇也会提供医疗建议。近代早期医疗技术有限，17世纪的医生缺少生物学的、化学的研究。早期的药理学没有发明任何"奇迹药物"，甚至也没有找到有效的止痛药。传统的外科也不被看好。当时人还不理解无菌及消毒，手术非常危险。当时社会既有唯利是图的药剂师也有坚守职业道德的医生，可以说是魔鬼与天使并存。医患关系开始从以患者为主导转变为以医生为主导，这要归因于医院的兴起。19世纪以后随着"临床医学的诞生"，医院成为救死扶伤的中心，改变了其在近代早期"通往死亡之门"的印象。

第十五章讨论了疯癫及疯人院。中世纪时期，人们认为疯癫是一种邪恶，疯者是被魔鬼附体，很多疯者被送上"疯人船"驱逐出自己的城镇或村庄。人们认为疯者是一类特殊的生物，他们形同狗彘，不是人类，必须被监禁起来，必须用残忍和恐吓（的手段）进行约束。从近代早期开始，疯癫被"制度化"。虽然罗伊·波特

（Roy Porter）教授认为，英国并没有发生法国那样的"大禁闭"，但疯者开始被送到疯人院却是不争的事实。随着消费社会的发展，对疯人院的需求也在增加。疯人院规模不一样，医患的比例也不一样。贪婪的疯人院经营者为了利润最大化，尽量减少医护人员的人数，缩减患者的开销。福柯认为，禁闭疯者和其他对社会造成危险的人，与其说是治疗政策还不如说是一项国家法律、一项警察措施。在一系列疯人院的丑闻中，约克静修所的"道德疗法"引起了人们注意，在那里，贵格派教徒开始尝试照顾疯者的不同办法（当时的方法还称不上是治疗），当然，这种措施也受到福柯及斯考本（Scull）教授的批评，但笔者认为，这种"道德方法"对于疯人院的改革还是有推动作用。直到1828年及1832年《关于疯人院立法》通过，疯者的处境才得到改善。

  第十六章探讨了近代早期一个重要的社会现象——自杀。这一时期自杀的人数很难统计，但有逐渐增加的趋势。自杀的方式为：女性主要选择溺亡、男性主要选择用刀或剑等暴力的方式。自杀的动机或者出于耻辱（尤以女性未婚先育为多），或者出于经济原因、感情原因，有时也有人因遭受病痛折磨而自杀。近代早期自杀仍旧是一种罪（既是宗教意义上的犯罪也是习惯法意义上的犯罪），自杀者的尸体不能被埋葬在教堂院子里，尸体会被亵渎、死者的财产会被没收。教会和国家都反对自杀，对自杀者进行惩罚，教界的理由是自杀者僭越了上帝的权力，国家则认为他们侵犯了国家规训的权力。但近代晚期，随着社会的发展以及哲学家的呼吁和人们思想观念的转变，要求宽容自杀的呼声逐渐出现。

  结语部分总结了近代早期两百年间经济、社会及文化发生的变化。

第一章　土地与人口

近代早期的英格兰还是一个农业社会。在传统上，英格兰被划分为北部和西部的高地区（Highland Zone）以及南部和东部的低地区（Lowland Zone）。有时人们用田野区（Fielden Area，即进行混合农业的地区，以畜牧为主）、林区以及沼泽区和牧区进行区分。当时的"国家"（Country）并不具有现代意义，只表示特定区域、社会、文化，因此，其内涵要小于今天国家的含义，范围有限。

一　中世纪晚期经济状况

让我们追溯一下历史。中世纪的英格兰还是以封建经济为主，生产自给自足，耕织结合。商业和城市经济不发达，并且处于农业的从属地位。当时，各地联系薄弱，经济相对闭塞。这种闭塞的自然经济占统治地位是封建经济的基本特征之一。

11世纪，诺曼征服促使英格兰封建制度最后形成。据《末日审判书》（1086）记载，在当时英格兰佃户各等级中，维兰①人数最多，占总人口的38%（其中约克郡所占的比例最高，达63%，东盎格利亚比例最低，仅占14%）；茅屋农（Cottars）占32%；奴

---

① 维兰（Villani），源于法文，在英国最早的记载大约是在威廉征服后进行全国性土地调查而编的《末日审判书》中。原意指村庄共同体成员。从身份上看，当时的维兰是"自由人"，社会地位高于茅屋农。从经济上看，维兰是一种相当殷实而保有土地的农民，他们通常占有1威格特（Virgate）的土地。

隶占9%；自由农占12%，分散在大约20个郡里。① 以上数字说明，当时的农业劳动者占全国人口90%以上，其主体是维兰和茅屋农，约占70%，均为不自由的佃农，实为农奴。他们靠租种一定的份地维生，要向庄园领主承担封建义务：每周要在庄园主领地上干2—3天的活；在收获季节，还要被强制额外服役，无任何报酬。此外还有许多实物奉献，如圣诞节送上家禽，复活节送上鸡蛋，圣马丁节送上谷物、蜂蜜和啤酒。使用庄园主的磨或在其林地上放牧牲畜也要有一定的实物或货币缴纳。② 由此可见，在有人身依附关系的庄园里，农民不但生产了一切自己及家庭所需的物品，还以交租和服役的方式满足封建领主的需要。农村发展的是一种消费性质的经济。

另外，在《末日审判书》中提到，当时英国已有一批自治市（Boroughs），诸如布里斯托尔、埃克塞特、牛津、奇彻斯特、坎特伯雷、阿宾顿、圣·阿尔本斯、伯里圣埃德蒙兹（Bury St. Edmonds）等等；又提到伯里圣埃德蒙兹城里有不下七八种专业手工业者。③ 在商业方面，《末日审判书》中记载，英国有42个市场。④ 这时的市场主要服务于庄园领主，受领主管辖，大约每周开放一次。庄园及其附近地区的农民偶有剩余也拿到市场上交换。集市随后纷纷兴起，基本以城市为依托，规模比市场大。据资料记载，12世纪最重要的集市有：圣吉利斯（St. Gilliss）（1096年）、圣爱符兹（St. Afuzi）（1110年）、巴多罗缪（Bartholomew）（1133年）、斯陶布里奇（Stourbridge）（约翰国王在位时建立，1199—1216年）。圣吉利斯出售的主要是呢绒，后来还大量销售书籍和各种外国商品；圣爱符兹建立后迅速发展为重要的毛皮、羊毛和呢绒贸易中心；巴多罗缪也是重要的呢绒集市；斯陶布里奇则是这时所有集

---

① E. Lipson, *The Economic History of England*, Vol I, A. & C. Black, ltd., 1949, p. 46, 49, 52.
② Ibid., pp. 36 – 37.
③ Ibid., p. 189.
④ Ibid., p. 223.

市中最大的一个,是东盎格利亚各郡的贸易中心。① 集市大约每年举行二、三次,每次为期 2—3 天,有时达一周以上。

13 世纪,庄园农奴制开始出现瓦解的迹象。它是受两种势力冲击的结果,即地租形式的转变和庄园领主自领地的分割出租或让渡。地租形式的变化主要指将劳役和实物地租转化为货币地租。因为商品货币关系渗入农村,庄园地主急需货币用以雇佣自由劳动者在其地产上工作,他们发现这样做对自己有利,于是开始解除对佃户的束缚,免除他们习惯性的徭役义务,以交纳货币取代。苏联学者科斯敏斯基(E. A. Kosminsky)在研究了 13 世纪后期的土地调查资料和部分庄园租佃登录册之后,得出了这样一个结论:"到 13 世纪末,货币租在地租总额中,无疑已构成了不少于 2/3 的份额,甚至有可能多于 2/3。""货币租在数量上超过了劳役租,更超过实物租,实物租只是在北方那些经济上最落后的地区才起重要作用。""劳役租在东部各郡的平均数字最高,但即使在那里,与货币租相较,也仅占 39%,越往西比例越低。"科斯敏斯基在他的著作中列出了 34 个郡部分庄园的抽样调查数字②,使我们对这个问题有更为具体的了解。货币地租的普遍推行,使得农奴逐渐摆脱对领主的人身依附关系,可以自由迁徙。英国经济史学家李普逊(E. Lipson)说:"黑死病后,维兰迁居的现象相当普遍,以埃塞克斯郡哈顿庄园的情况为例,1281 年计有 60 个习惯租户,一代人后(1312)25 个租户的名字消失,出现了 8 个新名字;1424 年的 27 户里,仅有一户是 1312 年所提到的庄园租户的后代。"③ 这说明,这个地区的维兰已获得一定程度的自由,因此代代迁移。到 15 世纪,在英国农村人口中,有惊

---

① E. Lipson, *The Economic History of England*, Vol I, A. & C. Black, ltd., 1949, pp. 229 – 230.

② E. A. Kosminsky, *Studies in the Agrarian History of England in the Thirteenth Century*, Blackwell, 1956, pp. 191 – 196.

③ E. Lipson, *The Economic History of England*, Vol I, A. & C. Black, ltd., 1949, pp. 109 – 110.

人的多数已是自由的自耕农,尽管这时农村的公簿持有农、自由自耕农和租地农身份不完全相同,地位略有差异,但他们的土地占有仍然由庄园主决定;在承担的为数不多的徭役中,仍然保留着从前那种不自由状况的许多特点,如缴纳死亡税等。但在货币地租盛行后,在经济方面的一个重要变化是:虽然这些"直接生产者和以前一样,至少要亲自生产他的生活资料的最大部分,但是现在他们的产品已经有一部分必须转化为商品,当作商品来生产。因此,整个生产方式的性质或多或少要起变化"。① 这个变化很快就表现出来了。

在货币地租盛行的同时,庄园领主自营地被分割出租和转让的情况逐渐增多。有的庄园领主放弃了直接从事土地剥削的制度,将其全部领地划分为若干块,短期出租,把领地的经营管理权转移到其他人手里,靠收取自然增长的货币地租过活。与此同时,土地变成了可以自由买卖和交换的商品,土地买卖市场出现。这样,领主自营地的经营开始向自由租佃制发展。货币地租的广泛推行、领地的被分割出租和转让,使农民的缓慢分化不可避免,雇工阶层的出现仅是时间问题。富者土地逐渐增多。例如,1279 年,圣保罗地产上的一个佃农,他的祖先在 1262 年时仅有一块面积为 1 威格特的土地,这时已积累到 8—10 块之多;14 世纪初,在埃塞克斯郡的庄园里,一些佃农将两块以上的地产合并起来,扩大经营。15 世纪,这种现象更为习见。② 那些拥有原始资本的租地农,按分成制的方式经营其地产,自己参加劳动,也有雇工协助耕种,他们所交纳的地租已带有资本主义性质。马克思说:分成制度"可以看为是由原始地租形式到资本主义地租的一个过渡形式"。③ 在农业中,资本主义因素的产生,表明农业社会原有的经济模式受到了冲击和侵蚀,开始发生裂变,这是新旧交替的开端。可以这样说,在农业

---

① 马克思:《资本论》第三卷,人民出版社 1975 年版,第 932 页。
② E. Lipson, *The Economic History of England*, Vol I, A. & C. Black, ltd., 1949, pp. 134 – 135.
③ 马克思:《资本论》第三卷,人民出版社 1975 年版,第 939 页。

中，资本主义苗头的出现就是自然经济体系被突破的开始。不过原有的生产方式和封建自然经济的基本特点这时还没有发生根本改变，巨大而深刻的变化发生在 16 世纪及其之后。

二 庄园中的社会关系

近代早期英国人口的 90% 以上仍旧生活、居住在乡村。一些历史学家非常怀念这种田园牧歌式的生活，但也有一些历史学家持相反态度，如劳伦斯·斯通教授认为，近代早期英国民众生活在"一个充满仇恨和恶意的地方，他们唯一的联系就是偶发的集体暴动，如迫害当地女巫"。[①]

当时是农业社会，所以庄园中的社会关系是当时最重要的也是最典型的社会关系，反应了当时的人际关系，是一个真实的侧面。在庄园中，人们居住在一起、彼此相熟，互相帮助。这是一种生活方式，变化缓慢但不会一成不变。当时，人口散居在各处。当时的社会景观都是围绕领主来建构的，因为他们拥有土地，对佃农拥有权力，其基本单位就是庄园——领主权力下的土地。有的领主有一个庄园，有的有很多。领主拥有的庄园是地方社会机构的基础。庄园上的劳动力是佃农，这种租佃关系决定了佃农对领主的从属关系。

如前述，一般来讲，庄园土地被分成领主自用土地和出租土地，领主自用地在 1500 年以前主要由农奴耕种，但到 1500 年左右农奴逐渐消失，大片土地开始租给约曼农（Yeoman）。当时农业人口中平民除了约曼农，还有自耕农（Husbandman）、手艺人（Craftsmen）和小商贩（Tradesmen），此外还有佃农（Cottagers）和劳工（Labourer）。约曼农有时被定义为拥有自己土地的农场主，但有时他们也租种别人的土地，是大片土地（农场）的承租人。他们雇用劳工进行生产，向集市出售剩余产品。他们属于乡村社会中

---

① Lawrence Stone, *The Family, Sex and Marriage in England, 1500 – 1800*, Weidenfeld & Nicolson, 1977, p. 98.

生活得比较好的人。自耕农是家庭式的农场主,通常拥有30英亩左右的土地,如果家里有足够的男性劳动力便足以养家糊口。手工业者和小商贩,有些生活得比较富裕,如磨坊主或者铁匠;其他人可能比较贫穷,如裁缝和酒馆经营者。其余大部分人介于两者之间,他们大多数人除了从事手工业之外还务农。佃农和劳工生活拮据,他们通常租种几亩土地,有时也做一点小买卖,但主要靠出卖劳动力为生。农村社会等级也是金字塔形的,约曼农人数最少,自耕农人数次之,16世纪早期大部分人都是佃农和劳工。但他们都有在公有地上放牧、饲养牲畜的权利。自耕农可以将土地留给后代,也可以出售,但要服从领主的权威,每年要把土地收益的一部分交给领主。他们大部分人对土地拥有"习惯土地权"——庄园法庭授予自耕农土地,其土地权形式是"依据庄园惯例"。惯例租户又被称为"公簿持有农"——他们按照庄园法庭公布的要求使用土地。此外,法庭还规定了庄园共有土地的使用权,佃农可以在其上放牧、养家畜、拾柴。因此,领主与佃农之间的关系构成了农村社会的一种关系,定义了人们的权利与义务,这构成地方"惯例"。因此,"惯例"是非常重要的概念,表明了规则的积累,具有强大的约束力,很难改变。但这种状况在资本主义经济发端以后开始被突破,经常出现的情况是领主与佃农对"惯例"及"习俗"的解释完全相反,这也解释了后面我们讲到的圈地运动所导致的叛乱和反抗。

"惯例"要求所有人都要保持良好的邻里关系,从事耕地、劳作、播种、剪羊毛、放牧,这一切都要服务于邻里的繁荣。但从16世纪开始,庄园经济和其中的社会关系开始受到冲击,传统模式开始被突破。

三 近代早期的人口增加及价格革命

在近代早期的英国,没有GDP统计,经济发展的一个重要指数是人口的变化。里格利(E. A. Wrigley)教授和斯科菲尔德

(R. S. Schofield)教授是研究人口史的著名的历史学家。他们领导的剑桥人口小组经过艰苦努力,用家庭重建法推算出1541年至1871年英国人口数量。① 他们认为,当时英国人口出生率和死亡率都很高。1700年左右,出生率达到33‰,死亡率是30‰②,高死亡率主要是因为婴儿的死亡率高,在成年之前,他们的死亡率基本上是1:5,50%的孩子都活不到成年,并且穷人的家庭一般都比富裕之家人口少——因为他们成婚比较晚,婴儿死亡率更高。

据里格利教授和斯科菲尔德教授研究,14世纪,在黑死病爆发前,英国人口已经有5百万,1500年减少到2百万,1541年增加到2.7百万;1601年增加到4.1百万,1651年增加到5.2百万;直到18世纪初才又恢复到17世纪中期的水平。具体见表1-1和图1-1。

表1-1　　　　　1541—1706年全国人口的估计数③

年代（年）	人数（人）	年代（年）	人数（人）
1541	2773851	1631	4892580
1551	3011030	1641	5091725
1561	2984576	1651	5228481
1571	3270903	1661	5140743
1581	3597670	1671	4982687
1591	3899190	1681	4930385
1601	4109981	1691	4930502
1611	4416351	1701	5057790
1621	4692975	1706	5182007

① E. A. Wrigley and R. S. Schofield, *The Population History of England*, *1541—1871*, Edward Arnold Ltd., 1981; E. A. Wrigley, R. S. Davies, J. E. Oeppen and R. S. Schofield, *English Population History from Family Reconstitution*, *1580 - 1837*, Cambridge University Press, 1997.

② E. A. Wrigley and R. S. Schofield, *The Population History of England*, *1541—1871*, Edward Arnold Ltd., 1981, p. 480.

③ Ibid., pp. 208 - 209.

第一章 土地与人口

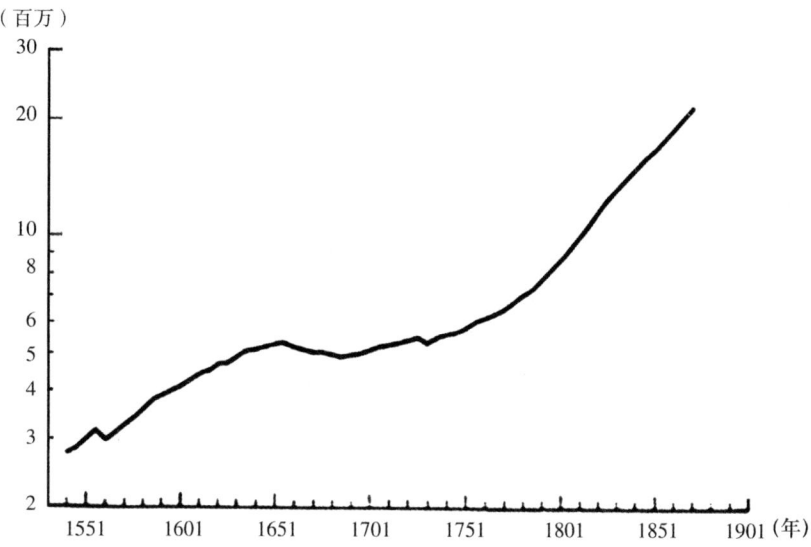

图 1-1　1541—1871 年英国人口总数①

人口的出生率和死亡率对人口变化影响都很大。出生率主要受以下因素的影响：一、结婚的年龄，特别是女性结婚年龄；二、独身人数的比例；三、饥荒，因为饥荒会造成人们营养不良，影响人们的受孕，并造成流产和婴儿的死亡；四、家庭控制方法，如避孕、流产和杀死婴儿等。那么，在这一时期，人口增长的动因是什么呢？研究者的看法是，这时新的经济形式的出现缓解了转型期人口增加与土地资源之间的矛盾，相对提高了家庭经济供给能力。农业生产力的提高，使得粮食产量、农民收入都有所增加，百姓的生活水平得到了改善，平均寿命延长。虽然独身的人数不少，但由于当时没有有效的避孕措施，因此人口在高出生率、高死亡率的背景下，人口总数出现增加趋势。

由于人口增加过快，生活必需品供不应求，导致物价上涨。在

---

① E. A. Wrigley and R. S. Schofield, *The Population History of England, 1541—1871*, Edward Arnold Ltd., 1981, p. 207.

16 至 17 世纪中叶，英国物价上涨出现过两个高峰，分别发生在 16 世纪 50 年代和 16 世纪 90 年代。现代学者布朗（E. Brown）和霍普金斯（S. Hopkins）开展了一项研究，将 1451—1475 年期间一般消费品的平均价格定为 100，在 1521 年时，英国的物价指数是 167；此后有一个相对稳定时期，随后物价急剧上升：1555 年为 270，1556 年为 370，1557 年达 409；接着又稍有回落，1558 年是 230，1570 年又上升到 300，16 世纪 80 年代物价平均指数约为 340；16 世纪 90 年代进入第二个高峰，具体数字是：1594 年为 381，1595 年为 515，1596 年为 505，1597 年为 685，1598 年为 579，1599 年为 474，1600 年为 459。[1] 此后再也没有下降到 400 以下，1610—1640 年期间，通常在 500 以上。其中，农产品价格的上涨先于工业品价格的上涨。从 16 世纪初的 1501—1510 年到 17 世纪中叶的 1651—1660 年，英国粮食价格上涨了 6 倍（物价指数从 106 跃升到 687），同时期工业品的价格上涨了 3 倍（物价指数从 98 跃升到 327）。1661—1670 年粮食的价格指数是 702，工业品的价格指数是 343，1691—1700 年粮食的价格指数是 737，工业品的价格指数是 331。[2] 西欧其他国家在同一时期也出现了物价持续、急剧上涨的现象，现代史学家称之为"价格革命"。

就英国的情况来看，总人口，特别是城市人口的持续增长，造成的社会总需求超过总供给的矛盾是引发国内价格革命的根本原因。当然，也与政府重铸货币，降低银币成色的政策和美洲金银的大量流入有关。

---

[1] E. H. Phelps Brown and Sheila V. Hopkins, Seven Centries of the Prices of Consumables, Compared with Builders' Wage Rate, in P. Ramsey (ed.) *The Price of Revolution in 16th Century England*, Methuen & Co Ltd., 1971, pp. 39 – 40.

[2] R. B. Outhwaite, *Inflation in Tudor and Early Stuart England*, Palgrave Macmillan, 1969, p. 10.

四 圈地运动

前面讲到传统经济模式被突破，一个重要的原因是圈地运动。"'圈地'有广义和狭义之分。广义的圈地是指废除'敞地制'下土地的公共用益权，如放牧权、拾取柴火权等等，变土地为绝对的私人所有。它既包括领主驱赶佃户，大规模并吞农民土地的圈地，又包括佃户互换条田，聚分散为整块的圈地；既包括变耕地为牧场的圈地，又包括改粗放的三圃制经营为多重轮作制的圈地。狭义的圈地是指驱逐佃户，变耕地为牧场的圈地。这是圈地中最引人愤慨的一种。这类圈地常常是通过设立篱笆、栅栏完成的。历史学家通常所说的'圈地运动'是指后一种。"①

关于圈地运动，其实，国内的史学研究与国外的研究有很大出入。国内史学界，特别是在20世纪80年代以前的研究，通常把圈地运动描述成"羊吃人"的运动，并且在教材上大书特书这一段历史，以证明资本主义是血腥的，是羊吃人的，是万恶的。但其实这个问题并不是像我们过去理解的那样简单，不同历史阶段人们对圈地的态度并不一样，用怀特森教授的话说，16世纪的圈地被"妖魔化"（Demonized）。值得欣慰的是，最近向荣老师的研究纠正了这一偏颇。他指出：

> 在有关16世纪英国土地问题，即"圈地运动"的研究中，存在着一种很不协调的现象。一批注重实证的学者指出，16世纪英国圈地运动的规模和影响远不如当时的道德学家以及后来某些历史学家所认为的那样大。本世纪初，E·盖伊（E. Guy）教授根据1517—1607年间政府几次调查委员会的文献资料统计，1455—1607年在英格兰中部、东部24个郡共圈

---

① 向荣：《"茶杯里的风暴"？——再论16世纪英国的土地问题》，《江汉论坛》，1999年第6期，第77—78页。

地 516676 英亩，只占 24 郡土地总面积的 2.76%。尽管调查委员会的统计资料可能不完整，但多数历史学家仍然接受盖伊教授的基本结论。D. C. 科尔曼教授（D. C. Coleman）说："有关证据表明，为养羊圈占的土地规模不大，并且仅限于局部地区。"他进一步指出：近代早期"英国乡村的变化是不能用圈地来衡量的"。但一些所谓的"唯物主义"历史学家，如 R. H. 托尼（R. H. Tony）、E·利普森以及前苏联的 E. A. 科斯敏斯基、B. Q. 谢苗诺夫等人并不认同盖伊等人的研究成果，他们的探讨是循着商品经济发展—贫富分化—资本主义大农场兴起这样一种理论模式进行的。由于圈地运动是说明这一理论模式的有力例证，他们自然而然地反对任何可能缩小这一事件历史意义的倾向。托尼对盖伊的结论提出质疑：如果 16 世纪圈地运动的规模很小的话，"那就不容易解释政府对这一问题的不断关注，或者这一时期的农民暴动，或者诸如约翰·黑尔斯这样一些具有第一手知识、豁达公正的人的强烈反应"。尽管如此，这些历史学家并没有提出足够的证据改变盖伊等人的结论。

那么，在实证研究和理论探索之间为什么会出现如此巨大的鸿沟？难道真如盖伊等人所认为的"整个运动的重要性被那个时期的作家严重夸大了，他们在茶杯里制造了一起关于变革的风暴，而这些变化实际上只影响了整个国家的很少一部分"？[①]

向荣老师认为，这道鸿沟部分起因于争论的双方都忽视了与人们的经济行为密切相关的心理因素。实证主义研究的贡献在于，其将圈地运动的规模精确到可用数字表示的程度，但是，圈地运动对人们的心理冲击却是难以用这些数字测定的。"唯物主义"历史学家的贡献在于揭示了圈地运动中商品经济发展—贫富分化—资本主

---

① 向荣：《"茶杯里的风暴"？——再论16世纪英国的土地问题》，《江汉论坛》，1999年第6期，第77页。

义大农场兴起的逻辑，但客观历史事实往往比抽象、化简后得出的理论模式要复杂的多，传统社会心理可能会制约经济发展的逻辑。

怀特森教授进一步指出，16世纪圈地引起人们愤恨，是因为圈地带来的后果是耕地减少。圈地运动被认为是破坏农民幸福的、是对家庭甚至整个"共同体"的摧毁。因此，这一时期佃农和平民十分反对圈地措施，他们努力阻止领主等人圈地的尝试并努力捍卫"惯例"。16世纪晚期，由于农民的抵抗使得圈地运动步调放缓，但到17世纪初又开始出现。

17世纪时，人们对待圈地的态度已经逐渐转变。这一点我们可以从当时议会的辩论中佐证。1601年，议会围绕圈地法的废止与否展开讨论。罗伯特·塞西尔（Sir Robert Cecil）爵士（威廉·塞西尔的儿子）代表枢密院表示："我认为任何不维持耕地的人都是在破坏王国（的福祉）。"① 这是传统的对待圈地的态度。反对他的是沃尔特·雷利爵士（Sir Walter Raleigh），他认为：必须要考虑到农业上的变化，欧洲许多国家生产的粮食都比英格兰便宜，因此，英国人可以进口粮食，而不是自己耕种。他认为：每个人都应该让土地发挥最大价值，而且他们有决定自己经济活动的自由。《圈地法》最终在1624年被废止。按雷利的说法就是，应自由地让土地发挥最佳用途。

17世纪的圈地与16世纪的圈地有两点不同。一是，此时的圈地不再是为了放牧、养羊，而是为了改进耕种和进行轮作实践。西部森林被砍伐，东部沼泽被排干，此时的耕地由个人管理，土地所有人把土地租给当地佃农，让他们在圈起来的土地上实践轮作制。二是，16世纪的圈地是地方乡绅为了养羊而采取的单方面行动。17世纪，经过数十年经济和社会变化的积累，原来被认为是新的和有威胁的经济关系和行为方式，现在已经变成标准和理所当然，某些传统价值观正在失去原有的道德约束。人们对圈地的态度发生变

---

① Sir Simonds D'Ewes (ed.), *The Journals of All the Parliaments during the Regin of Queen Elizabeth*, London, 1682, p.674.

化，这个问题在农业社会具有重要的象征意义。

总之，近代早期人们仍旧生活在祖辈的土地上，思想认知仍旧停留在中世纪的那种平静、安宁的习俗和惯例中。领主与佃农之间的关系构成了农村社会的基本社会关系，定义了人们的权利与义务。但是，随着人口的增加，价格的上涨，人们世世代代耕耘的土地开始出现变化——公有地被圈占，养羊业更发达，随之而来的则是经济更快速的发展及社会的巨大变革。

第二章 经济与社会

近代早期英国的经济增长，使得其人口增长比同时期欧洲其他国家更快、更长期，但经济增长的受益者分布不均。人口数量最终在17世纪50年代开始稳定下来，变化也开始放缓。部分原因是由于死亡率的变化，同时，更主要的原因是生育率的变化。根据教区记录，我们可以计算17世纪早期的生育率，结果显示，当时的结婚生育率大幅降低，部分原因是初婚年龄提高，结婚晚，女性育龄时期减少。还有部分原因是独身人口增加，数据惊人，大约有10%—20%的人口从未结婚。[①] 这也从一个侧面印证了社会现状：在当时社会环境下，贫困的人口生命没有保障，生活状态也很边缘，他们无法成家立业。这样，生育率下降，人口逐渐稳定。人口稳定后，物价也随之稳定，16世纪中期到17世纪中期的转型动荡终于稳定下来，但前一个世纪的人口增长和物价上涨对经济和社会造成的影响，释放出的经济变革力量是不可逆转的，相应地，社会结构和社会成员之间的相互关系也被重构。我们首先考察经济的发展。

一 农业的发展

我们首先考察农业的发展。据马克·欧文顿教授的研究，农业产出指数在1551年是58，1601年增加到80（增幅达38%），1651

---

① E. A. Wrigley and Roger Schofield, *The Polpulation History of England, 1541–1871: A Reconstruction*, Cambridge University Press, 1981, p. 260.

年又增加到101，此后，一直到1701年一直保持在100左右。① 这种增加是如何达到的？笔者在《1500—1700年英国商业与商人研究》中有过论述，现转述于此。

这一时期耕地的扩大：一是通过开荒；二是通过排干沼泽，整治海边的盐碱地；三是把私人鹿苑、皇家林地、狩猎区转为耕地。由于经济发展的不平衡性，各地土地的开发情况也不一样：低地地区即使在1500年未开垦的土地已所剩无几，更不用说是在1600年了，如莱斯特郡在1600年95%的土地已被开垦，未被开垦的土地只有1%，因此这一时期的土地开垦主要是在高地地区进行的。例如德文郡，16世纪末仍有20%的土地处于原始状态。在另一些地区，未开垦的土地比例更高达50%—60%。而沿威尔士边界，有大量未被利用的土地，在15世纪末至16世纪中期陆续被开辟出来。在16、17世纪，整个西南部大约有几万英亩的荒地被开垦为耕地。斯罗普郡的米德尔教区被开垦的土地就有1000英亩。② 这些措施重塑了整个王国的农耕和畜牧的比例，使土地朝向最佳用途的专业化方向发展。如在沃里克郡，原本只能在森林空地上放牧，在森林被砍伐后，土地被用于农耕和畜牧。农作物也开始进行多样化生产。逐渐增加了当地的供给，本地能生产牛奶、奶酪、谷物、肉类。肯特北部专门为伦敦面包商生产小麦。肯特郡其他地方专门养殖肉牛，牛从北部赶来，在这里养肥，屠宰后卖给伦敦肉铺。还有一些地区专门为伦敦酒商生产啤酒花。还有为伦敦供应蔬菜之地。伦敦市场的需求刺激了专门化生产。王国内各类专门化生产反过来又促进了耕种的集约化程度，有时甚至带来农业生产的技术革新。为了提高施肥效率，不仅使用动物的

---

① Mark Overton, *Agricultural Revolution in England: The Transformation of the Agrarian Economy*, Cambridge University Press, 1996, p. 75.
② C. G. A. Clay, *Economic Expansion and Social Change: England, 1500 – 1700*, Vol I, Cambridge University Press, 1984, pp. 107 – 108.

粪肥，还引入石灰肥。此外还有轮作的出现，即土地的使用在草地和耕地之间轮流，这对恢复土地的肥力非常有好处，土地可以作为草地闲置很长时间，用于放牧。这样既能提高粮食产量，也能提高养殖密度。这种轮作制在一些地方一直使用，逐渐发展为特别有效的技术。在1580—1650年间，就在英格兰低地广泛使用。

此外，北部地区的垦荒运动规模更大。东部地区主要是通过排干沼泽、整治海边的盐碱地这种方式扩大耕地。沿海的许多地区，从苏塞克斯到约克郡的东莱丁地区，由于海洋淤泥的沉淀使海岸线逐年向前推进，因此，那里的居民可以建起防护堤坝得到一些盐碱滩，通过改造变为牧场或耕地。在沃什湾和泰晤士河口，用这种方式获得的土地有几百英亩。林齐沿海的泰特奈（Tetney），在1608年以前，人们用了两代人的时间就向海洋索取了1000英亩的土地。① 虽然有些地方开垦出来的土地后来又被海水吞没掉，但16、17世纪利用改良盐碱地的方法开发出来的耕地数目仍十分可观。

在把私人鹿苑、王室林地转变成耕地的这个方面，在高额租金的驱使下，地主们把私人狩猎的土地转为耕地、牧场。在中世纪末，鹿苑的数量很多，面积也很大，一般在几百英亩左右，有的甚至达几千英亩。直到1700年，诺丁汉郡仍有22000英亩的公园用地，占全郡土地面积的4%。但在16世纪中期到17世纪中期，许多这种性质的土地使用发生变化。在肯特郡，1596年，54个鹿苑中的23个已变为耕地或牧场。② 至于王室林地，其面积比私人鹿苑的面积大得多，如北安普顿郡的罗金厄姆森林长18公里，宽8公里。自中世纪初就有《森林法》保护王室的林地，不允许其他任何人随意在王室划定的范围内居住、放牧、砍柴等。但在17世纪20、30年代，许多森林被

---

① C. G. A. Clay, *Economic Expansion and Social Change: England, 1500–1700*, Vol I, CambridgeUniversity Press, 1984, p. 108.

② Ibid., p. 109.

砍掉，土地被出售，由新的土地主人随意使用。① 大多数买主是把购买来的这种土地转为牧场或耕地。通过上述三种方式，16、17 英国实际的耕地、牧场面积有很大增加，这对发展农业有重要的意义。

二 呢绒及其他工业的发展

在工业革命前期的英国，经济活动中最重要的是呢绒生产，近代早期生产方式主要是外包制（Putting - out System）——包买商提供原料，收购成品，加工者赚取手工费用。东盎格利亚、肯特以及西部郡县很多村民都从事呢绒生产。此外，还有矿区（当时已经有一定的采矿活动，如达比郡和萨摩赛特郡的铅矿以及苏塞克斯郡的铁矿等）、金属制造业区（如亨利八世时期伯明翰大量生产箭头；谢菲尔德的刀具闻名遐迩，今天仍旧如此）及采煤区（如泰因河周围）。下面我们逐一考察。

在 1550 年以前，呢绒生产主要是绒面呢（比较厚重，属于粗呢），主要出口荷兰，在荷兰加工后销往欧洲。1550 年以后，市场对这种呢绒的需求减少，加上来自荷兰的竞争激烈，这种绒面呢逐渐失去市场。但纺织行业仍旧在发展，很多地区不再生产绒面呢，而是一种"新织物"——布料轻盈、做工完美、颜色鲜艳，像今天的西装布（轻盈、质地好）。新织物以东盎格利亚为中心（主要受益于荷兰移民，他们带来先进技术，振兴并转型了这里的呢绒生产），特别是在诺里奇和科尔切斯特周围。除了新织物还有棉麻粗布（Fustian）——亚麻和棉布的混合织物，这种布料的生产主要集中在曼彻斯特，非常便宜，是穷人家的粗布。这里的手工业在当时被说成是"不亚于王国其他城市手工业的行业，主要有起绒粗毛呢、粗斜纹布、麻袋、混纺呢绒、便帽、亚麻袋子、棉纱带、针绣

---

① C. G. A. Clay, *Economic Expansion and Social Change: England, 1500 - 1700*, Vol I, Cambridge University Press, 1984, p. 109.

花边等等，因此，不仅身体强壮的人受雇，而且儿童也可借此自食其力"。① 曼彻斯特是兰开夏郡最大的工业生产中心，位于厄尔韦尔河和默西河合流处不远的厄尔韦尔河岸上，这个位置使它可以利用丰富的水力资源来进行呢绒生产。1670年，曼彻斯特的人口达到了6000人，人们主要从事呢绒生产，这里是重要的呢绒生产中心。此外，还有毛料甚至丝绸的生产（法国新教徒带了丝织技术）。可见，当时呢绒产品的品种非常丰富。笔者在《1500—1700年英国商业与商人研究》一书中对英国呢绒业的发展有过详尽考察，现转述于此。

11—13世纪期间，呢绒生产主要集中在城市，14世纪中叶以后，城市中的呢绒生产衰落下去，与此同时，它在乡村发展起来。用陶尼（R. H. Tawney）的话说："在整个15世纪，呢绒业在乡村以稳健的步伐悄悄地扩散开来，可以有把握地说，它的发展必定会给乡村带来不断增长的繁荣。"② 进入16世纪以后，它逐渐在乡村扎根，一些新的工业中心开始逐渐涌现出来。

在北部农村，呢绒生产基本上集中在约克郡西莱丁区。这个工业区是沿艾尔河和考尔德河上游发展起来的，这里陆续兴起一些居民点，按照人口规模，依次是蓬特费拉克特、唐卡斯特、设菲尔德、塞尔比、罗瑟勒姆、韦克斯菲尔德、施奈瑟、里彭、利兹、塔德卡斯特、内尔兹伯勒、布雷德福、哈德斯菲尔德和哈利法克斯等。这里的织工大都是原来的茅屋农，有的人仍然耕种着6—12英亩的土地，农闲时从事纺织，或者是从家中抽出部分成员（一般是妇女）专门纺线……这些类似村庄的居民点后来大都发展成为新的呢绒生产发达的城镇，其中最

---

① Peter Clark and Paul Salck, *English Towns in Transition*, *1500-1700*, Oxford University Press, 1976, p.38.

② R. H. Tawney, *The Agriculture Problem in Sixteenth Century*, Longmans, Green and Company, 1912, p.114.

为重要的是利兹、韦克斯菲尔德和哈利法克斯。①

在西部，斯特劳溪谷和埃文河及其支流的大片地区（跨萨莫塞特、格罗斯特和威尔特三郡），以前大都荒无人烟，这时漂布机挤满河谷，出现了新的村落，和西莱丁区一样，在这些新兴起的大大小小的村庄中，有相当一部分人从事纺线和织呢工作。斯特劳、查尔福德、卡斯尔康布、巴斯、特罗布里奇、布拉德福德、赛伦塞斯特、马尔麦斯伯里等等都是由呢绒生产中心发展为城镇的，这片地区从无到有，逐渐成为16世纪重要的纺织工业区。

在东盎格利亚，沿斯陶尔河谷新兴的呢绒生产中心有哈德利、萨福克的拉文哈姆和朗梅尔福特、博克斯福德和大小沃尔丁菲尔德等。②

呢绒生产除了集中在三大生产区外，也遍布于全国其他地区。现代英国经济史学者拉姆齐（Ramsay）在《1561—1562年呢绒工业的分布》一文中列举了22个郡的117个呢绒生产中心，其中大约只有20个是原有的，其余的都是在各郡农村中新兴的呢绒生产中心，并且当生产具有一定规模后，逐渐发展为新城镇。除了上述三大呢绒生产中心外，还有德文郡的蒂弗顿、南莫尔顿、托灵顿、巴恩斯特珀尔；肯特郡的亚尔丁、克兰布鲁克、贝内登、斯坦普哈斯特、里兹、霍克赫斯特、布伦赤利、哈顿、腾特登、通德利、毫斯芒登、弗瑞泰登、汤布里奇、埃杰顿、东格瑞斯泰德、奇丁斯通、斯马登、比迪恩登；兰开夏郡的布莱克本、博尔顿、曼彻斯特；萨福克郡的拉姆福德、哈德利、内兰、萨德伯里、伊普斯威奇、贝里、爱德华斯通、科克斯福德、博克斯福德、内兰附近的斯托克、格莱姆斯福德、科吉舍尔、萨德伯里、斯特拉特福德；斯罗普郡的

---

① H. Heaton, *The Yorkshire Woollen and Worsted Industries*, Clarendon Press, 1965, pp. 21-27.

② M. M. Postan, *The Cambridge Economic History of Europe*, Vol. 2, Cambridge, 1977, pp. 417-419.

拉德洛、什鲁斯伯里；埃塞克斯郡的郝斯利科尔切斯特；苏塞克斯的佩特沃斯、奇切斯特等。①

除了呢绒生产的兴起，其他工业在近代早期也开始发展。

随着金属加工工业兴起而出现的新城镇主要是伯明翰，它"从16世纪30年代尚不突出的集市地位，发展到1700年迅速成为巨大的工业中心"。②伯明翰曾被人誉为"英格兰的铁匠铺"，其居民在1600年以前就从事硝皮业和金属制造业，后来，一些大商人家族利用向生铁铸造厂附近地区移居的机会，日益专注于金属品的制造及经营，使这里不仅成为主要的工业中心，而且也成为金属制品出口地。伯明翰人口增长很快，1520年约有1000人，1603年则增长到2000—3000人，1650年增长到5000人，1700年更增长到15000人。③它兴起的条件有二：一是接近原料产地，可以利用当地的铁砂、煤和木材进行金属加工。二是没有那种高额城市管理费用。维多利亚自由党人邦斯（J. T. Bunce）声称："伯明翰的伟大与光荣、其力量源泉、其繁荣昌盛和人口迅速增加的原因，均在于它是个自由城市。其中既无个人又无法团的干扰存在。"④

制铁业在16世纪中期得到长足发展。这时，从德国引进了鼓风炉技术，伊丽莎白枢密院对此大力支持，使得国内大量军需品供应在此技术支持下得以保证。到16世纪70年代，在维尔德森林区有50多处鼓风炉，那里有湍急的水流，非常有利于机械的运用。17世纪早期，维尔德的产量稳定。此外，威尔士的采矿业也发展起来，那里除了有大量的矿石，还有森林能提供木材作为鼓风燃料。到16世纪80年代，铁的生产比1550年增加了3倍，到17世

---

① G. D. Ramsay, *The Distribution of the Cloth Industry in 1561 – 1562*, *Economic History Review*, Vol. 57, 1942, pp. 361 – 369.
② Peter Clark and Paul Salck, *English Towns in Transition, 1500 – 1700*, Oxford University Press, 1976, p. 24.
③ J. Patten, *English Towns, 1500 – 1700*, Archon Books, 1978, p. 122.
④ Peter Clark and Paul Salck, *English Towns in Transition, 1500 – 1700*, Oxford University Press, 1976, p. 39.

纪40年代，英格兰每年能生产2.3—2.4万吨生铁，这是钢铁工业继续发展的信号，不过当时还需要从北欧特别是瑞典进口大量铁矿，以满足铁制品的需求。

煤炭工业集中在泰因河畔的纽卡斯尔，在伊丽莎白和斯图亚特早期发展显著，这是由于伦敦和其他城市的飞速发展导致对燃料的需求所带动的。在16世纪中期，运进伦敦的煤是1—1.5万吨，到1581年增加到2.7万吨，到16世纪80年代晚期增加到5万吨，到1591—1592年增加到6.8万吨，1605—1606年增加到14.4万吨，1637—1638年增加到28.3万吨，17世纪60年代增加到31—40.6万吨，到17世纪80年代晚期有的年份超过50万吨。① 如果不是城镇高速发展的需求，煤炭工业不可能发展得如此迅速，没有这些廉价的燃料，这些城市也无法发展。

因皮革业发展而涌现出的新城市主要有考文垂、北安普敦、莱斯特。考文垂市的皮革工人占所有手工业工人的11%；北安普敦市皮革工人占所有手工业工人的23%；莱斯特皮革工人的比例介于以上两个城市之间。②

这些行业通常都是分散发展，建立在"外包体系"上，不需要大量固定资本投资。当时还没有大机器加工和工厂体系，人们只需要资本购买原材料，支付外包工人工资，销售产品即可。政府鼓励新产品的生产以取代进口，特别是在伊丽莎白时期，政府通过颁布专利许可鼓励新产品的生产，在产业开始的前几年，给予引进者垄断经营地位，在专利到期后，任何想参与此行业的人都能加入——这是专利体系的起源。如在16世纪80年代之前，玻璃依靠进口，后来专利权被授予玻璃制造商，特别是肯特郡和苏塞克斯郡，然后传播到各地，不久，纽卡斯尔也有玻璃作坊。到17世纪20年代，几乎所有英格兰使用的玻璃瓶都是国产，不需要进口。

---

① William M. Cavert, *The Smoke of London: Energy and Environment in the Early Modern City*, Cambridge University Press, 2016, p. 24.

② P. Ramsey, *Tudor Economic Problem*, V. Gollancz, 1963, p. 82.

三 贸易的发展

随着农业、工业的发展，英格兰开始出现了一种独特的区域地理划分，有些地区从事专门的农业生产，还有许多地方通过工业活动彰显其特色。这些经济活动的区域划分也带来了人口的重新分布，人们为了工作四处流动。里格利教授的统计数字显示，居住在5000人以上城镇的人口在1520年是5.5%，到1600年增加到8%，到1670年增加到13.5%。在乡村中从事农业生产的人口比例从1520年的76%下降到1600年的70%，1670年又下降到60.5%。农村中非农业人口比例在1520年是18.5%，1600年增加到22%，1670年增加到26%。[1]

经济的发达刺激了贸易的发展。国内贸易网络越来越精密紧凑，陆路交通发达，沿海和内陆水路畅通，水路是大宗货物的必经之路，发展迅速。这种贸易网络又刺激了经济的发展。集约化的商贸活动包含新的商贸实践。今天，我们从当时法庭审理的商务纠纷可以看出当时商业发达的情景，这些案件包括违约、债务纠纷、契约纠纷等等。1580年，民诉法庭有9300起这类案件，到1640年增加到20625起，这只是冰山一角，只表示交易出了问题，有人起诉，由此被记录在案（见表2-1）。1500年，绝大多数交易都是在地方进行，只有少量的远途贸易，但到17世纪，通过市场交易和商贸往来形成了更加紧密的国内联系。简而言之，这时，商品经济发展，是一种新兴市场经济体制，人们的日常生活更依赖于广阔的市场。不仅相互关联的国内市场形成，而且贸易还深入到了更广泛的世界。

---

[1] Keith Wrightson, *Earthly Necessities, Economic Lives in Early Modern Britian, 1470-1750*, Yale University Press, 2000, p.172.

表2-1 1490—1640年王座法庭和民诉法庭记载的案件（件）①

年代（年） 法庭种类	1490	1560	1580	1606	1640
王座法庭	500	914	4000	6945	8537
民诉法庭	1600	—	9300	15508	20625
总数	2100		13300	23453	29162

自16世纪晚期到17世纪早期这几十年中，海外贸易的模式也发生了变化，原来只是跨英吉利海峡与法国、西班牙进行短途贸易，这时贸易范围超过了英吉利海峡，直接与更遥远的世界进行贸易。商人开始为英格兰呢绒生产寻找新市场，同时也希望进口更多需求量大的原材料。英国商人不想经过荷兰转手，而想直接获取这些资源——遥远市场的粮食、红酒、香料、奢侈纺织品。16世纪晚期，英格兰开启了伟大探索时代，德雷克、马丁·法贝瑟（Martin Frobisher）等人开始探险，而这一时期对经济增长贡献最大的是新航路贸易。它通常是由王室支持，以公司形式获得贸易许可。②

四 社会的两极分化

随着市场经济的发展，原有的社会关系不可避免地发生了变化，以适应新的经济模式。我们先考察乡村社会的两极分化情况。

贵族和乡绅的收入主要来自地租，他们需要收入来维持符合他们身份和地位的生活方式。16世纪之后，大部分贵族面临的问题是上涨的物价和不变的收入，因为地租是固定的，最好的情况也就是地租周期性地变更，但仍旧是不能随行就市，缺乏灵活性，土地经常是长期固定的协议，一般是99年。土地出租还受"惯例"约束，

---

① Christopher Brooks, Michael Lobban, (ed.), *Lawyers, Litigation & English Society since, 1450*, The Hambledon Press, 1998, p.11.
② 关于英国这一时期国内、国外贸易的发展，参见赵秀荣《1500—1700年英国商业与商人研究》，社会科学文献出版社2004年版，第二章、第三章。此处不再详述。

不同地区有不同"惯例","惯例"会妨碍领主调整地租收入。因此,价格上涨对贵族不利。他们的应对办法是,努力改变租赁条款,缩短租期,方便重新定价。此外,他们还努力提高"罚金"——佃农离开土地时交的罚款。随着人口的增加,对土地的需求也在扩大。贵族面临人口增长的压力,他们努力把这种压力转嫁给自己的佃户(这也就部分地解释了为何16世纪早期领主和佃户之间关系紧张),他们在试图改变"惯例",同时,进行土地圈占。正如前一章所述,从1500年开始,那些敞地开始被圈占养羊——因为呢绒业的发达使羊毛需求量增大。1510年以后,农民对贵族圈占敞地的争议越来越大。英国中部地区是羊毛主要产地,很多领主弃耕放牧,不顾佃农对耕地的需求。有些贵族甚至将本地的公有地圈占养羊,这样又减少了佃农的公用地,佃农的不满更强烈了——特别是在土地饥渴的年代。圈地在全国各地引发不满、骚乱。很多人认为这是农村社会中的一个信号,要求改变领主和佃农之间的权力平衡,因此,关于租金、罚金、"惯例"、公有地的问题成为了16世纪中期领主与佃农之间的关系紧张的导火索。此外,这一时期经济发展趋势和人口发展趋势使得农村社会的佃农也发生分化。

但也有一些英国的贵族和乡绅在一定程度上投入经济创新,他们想以此维持甚至增加收入,因此深深卷入经济贸易活动之中。这在其他欧洲大陆国家的统治阶级中并不常见。一些贵族和乡绅积极投身经济领域,他们更仔细地管理自己的地产,以便生产出更多农产品来出售;他们还努力获取更多地租,通常扩大租赁土地权的使用,摒弃旧的、不灵活的习惯性土地使用权;还有很多人重组他们的土地,将其变为农场,以便获取更多地租,一有机会还会提高地租。只要财产管理合理,领主阶层通常不会过得太差。[①]

农场主、租地农场主是农村中的上层富裕者。他们手中拥有资本,他们了解新的商业机遇,愿意向遥远的市场提供产品,他们越

[①] 据以往的研究,人们认为,随着资本主义经济的兴起,贵族衰落。笔者在《1500—1700年英国商业与商人研究》一书中也曾坚持这种观点,但这种衰落并不绝对,贵族阶层只能说是相对的衰落。

来越多地雇用无地劳动者，组织对土地的利用、开发。正象陶尼所说，自从农场"由单个人来经营管理，而这些人又能配备大量资本，这就更加容易从事实验，并着手改革"。当他们"能够向市场保证充分可靠的供应时，就不再需要贵族地主领地上的产品了"。① 这些人适应环境，提高价格，他们反而可以赚得更多。他们或者买进、或者通过开垦荒地获得更多土地。在这一时期，约曼农的财富和生活水平都居于他们邻居之上。很多约曼农具有商业头脑。一个很好的例子是：罗伯特·娄德（Robert Loder）住在伦敦以西的伯克郡，他的 17 世纪前 10 年的农场账目被保留下来，他精确记录了每年从不同谷类上赚的钱。他记下："付给威廉·韦斯顿（William Weston）——马夫；约翰·奥斯丁（John Austin）——耙土人（harrower）；迪克·寇提斯（Dick Cottes?）——牧羊人；约翰·安德鲁（John Andrew）——耕童；简·科勒（Jane Colle）和爱丽丝·基特斯（Alice Keates）——两个仆人的工资。很多笔钱都是按年支付，如搓麻绳、割茅草、修篱笆、收割、除草、割草、采核桃、摘樱桃、啤酒花、运送水果或鸽子到市场出售。"② 他的这种情况在约曼农之中并不少见，这些人希望抓住机会扩大生产规模，如果地方市场有土地出售，他们就会马上买下，他们有很强的竞争力。如在埃塞克斯郡，17 世纪早期，约有 9% 的佃农持有 61% 的土地，他们都是大的约曼农。约曼农发达的证据很丰富，这一点可以从他们的房屋状况就可以看出来。牧师威廉·哈里森（William Harrison）这样描述伊丽莎白晚期的情形："虽然物价越来越高，日常用品并不充盈，但这里的很多村民还是能够有办法获得并拥有这些原来不可能拥有的家具。"③

---

① R. H. Tawney, *The Agrarian Problem in the Sixteenth Century*, Longmans, Green and Company, 1912, p. 213.

② Joan Thirsk (ed.), *The Agrarian History of England and Wales: 1500 – 1640*, Vol. 4, Cambridge Unversity Press, 1967, p. 430.

③ William Harrison, edited by Georges Edelen, *The Description of England: The Classic Contemporary Account of Tudor Social Life*, Cornell University Press, 1968, p. 200.

有人还在解散修道院的过程中购得了修道院地产。1536—1540年间，大量的修道院地产被转移到国王手中。没收修道院地产是克伦威尔的主意，他最初的想法可能是想让国王永久拥有这些土地，让国王权威无法撼动，甚至让国王不再受议会的掣肘。但国王显然没有践行克伦威尔的想法，大量修道院的地产陆续被国王出售。到1547年，亨利八世去世时，他已经卖掉了他手上2/3的修道院地产。国王卖掉土地主要是为了支付战争的费用，亨利八世为法国和苏格兰的战争花掉了大笔钱财。大量土地由此落入大贵族和乡绅手里，这些人借机巩固其地产，增强他们在地方的影响力。另一群受益的人是贵族之家的幼子们，在长子继承制下，家产通常传给长子，但此时，幼子们也有机会获得一些土地，他们有时可以通过贸易和专门职业赚钱以建立家族的分支，他们也有机会通过买进地产成为绅士中的一员，也有可能跻身于上流社会。

农民（包括自由自耕农、租地农、公簿持有农）中少数上层人士也是圈地运动的积极参加者——尤其值得注意的是自由自耕农。沃勒斯坦（I. Wallerstein）认为，在对土地实行小规模的圈占与合并过程中，自耕农扮演了重要角色。[①] 现代英国经济史学者坎贝尔（M. Campbell）说：伊利莎白一世和詹姆士一世统治时期，是一个"渴求土地的年代"，"对土地的渴求，没有人比自耕农更贪婪的了"。[②] 他们或者买下贫穷邻居的产权，将新旧地产合并起来，使土地连成一片；或者侵占荒地。地产的让渡和对荒地的侵占，给自耕农提供了机会，使得他们可以扩大土地面积。据坎贝尔估计，"在谷物产区，一个自耕农大约拥有25—600英亩的土地"，"自耕农本质上的是乡村中产阶级"，"他们关心的是土地和农业收益"。[③] 在此时期，自耕农中规模较小的农场制也有一定程度的发展。

自耕农所占的土地受到习惯法的保护，可以不受贵族地主的侵

---

① 沃勒斯坦：《现代世界体系》第一卷，高等教育出版社1998年版，第316页。
② M. Campbell, *The English Yeoman under Elizabeth and the Early Stuarts*, Yale University Press, 1942, p. 65, 72.
③ Ibid., p. 73, 61.

夺。他们享有完全的法律保障，既不会被从持有地上赶走，也不会受到高额租金和任意罚款的压榨，他们为自己耕种和收获，因此有足够的积极性去进行耕作方法的改进，他们的全部收益主要来自采用更先进的技术和耕作方法，直接利用土地来为自己谋利益。自耕农也是价格革命的受益者，价格革命使这部分人的经济实力加强，能更有效地抵抗资本主义大农场主的经济压力。他们当中的许多人主要依靠家庭劳动力经营小农场，其产品除自给外，还有相当一部分供应市场，满足市场需要，基本上是为市场需要而生产。陶尼对16世纪英国农村各类农民在整个农民阶级中所占的人数比例作了一个调查分析：从整体来看，习惯租户（即公簿持有农）占2/3；租地农占1/8~1/9；而自耕农则占1/5。[1] 在经济发达地区，自耕农所占的比例还要高一些。对于我们所研究的这个时期，李普逊说："自耕农在英国社会中占据了一个独特的地位，受到同时代人称赞，他们被认为是国家的'强者和富人'，他们'在和平时期能使国家致富，在战时则是我们军队的荣耀'。"[2] 由此看来，16至17世纪前期自耕农经济的发展，在当时英国整个农业经济发展中的作用不容忽视。

  以家庭为单位的小农，有些人勉强度日，如果离市场近，他们可以生产蔬菜和奶制品出售。还有一些小农兼职手工业活动，以此来增加生产的多样化。但对大多数人来说，这段时间充满危险，关键的问题是，他们能否在不同环境下维持自己的小农经济，这些人不能支付高额地租，在竞争中处于弱势。农业历史学家描述他们为"弱小且无存货的小农"。他们没有资本，生产的粮食也不足，利润微薄，而且缺少畜力，无法真正面对昂贵而冒险的创新，无法抵御歉收带来的危机，很容易陷入困境，土地很容易被富有的邻居夺走，这些小农的数量在逐渐减少。换一句话说就是，年轻人更难在

---

[1] R. H. Tawney, *The Agrarian Problem in Sixteenth Century*, Longmans, Green and Company, 1912, pp. 24 – 25.

[2] E. Lipson, *The Economic History of England*, Vol Ⅱ, A. & C. Black, ltd., 1949, p. 378.

土地上获得立足点,更多来自农村家庭的青年人,在大农场当一段时间帮工,可能成为挣工资的农业劳工,并不太可能拥有自己的土地。总之,在农业社会中,不同群体命运迥异。

此外,一些来自城镇的人,有些是律师、商人、手工业者或生意人,他们也能通过购买土地获得较高的社会地位,从而跻身绅士行列。还有一些土地投机者购买修道院的土地,然后迅速倒卖。因此,土地市场异常活跃,导致自称绅士的人增加(这也就是所谓的"乡绅的兴起")。

小佃户的日子艰难,他们很难支付日益上涨的地租,不到市场出售他们的产品就很难支付地租。此外,那些潜在的租户也很难立足,由于地租、罚金提高等等原因,他们无法与当地租种大片土地的佃农竞争,无法从地方市场得到土地。总之,在农村,无地人口越来越多,而在城镇,那些主要依赖工资的劳工生活也很困难。价格上涨,导致生活水平下降,而工资却不涨——因为市场上有大量过剩劳动力。这意味着人们的实际工资下降,实际购买力下降。1510 年,英格兰南部建筑工匠的工资指数是 97,1552 年下降到 48,1600 年更降到 44。[1] 因此,对很多人来说,这段时间都很艰难。威廉·哈里森描绘了伊丽莎白早期的英格兰,他所谓的"下等人"(Inferior Sort of People),在饥荒年代生活更艰难,要用豆类、黑麦、橡果制作面包来果腹。他在 1572 年讽刺道:"我不认为这种极端的情形在富足的日子经常出现,否则我宁愿接受审判。"[2]

我们再来考察城市的两级分化情况。

在城市里存在大量商业机会,但是商业也存在风险,寻求资本非常困难,维持生意也很艰难,人们需要在债务和信誉之间寻求平衡,这并不容易。财富积累非常缓慢,即使成功者也可能在危机中

---

[1] E. H. Phelps Brown and Sheila V. Hopkins, Seven Centries of the Prices of Consumables, Compared with Builders' Wage Rate, in P. Ramsey (ed.) *The Price of Revolution in 16ᵗʰ Century England*, Methuen & Co Ltd., 1971, pp. 39 – 40.

[2] James Anthony Froude, *History of England from the Fall of Wolsey to the Death of Elizabeth*, Volume 1, London, 1862, p. 22, note 2.

失败，另外还要应对诈骗、火灾、船只失事等。为了应对这些风险，英格兰城市的商人都倾向于尽可能成为特许公司（Chartered Company）的一员。这些贸易公司在特定贸易路线上垄断贸易，他们制定贸易规则，目的是保证公司成员的稳定利润并规范成员行为。当然，贸易公司无法应对突发风险，如海盗、船只失事，但在一定程度上能保证其运营。如利凡特公司（Levant Company），它主要经营与地中海东部贸易，在初期是一个股份公司，不仅大商人积极入股，而且伊利莎白女王和许多枢密院的大臣也向公司投资。仅女王一人就以贷款的方式向公司投资40000镑，公司的全部资本共计80000镑。[①] 阿勒颇（Aleppo）是英国在利凡特地区的主要商品集散地。英国向利凡特地区主要输出呢绒和锡，运回生丝、马海毛、原棉和棉纱、地毯、药材、香料、靛蓝和无核葡萄干。到1584年，该公司已有资本45000镑，拥有19条船和782名船员，头5年共出航27次，来往于利凡特的10个港口之间，共缴纳关税11359镑，其中一条船在1588年满载货物出航，成交之后所得货款超过70000镑。[②] 17世纪早期，该公司被描述成"相互关联家庭的密集网络"，成员之间相互联系，并控制大量的贸易额。

　　另一种发财的方式则是去探险，开辟新航路。最显著的就是开展与美洲殖民地的贸易。在美洲殖民地刚刚建立之时，局面还不明朗，很多贸易公司都很犹豫，一些愿意冒险的商人则看到了机会。这些商人社会地位相对较低——小商人、小店主、船长，他们在当时被称为"新人"（New Men），他们是17世纪早期从事与美洲贸易活动的主体。如雷利爵士于1585年在美洲大陆附近的罗阿诺克岛建立了一小块殖民地——弗吉尼亚，但当时并没有对其进行开发。1605年以理查德·哈克路特和托马斯·史密斯爵士为首的21位伦敦商人，向国王申请在美洲殖民，1606年4月10日，他们得到特许状，授权在北美38°和41°之间进行殖民，该公司由此成立，

---

① A. Wood, *A History of Levant Company*, Oxford UniversityPress, 1935, pp. 16–17.
② Ibid., p. 17.

这就是伦敦弗吉尼亚公司（通常被称为伦敦公司）。此外，在这一年建立的还有普利茅斯－弗吉尼亚公司（通常被称为普利茅斯公司）。普利茅斯－弗吉尼亚公司成立后，于 1606 年 12 月 20 日派出的第一批船只，载着 105 位移民，于 1607 年 4 月抵达弗吉尼亚。移民们披荆斩棘，在离詹姆斯河大约 50 公里的地方建立了既可防御西班牙人攻击，又靠近海岸的第一个殖民据点詹姆斯敦。[①]

手工业者的境遇也不容乐观。他们被迫长久地从事劳动强度很大的工作，否则无法生存。唐纳德·伍德沃德（Donald Woodward）计算出了赫尔城建筑手工业者的工资：如果要养活 2 个成人（丈夫和妻子）以及 3 个孩子，收入最高的手工业者在 16 世纪 60 年代每年只需要工作 153 天，而在 17 世纪 30 年代每年则需要工作 229 天。收入低的手工业者在 16 世纪 60 年代每年需要工作 192 天，而 17 世纪 30 年代每年则需要工作 306 天。[②] 大量城镇手工业者都需要面对困难和不确定性。

此外，城里还有大量劳工，他们靠出卖劳动力为生，挣扎在生存边缘。

总之，随着近代早期农业、以呢绒业为主的工业及贸易的发展，社会关系发生变化。历史学家通常认为，16—17 世纪之交是英格兰社会两极分化的时代。在这个竞争激烈、快速商业化的社会，社会分化严重：一极是自耕农获得了发展的机会，不少人成为拥有土地产权的富裕农民，有的甚至成了资本主义大农场主，跻身于社会上层。另一极是失去了土地的小农，成为无地、少地的贫农。根据分散在 13 个郡的 43 个庄园共 650 块份地的调查，拥有 4—5 英亩份地的小农占 7%，只有 1 英亩或不足 1 英亩的小农占

---

① Richard Middleton, *Colonial America, A History, 1607－1760*, Blackwell Pubing, 1992, p. 23.

② Donald Woodward, *Men at Work: Labourers and Building Craftsmen in the Towns of Northern England, 1450－1750*, Cambridge University Press, 1995, pp. 283－284.

26%，无地——只有茅屋和庭院的农民占41%。① 在当时，土地在5英亩以下的小农仅靠土地收入很难维生，他们和无地者一样，必须外出打工，这部分人就是农业雇工的来源，这就为资本主义农场制的发展创造了条件。无地、少地，全部或部分依靠工资生活的农业雇工构成了农村人口的1/4或1/3，高沼地比例最低，肥沃的谷物生产区比例则高得多。② 这部分人过去自给自足，但此时就部分或完全依赖市场供给。由于其人数不少，对市场供求的影响较大。

比两极分化更严重的是，社会结构正在出现"中层人"（Middle Sort of People）。他们人数在增加，居于绅士与穷人之间，包括成功的制造商、生意人、大约曼农。他们中很多人涉足法律、医疗等行业或其他专门职业，如调查员、文员、土地经纪人等。显然，这一时期中世纪原有的社会理念在经济和社会变革的压力下逐渐瓦解，社会逐渐重构。这种重构不仅涉及社会结构的变化，而且包括人们态度和价值观的转变。这不仅发生在城里，也发生在乡下。

---

① J. Thirsk (ed.), *The Agrarian History of England and Wales, 1500 – 1640*, Vol. 4, Cambridge University Press, 1967, p. 401.
② Ibid., pp. 396 – 399.

第三章 乡村与城市

近代早期英国有上千个小的乡村共同体构成的教区，掺杂其中的有一些城镇及几个大城市。社会按不同规模可以被分成村庄、教区、郡、城市。虽然我们应该谨慎地使用"社区"（Community）这个词，但我们要知道，上述的区划不仅仅是一个地理或行政单位，也是一个地方的社会体系。[①] 地理位置毗邻及地方机构的集中，有助于居民之间的相互交往，形成地方特色，使他们享有共同的权利和义务。16、17世纪地方性在社会经验和意识形态中都是一个重要的因素。我们需要注意这种独特性，但不宜夸大，因为这种独特性构建了近代早期英国的国家特性。

一 乡村的变化

首先，近代早期英国的乡村是分层的，各个阶层应遵循自己的地位。亨利八世时期，英语中出现了一个词汇"共同体"。[②] 此概念是埃德蒙·达德利（Edmond Dudley）在《共同体之树》（*The Tree of Commonwealth*）一书中提出的。他在书中描述了他希望英国

---

① Keith Wrightson, *English Society, 1580–1680*, Routledge, 2003, p. 48.
② "共同体"，英文为 Commonwealth，现译为"英联邦"，但在16世纪不是联邦的含义，原意是如何达到共同富裕，这里译为"共同体"。

在亨利八世的统治之下如何繁荣。① 他认为国家有三个等级：国王调节不同社会群体的利益、避免大规模冲突、让每个人在这个和谐社会中各司其职；教士阶层负责人们信仰的纯洁，祈祷国家受到上帝的保护，民众不被邪恶引诱，他们都是有高贵血统的阶层——从公爵到乡绅，他们的职责是在战时随国王出征、开疆拓土，在和平时期充当治安法官负责维护地方治安（当时英国没有常备军、没有警察，贵族和乡绅是社会天然的领导，他们应该扶贫济弱，效忠国王）；普通民众（包括乡下农夫及城市商贩）应该从事生产，遵从自己的社会义务，养家糊口，他们不应该有僭越自己的身份和地位的想法，安分守己。他们也不应该抱怨自己的出身，应该知道他们的一生都是要在汗水和泥土中度过。这正是近代早期英国社会结构和秩序的写照。各个阶层之间互相关联，这其中和谐、秩序、职责是最重要的；但各个阶层之间并不平等，而应各安其职。统治者强调秩序、等级，需要各阶层安于现状，这是这一时期社会的最大特点（这也就解释了在《叛乱及镇压》一章中将要讲到的为何在农民叛乱中他们从来没有进攻伦敦、试图杀死国王）。人们在社会中的角色和作用不同、等级和地位不同。

托马斯·史密斯爵士在《英格兰共同体》② 这部书中，也是把当时的社会分为四个等级："绅士（市民）、约曼农、手工业者和劳工。"他也强调等级和秩序，认为各个阶层互相依赖，这其中和谐、秩序、职责是最重要的，但各个阶层之间并不平等，而应各安其职。

不仅如此，当时宗教界人士也利用讲道坛宣扬等级、秩序的理念。

---

① 埃德蒙·达德利把"共同体"比喻为一颗大树，它最主要的根基是教士及俗人，都要敬爱上帝。此外"共同体"还有四个根基——公正（Justice）、信实（Truth）、和谐（Concorde）与安宁（Peace）。相应地"共同体"这个大树结出的最信实的果实是荣耀上帝——这颗果实如此甘甜，"不需要调料，不需剥皮、去核就可以全部吞下"。其他四个根基也结出相应的果子：荣耀的尊严（这是国王及国王赐予的人享有的）、世间繁荣（贵族和骑士享有的）、安宁（普通百姓获得的）以及良好的榜样（教士应得的）。"共同体"的果实是和谐的、令人欢欣鼓舞的。（Edmund Dudley, *The Tree of Commonwealth, A Treatise*, Manchester, 1859, p. xvii, p. 23.）

② Sir Thomas Smith, *The Commonwealth of England, and Manner and Government Thereof*, London, 1635.

《布道书》(*Book of Homilies*)① 中的一篇《关于良好秩序、服从统治者的劝诫》写道:"上帝创造并安排一切——天堂、地上、水中都呈现最完美非凡的秩序,在天堂他安排了独特的(或几种)秩序以及大天使和天使的阶序。在人间他指派了国王、亲王及其下的治理者,一切都有必要的良好秩序……各种身份的人遵从自己的地位,他们听从上帝的呼召,各尽其职、遵从秩序。一些人身份高、一些人身份低,有国王、王子,有臣子、子民,有教士、俗人,有主人、仆人,有父亲、孩子,有丈夫、妻子,有富人、穷人,每个人都需要他人而存在。所以一切都在上帝安排的良好秩序中被赞美:没有这一切则没有居所、城市,没有良好的秩序'共同体'不能存在,在没有秩序的地方充满弊病、兽行和暴虐,罪恶和类似巴比伦时代混乱。"②

这是 16 世纪英国社会的真实的写照,是当时都铎王朝和斯图亚特王朝的秩序观念。"惯例"是人人都应该遵从的——无论是贵族还是平民。"共同体"意味着"整体政治"(Body Politic)和"整体管辖",也意味着共同利益和公共福利——即家长式的社会体系。社会本身就是不平等的,社会被看成是一个有机体,构成这个集体的各个部分是不平等的,是分层的、等级制的,这种结构化的不平等是社会的自然秩序,人们应该服从,因为这种安排来自上帝。

其次,近代早期英国农村是流动的,变化的。在我们的印象中,近代早期英国农村是静止的、不变的,安宁的、田园牧歌式的。但这并不是事实。怀特森教授和夏普教授都认为,近代早期英国农村是流动的,变化的。乡绅的世界显然要比农民的世界广阔,他们经常活动的范围是整个郡,他们与自己阶层的人互访、参加宴请、共同参与郡的行政事务,并且有时拜访伦敦。同样,农民也在流动,从对英国中部两个村庄的调查——诺丁汉郡的查特斯沃斯(Clay-

---

① 《布道书》是英国宗教改革、建立英国国教后于 1547 年、1562 年、1571 年颁布的、包含 33 篇讲道的书籍,比起《三十九条论纲》更加详细、更加深入。

② John Griffiths, *The Two Books of Homilies Appointed to be Read in Churches*, Oxford University Press, 1859, p. 105.

worth）和北安普顿郡的考根豪（Cogenhoe），我们可以看到：1628年，在考根豪有180个人居住，其中94人（52%）是1618年以后到来的；在1676—1688年的12年里，特斯沃斯人口流动率是61.8%。① 这并不是17世纪的新情况，在凯博沃斯—哈考特（Kibworth Harcourt），最高的人口流动率出现在15世纪早期。虽然会有地区的不同，但全国基本模式类似。怀特森教授对埃塞克斯特灵（Terling）村的调查表明，这里的村民与外界的联系广泛——经济的、婚姻的、家庭的——他们与居住在伦敦、肯特郡、哈特福德郡、剑桥郡、诺福克郡、萨福克郡以及埃赛克斯郡的不少于108个城市的人有联系。当然，他们的核心区域还是特灵10公里以内的区域。②最典型的例子是，理查德·伍德（Ricahrd Wood）——斯特福德郡阿克勒肖（Eccleshall）的染工，他出现在17世纪晚期的人口调查中，他出生在12英里外的特伦特河畔斯托克（Stoke-on-Trent），在什罗浦郡的纽波特当过6个月的仆人，在阿克勒肖呆过1年，在什罗浦郡的阿斯顿（Aston）呆过2年，在斯托克的巴克纳尔（Bucknall）村庄也呆过1年，然后返回阿克勒肖又当了1年的仆人，然后结婚安定下来，成为一名零售商。③ 此外，教区登记簿的姓氏变化也揭露出人口流动的程度。在萨福克郡的郝尼格（Honiger），1600—1634年有63个姓氏，而到1700—1724年只有2个姓氏仍旧在教区登记簿上。

乡村人口的流动主要是"外出打工"，男性经常当仆人或学徒，女性主要进城当女佣。此外，还有其他季节性的流动，特别是在收获季节，很多人随着季节流动，有时是整个家庭的流动。"很多人没有在出生地结婚、定居，很多在某个教区结婚、组成家庭的人都来自外面，由于各种各样的原因，大量家庭选择搬迁。"

相对来说，农民、约曼农和农夫的家庭比较稳定，而靠出卖劳动

---

① J. A. Sharpe, *Early Modern England, A Social History, 1550-1760*, Arnold, 1997, p. 91.

② Keith Wrightson and David Levine, *Poverty and Piety in an English Village: Terling, 1525-1700*, Clarendon Press, 1995, pp. 74-79.

③ Keith Wrightson, *English Society, 1580-1680*, Routledge, 2003, p. 50.

力维生的家庭经常流动。社会流动的程度，一方面受经济机会的吸引力决定，另一方面受经济衰退的压力决定。富有的村里人被其他地区更好的经济机会吸引——有土地可以购买、有好的农场可以租赁以及有更好的贸易机会。穷人会受到雇用机会的吸引，这些人经常受到已经定居某地的人的厌恶，不愿意承认他们是当地人口。如彼得·克拉克所说：有两类移民，一类是"改善型的"，另一类是"生计型的"，前者属于近距离移动，后者属于远距离移动；前者通常来自乡村，后者包括城市内部的"移民"。[1] 当然，当时还有大量的流民，他们到处流动乞讨（笔者会在《贫穷与救济》一章讲到此问题）。

二 城市化的进程

近代早期英国人口的流动，无论是"改善型的"还是"生计型的"，都是由于经济原因导致的，并且大部分人口流向城市。近代早期城镇开始增多，规模扩大。16、17世纪，除伦敦以外，一些集镇（Market Town）发展起来。这个时期英国到底有多少集镇（小城镇），当时人和现代人有两种说法，一说600多个，另一说800左右。这几百个集镇是沟通城乡的桥梁，以它们为中心联系周围乡村，形成了许多地方性的市场。地方市场是地区间商业和国家间贸易的基础。在特定区域，农村和城镇并不是割裂的，市场把两者连接在一起。所有城镇都需要乡村的产品和原料，乡村需要城镇提供的交易场所，以及各种制成品及服务。由市场发展来的城镇可以分为很多种，有时这些城镇很小，其功能具有城市活动的特点，我们称之为集镇，因为其定期有集市及各种专门服务，还不是今天意义上的城镇。很多这样的集镇有铁匠、木匠、制造马车的人，此外还有做木桶的人、做家具的人，等等。在宗教改革时期，有很多布道人到集市去布道，因为在那里很容易接触到当地民众。此外，当时也有更大一点的城市，如萨博里

---

[1] P. Clark abd P. Slack, *Crisis and Order in English Town, 1500–1700: Essays in Urban History*, Routledge, 1972, pp. 134–138.

(Sudbury),这样的城市覆盖的区域更大——历史学家称之为"重要市场"(Cardinal Market)——把不同地区连接成一个区域。如约克郡的里奇蒙德,奶酪、羊、羊毛被运到这里,谷物、呢绒也被运到这里,进行交换。在1536年的"求恩巡礼"叛乱过程中,里奇蒙德就是一个中心,叛军的公告就贴在里奇蒙德的集市里。

与此同时,各郡还有一批大中城市,一说有70个左右[1],帕利泽(D. Palliser)教授则认为此类城市约有100个,其中约6个是郡的首府,在其顶端是独具一格的伦敦[2]。此外,约克郡的约克城,历史悠久,是非常重要的城市,是北方的宗教中心,是约克大主教的居所。约克还是国王对北方进行管理的中心,北方委员会就设在此。约克更是北方重要的贸易据点、北方贸易网络中心,这里的市场产品丰富,在这里可以购买书籍、工业制品等。约克城离乌斯河(River Ouse)不远,乌斯河从赫尔城入海,这有助于其成为北方贸易中心,并且把约克与全国市场联系起来。

所有大城市的功能相似。如诺里奇是东盎格利亚的首府,也是当时第二大城市;布里斯托尔是西部的重要城市;切斯特在威尔士北部非常重要;东北部的纽卡斯尔也非常重要。这些大城市把整个国家连接为一个整体,并主导区域间的交易。在这些大中城市中,经济意义突出而且比较重要的,还包括一些港口、商业发达或工商业并重的城市,如诺里奇、埃克塞特、格罗斯特、科尔切斯特等。关于其他城市的兴起,笔者在《1500—1700年英国商业与商人研究》一书中有过详细论述,此处从略。[3]

此外,在这一时期,随着与殖民地贸易的发展,加上与荷兰和法国持续的海上争霸战争,刺激了港口、船坞城市和军舰码头的发展。港口城市和造船工业城市有赫尔、查塔姆、普利茅斯、罗切斯

---

[1] 刘景华:《城市转型与英国的勃兴》,中国纺织出版社1994年版,第84页。
[2] D. M. Palliser, *The Age of Elizabeth: England under the Later Tudors, 1547–1603*, Routledge, 1983, p. 205.
[3] 参见赵秀荣:《1500—1700年英国商业与商人研究》,社会科学文献出版社2004年版,第一章第三节。

特、法尔茅斯（Falmouth）、哈里奇（Harwich）、德特福德（Depthrd）和伍利奇（Woolwich）等。利物浦也在与西印度群岛和爱尔兰的商业贸易中占有重要份额，它从殖民地输入糖、咖啡、棉花等商品，然后将商品再输出到荷兰、德国汉堡和波罗的海各港口。另外，怀特港和兰开斯特也从大西洋的商业贸易中获利。

以这样一批大城市为中心，可以联系地方市场，形成区域市场，因此，它们是连结地方市场与伦敦的纽带。这些城市都服务于伦敦，于是，以伦敦为中心初步构成全国性的商业网络，为国内统一市场的形成奠定了坚实的基础。

三 独一无二的伦敦

都铎王朝和斯图亚特王朝时期，所有城市中最重要的当然是伦敦。伦敦是全国的政治和经济中心，是最大且又最重要的城市。相对于其他城市，伦敦人口的绝对数字增加很快。布特林（R. Butlin）教授提供的数字是：1348年伦敦人口大约为40000人；1500年大约为50000人；1600年大约为200000人；1650年大约为400000人；到17世纪末达到575000人。[1] 劳伦斯·斯通教授提供的数字如下（见表3-1）：

表3-1　　　　　1500—1700年伦敦人口的增长[2]

地区 年代（年）	大伦敦	英格兰和威尔士	伦敦占全国比例
1500	60000人	2300000人	2%
1600	225000人	4300000人	5%

---

[1] R. A. Butlin and R. A. Dodgshon, *An Historical Geography of England and Wales*, Academic Press Ltd., 1978, p.191.

[2] Lawrence Stone, Development of the West End of London in the Seventeenth Century, in Babara C. Malamet, (ed.), *After the Reformation：Essays in Honor of J. H. Hexter*, Manchester University Press, 1980, p.168.

续表

地区 年代(年)	大伦敦	英格兰和威尔士	伦敦占全国比例
1660	460000 人	5000000 人	8%
1700	550000 人	5300000 人	10%
1800	1120000 人	8900000 人	13%
1900	6590000 人	32500000 人	20%

作为国家的政治之都，伦敦是议会活动的中心，是王室和王国政府机构的所在地。如果从人数来看，王室是个庞大的群体。据17世纪30年代的统计，若把一些主要廷臣和他们的仆人也算在内的话，王室约有2500人，而其中许多仆人又有家室，因此王室的人口规模相当于一个郡城。除了王室，伦敦的行政和财政机构，在"都铎政府革命"①后，其结构日益复杂，同时它们所需要的官吏、办事员也越来越多。如亨利七世时财务署，每年发给廷臣的年贡和费用是10000镑，还不包括王室的日常开支和贵族、王室成员的服装费，如果都计算在内，每年的开支达25000镑。在查理一世时，每年发给官员的俸禄就达340000—360000镑，是亨利七世时的15倍②，这项巨大的开支说明，政府机构十分庞大。伦敦是英国的"硕大的头"，吸引了大批人口来到首都。

伦敦也是全国的司法中心。王国的司法部门在1500年以前都集中在伦敦。从15世纪晚期开始，随着一些特权法庭的发展，特别是16世纪中叶以后诉讼案的增加，伦敦作为司法中心的地位进一步体现。现代英国经济史学者克莱（C. Clay）说："据斯通教授研究，在1550—1625年，王座法庭和民事诉讼法庭每年受理的案

---

① "都铎政府革命"主要指亨利八世在宗教改革时支持首席大臣托马斯·克伦威尔所进行的从中央到地方的政府机构与制度的全面改革，涉及财政制度、司法体系等等，具体措施包括提高首席秘书的地位、成立精简的枢密院等等。

② A. L. Beier, *London*, *1500－1700*, *The Making of the Metropolis*, Longman, 1986, p. 14.

件分别增加了 2 倍和 6 倍,由星室法庭和诉讼法庭(Requests)受理的案件增加了至少 10 倍。"① 据另一位现代学者克拉克(P. Clark)研究:高等法院受理的诉讼案件,在 16 世纪的 100 年里增加了 10 倍;大法官法庭受理的诉讼案件,从 16 世纪 60 年代的每年 200 件增加至 16 世纪 90 年代的每年 500 件。高等民事裁判所登记在册的律师人数也同样地增加,其诉讼案件在 1578—1633 年期间从 342 件增加到了 1383 件。② 与此相对应的是,法庭不断增加,有"增收法庭""监护法庭"等。伦敦四大法学院(Inns of Court):内殿法学院(Inner Temple)、中殿法学院(Middle Temple)、林肯法学院(Lincon's Inn)以及格雷法学院(Grey's Inn)久负盛名。法律事务的增加自然需要更多的律师,因此,许多人就读法学院。在那样一个"诉讼的年代",由于土地经常易手,引起许多纠纷,需要法律知识。拥有法律知识显得尤其重要。许多贵族的幼子都被送进法学院研习法律。伦敦各法学院的名声也逐渐提高,使伦敦成为当时全国的"法律之都"。

  伦敦还是那个年代的教育中心和宗教中心。四大法学院,格勒善学院和其他一些学会、学校使伦敦成为高等教育中心,除了剑桥大学和牛津大学外,伦敦是在教育方面唯一有名望的地方,它的文法学校是其他地方学校创建的模型。伦敦也是职业教育的基地,在非农业劳动力培训方面占有重要地位。16 世纪中叶,无论哪一个时期都有 7000 多年轻人在伦敦城里充当学徒,其中半数以上在学徒期未满便离开,带着在首都学到的有价值的技艺到全国各地去工作。③

  在宗教方面,伦敦也具有影响力,坎特伯雷主教区就在伦敦。

---

  ① C. G. A. Clay, *Economic Expansion and Society Change: England, 1500 – 1700*, Vol 1, CambridgeUniversity Press, 1984, p. 203.
  ② Peter Clark and Paul Salck, *English Towns in Transition, 1500 – 1700*, Oxford University Press, 1976, p. 69.
  ③ Fritge, Ronald H. Editor – in Chief, *Historical Dictionary of Tudor England, 1485 – 1603*, Greenwood Press, 1991, p. 305.

在宗教改革前，伦敦就已是从欧洲大陆传入的新教神学思想的重要传播中心，威克里夫（Wycliffe）、劳拉德（Laurad）学说在伦敦也有广泛的基础。宗教改革的导火索"亨尼事件"（Richard Hunne）的主要当事人就是伦敦商人（亨尼因拒绝为其夭折的小儿子向教会交纳停尸费而遭关押，后被迫害致死，引起伦敦人极大的愤慨）。其后，伦敦人对新教的神学表现出坚定的信仰。如果不是伦敦人的支持，亨利八世的宗教改革不可能取得成功。圣保罗教堂的讲道坛，吸引了国内大批传教士，一度成为给亨利八世宗教改革摇旗呐喊的地方。清教兴起后，大众化的清教讲坛，遍布各个教区，抵制阿民念派。① 17世纪30年代，威廉·古奇（William Gucci）在布莱克弗里尔的圣安尼教区布道时，经常有一群商人和地方上的善男信女来听道。在整个16世纪后期和17世纪初，城市商人和律师给教区牧师广泛资助，价值约20000英镑。从17世纪20年代起，单个的布道活动被置于集体组织之上……②宗教在伦敦的巨大影响，也是伦敦成为政治中心的一个因素。

伦敦也是一个文化中心，对外省的商人和富人来说，具有巨大的吸引力。16世纪后期开始，伦敦兴起了剧院。戈尔（Gurr）教

---

① "阿民念派"（Arminian），依据荷兰神学家阿民念命名。这是一个抵制加尔文主义的教会少数群体，属于新教，但拒绝加尔文主义的预定论，认为并非被选定者才能得到救赎。他们的主张更传统，认为上帝恩典遍布世间，任何人都能选择获得救赎。其神学观点更接近于传统的路德派教义。它对加尔文的批评在当时非常重要，并在当时的改革派议会讨论（1618年多特会议），在会上，阿民念派遭到批判。不过阿民念主义还是吸引了少数英格兰教士，它在英格兰具有特殊的气质。在荷兰，阿民念派是在荷兰改革派教会的公理会下运作，而英格兰阿民念派所处的是传统教会管理的主教体系，遵循祷告书仪式，英国阿民念派希望将自由恩典的教义融入到英格兰国教会的信仰中，他们相信主教制度，认为这绝不是教会管理的普通形式，而是上天决定的管理形式。他们热衷于教会的等级权威结构，也热衷于将圣礼看作是恩典的方式和接近上帝的方式。他们恢复了圣坛的重要地位——而不仅仅是圣餐桌。他们倾向于减少布道，认为布道是清教和新教的交流方式，他们强调崇拜中的仪式和圣礼元素，他们遵从神圣之美，认为美好的圣礼和仪式的虔诚具有精神作用。他们非常在意神智的高贵，非常尊敬圣职。其典型的代表人物有温切斯特主教、达勒姆主教，其中最著名的人物是威廉·劳德。虽然阿民念派本身毫无疑问地属于新教，但他们在很多方面都接近于传统天主教教义。

② Peter Clark and Paul Salck, *English Towns in Transition*, 1500–1700, Oxford University Press, 1976, p. 73.

授估计,从 1567 年到 1642 年的 75 年间,伦敦"保守估计大约有 5 千万人曾经光顾过剧院"①,这样平均下来,大概每年有 60—70 万人曾经去过剧院。这对于当时伦敦总人口来说比例很大。当然,在都铎王朝中,有许多灿若星辰的人物,其中之一就是莎士比亚。他的剧本在伦敦剧院上演,吸引了大批的观众。伊丽莎白一世时期,剧院开始流行,詹姆士一世时期更加普及。其他的娱乐场所包括各种旅店、酒店、啤酒馆、咖啡馆、保龄球馆、各种市场(最著名的是巴萨罗缪集市),还有各种杂技表演、木偶表演,妓院等等,吸引了大批来自地方的贵族、乡绅和商人。旅店是当时商人进行私下交易、逃避市政税收的最好场所。咖啡馆是人们聚会的重要场所,贵族、乡绅和大商人在这里谈论政治和趣闻、交换商业信息、阅读最新的报纸等。弗利特街(Fleet Street)是公众娱乐的中心。

伦敦也是医疗行业的中心,是三大医疗组织的总部——内科医生学会、外科医生行会和药剂师协会都在伦敦。伦敦有很多专业的医生,那些在牛津大学、剑桥大学受过教育的医生主要在伦敦行医。

英国的行政、司法、财政、教育、宗教大权集于伦敦一城,是中世纪以来长期发展的结果,伦敦在英国的政治和社会生活中赫然耸立,把其他城市远远地抛在后面。贵族来这里寻求权力和庇护,希望在这里获得官职或经济上的垄断特权,穷人也来这里寻求安身立命的机会。总之,伦敦作为政治之都,权力集中,对其经济的发展产生了强有力的推动。

四 伦敦的"移民"

随着经济的发展及城市化进程,近代早期的伦敦吸引了大量移民,向伦敦迁移的人口既包括富人,也包括穷人。

---

① Andrew Gurr, *Playgoing in Shakespeare's London*, Cambridge University Press, 1987, p. 69.

第一,地方的贵族和乡绅。他们来到伦敦的目的各异。有的人是抱着升官梦来到伦敦的,希望从宫廷谋求恩赐或获得一官半职,他们在泰晤士河两岸建造了一栋栋漂亮的新房,后来为了躲避煤尘和烟雾,这些人又迁移到了西岸;有的人是为了从国王那里得到某种产品的生产或贸易许可权及垄断权而来;有的人是为了躲避乡村生活的单调和寂寞而来;有的人是没落的贵族,在本地无法维持贵族生活的排场,通常变卖了家产,移居伦敦;有的人是没有继承权的贵族的幼子,到伦敦寻求发财的机会,等等。

第二,议会议员。当每次议会开会时,都有大批的乡绅和贵族从外省来到首都。1510年,下院有议员296人。到1558年,增加到398人。① 当然,17世纪中期以前,议会是偶尔开会,并非每年都举行,但17世纪后半期,议会召开会议更频繁,时间也更长了。每年议会开会期间,都有大批议员来到伦敦。

第三,居住在伦敦的商人及市政官员中也有不少是外省市出生的,他们或是为了自己的商业或是为了自己的前途移居伦敦。1480—1660年间,在403位伦敦商人中,出生于伦敦的不到10%;在813个号服公会商人中,出生于伦敦的只有9%;在389个店主和零售店商中,原籍是伦敦的不到4%。② 当然,关于伦敦商人到底是出身伦敦的居多,还是外省的居多,史学家还在争论。

第四,社会下层移居伦敦者主要包括学徒、仆役、手工工匠和打短工的人。这些人占到了移居伦敦人口的多数。16世纪后半期到17世纪前半期,英国人口增长迅速,许多人都想到伦敦寻找生计,他们迁往伦敦,其中学徒是大多数。当时,大多数学徒的合法学习期限是7年,有的长达12年。16世纪到17世纪早期,移民伦敦人口的大多数是学徒。"17世纪早期学徒占了全部移居伦敦人口的1/3到一半,1600年登记的学徒人数是4000—5000人之间,再加上已经工作的学徒,人数在32000—40000人之间,占到总人口

---

① http://www.historyofparliamentonline.org/research/members/members-1509-1558 visited on 10th October 2017.

② P. Ramsay, *Tudor Economic Problems*, V. Gollancz, 1963, p.110.

的 15%。"① 学徒期满，才可以被授予"自由人"（Freeman）身份，才可以自己开业和经商。对 1551—1553 年 1055 位新的"自由人"的研究表明，"其中只有 17% 的学徒出生在伦敦，人数是 179 人（不包括来自伦敦郊区的 18 人，比例是 1.7%）；来自东南各郡的比例是 18.3%，人数是 193 人；来自中部各郡的比例是 10%，人数是 106 人；来自东部各郡的比例是 8.7%，人数是 92 人；来自北部各郡的比例是 24.5%，人数是 259 人；来自西部各郡所占比例是 13.5%，人数是 142 人；来自西南各郡的比例是 1.9%，人数是 20 人；其余 4.4%（46 人）来自其他各地"。② 实际人数肯定要比这个数字高——因为并不是每位学徒都在行会或政府部门登记的。此外，家庭仆役的数量也很大。随着伦敦财富的积累，有钱人雇佣越来越多的家庭仆人为他们服务——包括家庭教师、厨师、佣人、奶妈等等。这群进城的人被称为"生存型移民"，这些人希望在城里能够找到糊口的机会。

第五，一些占星术士、医生、公证员、代写诉状的书记员和教士等，其人数也不在少数。此外，还有大量的药剂师（1704 年，伦敦的药剂师有 1000 人之多，比 1500 年增加了 10 倍），其中，不少人也是到伦敦混一口饭吃。此外，伦敦还有大量的流浪汉、娼妓、窃贼和为了躲避宗教迫害而来到这里的外国避难者。

随着人口增加，伦敦不断向郊区扩张，城内人口拥挤在一起。"众人居住在小房间里"，"堆挤在一起几乎窒息"。③ 伦敦的人口密度和卫生环境令人堪忧，城镇的死亡率不断攀升，"背景死亡率"（Background Mortality）——由于城镇传染病造成的死亡率，比乡村高得多。此外伦敦还容易出现灾难性的"危机死亡"（Crisis Mortali-

---

① Ian D. Whyte, *Migration and Society in Britain, 1550–1830*, Macmillan Press Ltd., 2000, p. 72.

② Steve Rappaport, *Worlds Within Worlds: Structures of Life in Sixteenth-Century London*, Cambridge University Press, 1989, p. 78.

③ Ivan Munro, *The Figure of the Crowd in Early Modern London: The City and its Double*, Macmillan, 2005, p. 16.

ty)——瘟疫，特别是鼠疫。16—17世纪，伦敦经历了5次鼠疫的侵袭。疫情爆发可以导致大量人口死亡（见表3-2）——特别是在贫穷、拥挤、卫生条件差的地方，但这些无法阻止伦敦的扩张，因为不断有大量的移民补充。"1650—1750年间，保持伦敦的发展每年需要大约8000外来移民。正如一位作者指出，假定1607年伦敦的死亡人口比出生人口多2080人，用这一比例计算1560—1625年间人口（尽管事实上最初年份数字比较低，后来年份数字更高），那么，这期间，伦敦的发展需要涌入367280人，或者说大约每年5600人。"①

表3-2　　　　　　瘟疫年份伦敦死亡登记表②

年代（年）	最初人数（人）	更正后的人数（人）
1563	20732	23412
1578	7830	9456
1593	17893	23236
1603	38876	40797
1625	54265	65143
1636	27415	28678
1665	97306	101884

五　伦敦对国家经济发展的影响

1. 伦敦对英国国内贸易的刺激

伦敦人口众多，是一个巨大的消费市场，因此，它犹如一个引擎，刺激了各省经济的发展。"1579年，伦敦运进了17380夸特的谷

---

① A. L. Beier, Social Problems in Elizabethan London, *Journal of Interdisciplinary History*, Vol. 9, No. 2 (1978), p. 205.

② E. A. Wrigley and Roger Schofield, *The Polpulation History of England, 1541–1871: A Reconstruction*, Cambridge University Press, 1981, p. 82. 里格利教授更正了最初的死亡登记表得出了新的死亡数字。

物，主要来自肯特郡。1638 年，运进伦敦的谷物增加到 95714 夸特，谷物除了来自肯特郡，还来自埃塞克斯郡和东盎格利亚。到 1750 年，伦敦运进的 1275700 夸特谷物均来自全国各地，这时，伦敦每年消费 101000 头牛、702000 只羊、180000 头猪，这些牲畜来自湖区（Lake District——在英格兰西北部），在东盎格利亚或首都郊外养肥，然后屠宰供应伦敦。"①伦敦的需求刺激了周围各郡农业的发展，无数的"商品菜园"（Market Garden）在伦敦周围建立起来，这既帮助了资本主义农场的建立，也有助于地方农业的多样化。有时，一些伦敦商人与农业生产者签订合同，收买他们的产品。如塞缪尔·惠特布雷德（Samuel Whitbread）——啤酒制造商，他签购赫特福德郡的粮食和肯特郡的啤酒花酿酒，然后出售到伦敦。伦敦每年还要从纽卡斯尔用船运进大量的煤，供冬季取暖。17 世纪前 10 年，每年从纽卡斯尔运进伦敦的煤大约有 100000 吨，到 17 世纪的最后 10 年达 400000 吨。② 因此，我们说伦敦拉动了整个国家经济的发展，但同时，伦敦的发展又使各外省港口遭到损失，例如南安普顿。现代史学家布罗代尔（Braudel）说："英国的兴盛，端赖伦敦。英国的建设和发展从头到尾离不开伦敦……英国只有一颗脑袋，但硕大无比。"③

2. 伦敦对英国海外贸易的刺激

伦敦的经济活动，最重要的一部分就是从 16 世纪初就"控制"了英国的呢绒出口贸易。这一点与政治集中一样，是伦敦作为大都市崛起的关键。正如一位权威学者所说："伦敦的经济优势及商人财富的积累实际上主要归因于它的呢绒贸易。"④ 毛纺织业是英国中世纪

---

① J. A. Sharpe, *Early Modern England, A Social History, 1550 – 1760*, Arnold, 1997, p. 88.

② C. G. A. Clay, *Economic Expansion and Social Change: England, 1500 – 1700*, Cambridge University Press, 1984, p. 202.

③ 布罗代尔：《15—18 世纪的物质文明、经济与资本主义》第三卷，生活·读书·新知三联出版社 1992 年版，第 417 页。

④ G. D. Ramsay, *The City of London: in International Politics at the Accession of Elizabeth Tudor*, Manchester University Press, 1975, p. 37.

最重要的一种手工业，生产几乎遍及全国。西部的格罗斯特、威尔特、萨莫塞特三郡，北部约克郡的西莱丁区和东盎格利亚，都是生产中心。欧洲大陆对英国呢绒有大量需求，15世纪中叶以后，呢绒就成了英国最重要的出口商品。伦敦是英格兰最大的呢绒输出地，也是最大的进口集散地。据现代学者鲍（Bow）估计：16世纪40年代，英国所产呢绒约有一半输出国外，另一半在国内市场销售，三大生产中心的产品主要供出口。从16世纪初开始，呢绒出口贸易迅速向伦敦集中，原来掌握在每个郡港口的份额，陆陆续续几乎完全落入了伦敦商人之手，伦敦所占份额具有绝对优势。

伦敦财富的积累，确保了商人们有可资利用的财政资源。伦敦商人的财富和人数使他们得以组成强有力的商业组织，有能力向政府贷款，因而，可以从政府那里获得政治支持和贸易特权。这样一来，这个时期所有的贸易公司，从冒险商人公司到17世纪的东印度公司等等，都始建于伦敦，由伦敦人统治。通过这些公司，伦敦商人又垄断了英国对俄国、波罗的海地区、地中海地区、亚洲和美洲新开辟的贸易。

与此同时，英国也大量进口——特别是从荷兰进口——奢侈纺织品、高质量棉织品、丝绸，还有各种制成品，如大头针、纸张（大量伦敦出版的书籍都依靠荷兰进口的纸张），此外，还有各种杂货、橄榄油、水果、香料、糖、红酒等等。当时的荷兰是欧洲北部重要的贸易区，其贸易范围涵盖欧洲西北部——从北方的斯堪的纳维亚和波罗的海到大西洋沿岸的地中海。荷兰又通过莱茵河与欧洲内陆交易，也进口不少商品。伦敦由于其天然优越的地理位置，通过北海短距离的航行就能到达荷兰城市——最重要的是安特卫普，而安特卫普又是当时重要的纺织工业中心，很多英国生产的呢绒要运到那里染色。伦敦与安特卫普之间的贸易十分繁荣。

但我们也要认识到，这一时期仍旧是农业社会，以伦敦为中心的商业网络初步建立，但还不发达。人口的流动也不如工业革命开始时那样频繁、大规模。卷入这些活动的只是一些特殊的群体，如城镇人口，特别是大城市人口及那些生产区的周边人口——谷物生产者以及中间商，更重要的是城市的上层，他们是奢侈品的消费者，他们在全国范围内建立社交网络。因此，"从长时段看，不同类型的经济和乡村社会在英国各地发展起来"。① 除了社会阶层的差异，还有地理上的差异。有些地区深深卷入这种贸易，生产高度商业化，特别是东南部，城镇多、人口密集、道路交通完善，其他地区卷入程度有限。虽然整个国家联系在一起，但各地间的区域性不可忽视，近代早期英国经济还没有联系成一个有机整体。我们应该知道不同区域的特点，认识到这一时期的贸易关系既有新的联系，也有旧的传统，两种维度共存。当时经济发展不平衡、东南部相对发达，西北部相对落后。初步建立的区域经济有一种杠杆作用，作用于区域文化和区域政治。我们可以定义其为"有限商业活动的传统农业社会"。

总之，近代早期英国仍旧是一个农业社会。乡村社会有其固有的特点：首先，它是分层的、等级制的。其次，它又是流动的，这种流动显然是经济发展刺激的。随着经济的发展，城市化进程缓慢进行，在这个过程中，伦敦在政治、经济方面都独占鳌头。在这里，生活着英格兰3/4的人口。伦敦对整个英格兰经济的拉动、文化的促进以及政治事件的影响不容低估。但我们也要知道，直到1760年，伦敦仍旧是一个前工业化时期的城市，从圣保罗大教堂徒步走一个小时就到了郊外，因此，"除了几处显著的景观，听起来和闻起来②，首都仍旧是农村风味的"。在经济发展、城市化的进程中，城里人和乡下人在面对经济变革的同时，也面临传统信仰的改变，这就是我们在下一章要讲到的宗教改革。③

---

① Alan Everitt, *Landscape and Community in England*, The Hambledon Press, 1985, p. 15.

② 之所以说"闻起来也有乡村的味道"，是因为当时伦敦卫生状况不佳，街上污水横流、粪便满地。

③ J. A. Sharpe, *Early Modern England*, *A Social History*, *1550–1760*, Arnold, 1997, p. 90.

第四章　宗教改革

史学家对英国宗教改革持有不同的看法。有学者认为，宗教改革纯洁了教会、释放了新鲜的活力——如埃尔顿教授（G. R. Elton）、狄更斯教授（A. G. Dickens）。另一些学者则认为，宗教改革是一种"破旧没立新"的运动——破坏了传统的信仰，在民众心中引起混乱，但并没有建立所有人都接受的一种新宗教，同时，他们惋惜在宗教改革中大量艺术品被毁掉——如黑教授（C. Haigh）。20世纪80年代以前，前一种说法占支配地位，改革被认为是必需的，积极的。现在，第二种说法开始流行，人们强调其对旧的宗教传统的破坏。黑教授认为，宗教改革是"灾难性的"，"撼动和改变了他们已知的世界"。① 辉格派史学家的观点认为："大的历史事件有大的原因。因此，宗教改革是一系列进步运动的结果：反教士运动的兴起、现代国家的崛起、理性主义（人文主义和新教主义）的兴起、中等阶级的兴起、资本主义的兴起，相对的是封建主义的衰落、修道院的衰落、教士权力的衰落、天主教的衰落"。② 黑教授对此进行了批评，他认为这是把问题简单化，代表的也只是胜利者的声音。因此史学家有两种态度，在这两种态度中，不仅包含改革者和胜利者的声音，还包括那些反对改革的人和失败者的看法。笔者认为，这两种说法都有道理，最重要的是不要把问题绝对化。因为宗教改革是一个复杂的历史事件，对不同社会群体、不同地区

---

① Christopher Haigh, *English Reformations, Religion, Politics and Soceity under the Tudors*, Clarendon Press, 1993, p. 3.

② Ibid., p. 15.

的人影响不一样。在总结出普遍规律和做出结论之前一定要进行微观研究，这样才能得出科学的结论。①

一　宗教改革的背景

16世纪早期，英国信奉天主教，天主教会是当时国内最大的机构，是罗马教皇之下的天主教分支机构。英格兰有两大教区，坎特伯雷教区和约克教区。其下是21个主教区，分别由主教掌管，再其下是执事管辖区及牧师管辖区，最底层是9000多个基层的教区。② 每个教区都有自己的教堂，这些教堂遍布全国各地。1534年，当亨利八世成为"至尊首脑"之时，全国共有大修道院750个。③ 这些神职人员与普通人不同，黑教授统计过他们的人数：全国大约有6万神职人员（包括男女），平均每40个人有一位牧师；教士有5万人，占全国人口的4%④，比例非常大。神职人员在法律面前享有特权，涉及到他们的普通案件都在教会法庭审理，只有刑事犯罪才交给世俗法庭裁决。教会拥有各种收入，特别是什一税，人们将收入或生产的1/10交给教会；还有虔诚的教徒提供的捐助。因此，教会是一个巨大的、富有的、拥有大量地产的组织。

教会除了提供宗教服务（例如圣事、婚礼、葬礼），也承担当地政府的部分职责。教区是一个行政单位，拥有教区执事和济贫官（他们经常由教区委员会选出）。乡村学校也经常就是教堂，穷人的孩子经常由教区的牧师教他们读书写字。教会也具有社会职责：努力建立社区的概念，牧师扮演地方官、仲裁者的角色。当时，教

---

① 笔者认为，研究就是要打破一家之言，历史就是应该辩证的，而不是一味的赞扬和称颂。
② A. G. Dickens, *Reformation Studies*, The Hambledon Press, 1982, p. 412. 黑教授认为这一时期英国有9500个教区。
③ Richard Rex, *Henry VIII and the English Reformation*, Palgrave Macmillan, 2006, p. 36.
④ Christopher Haigh, *English Reformations, Religion, Politics and Society under the Tudors*, Clarendon Press, 1993, pp. 5 – 6.

会是社会生活的核心,娱乐活动基本都跟教会相关,通常位于城镇中心。每个周末的礼拜日,对当时的英国人来说都是重要的宗教节日,平时住得比较遥远的人也只有在礼拜日的时候才能见到邻里,才有机会跟他们交流。很多教区的活动都是在教堂的院子里举行。因此,教区是重要的社会组织单位,这是另外一种形式的社会关系,每个邻居有责任照顾自己教区的兄弟姐妹,这是基督教教义所要求的——《圣经》要求人们爱人如己,《十诫》① 中的第4—第10条都涉及到对邻人(不仅是住在附近的人,而是包括整个教区的人)的责任。

宗教改革之前,其中心信条是基督在十字架上殉难,让带有原罪的人类得到上帝恩典,使救赎成为可能。蒙恩、拯救,只有通过教会及其圣礼才成为可能。首先,孩子一生下来就要接受洗礼,成为信徒。然后,在成年后通过各种圣礼证明自己的虔诚,特别是做弥撒、领受祝圣的饼和酒——圣餐象征着基督的血肉。基督徒要遵守《十诫》,参加圣礼并祷告。其次,由于人类的罪孽,信徒需要忏悔,教堂被认为是圣人的地方,升天的圣徒可以为世人向上帝求情,因此可以向圣人祷告。最后,生前的罪孽死后仍需要救赎,其灵魂会在炼狱游荡,直到灵魂净化升天,生者可以通过祷告来解脱地狱中的死者。只有那些拒绝蒙恩的人,才得不到拯救,才会永远在地狱里受折磨。

在这些信仰的传播过程中,以及在宗教改革前教会崇拜的实践过程中,孕育出了丰富的宗教仪式和视觉形象。当时,大部分人目不识丁,教堂的装饰和墙上或祭坛周围的雕刻,以及教堂彩绘玻璃的图案,经常表现的是《圣经》的核心故事,对教徒具有教育意义。它从伊甸园到耶稣受难,用视觉形象传达了信仰的核心教义。如15世纪埃克塞特附近某个教堂中遗留的彩绘玻璃,7个窗户上绘

---

① 《十诫》:第一条,不可拜耶和华以外的神;第二条,不可制造偶像与拜偶像;第三条,不可妄称耶和华的名字;第四条,当纪念安息日守为圣日;第五条,应尊敬父母;第六条,不可杀人;第七条,不可奸淫;第八条,不可偷盗;第九条,不可作假见证;第十条,不可贪心。

有 7 种圣礼。① 还有，很多教堂有精雕细琢的"圣坛屏"（Rood Screen），立于祭坛所在的入口处，上面的木质雕塑也是关于耶稣受难的，同时，也有许多圣人，供信徒瞻仰膜拜。教堂的各个侧堂也有各种装饰的图案和专门供奉某个圣人的祭坛等。这种对某个圣人的敬拜是中世纪晚期大众宗教的一种特征。有很多人瞻仰朝拜圣人的图案、圣坛及遗物。

当时，还有很大的朝圣中心，如坎特伯雷大教堂有圣托马斯·贝克特（Saint Thomas Becket）的圣坛，他是 12 世纪英格兰的圣徒；达拉姆大教堂有圣库斯伯特的圣坛（Saint Cuthbert）。人们祭拜这些圣坛求得保佑。这种祭拜有时会模糊人们对核心教义的关注，代之以对某个圣人的虔诚。人们认为，只要对特定圣人朝拜和贡献，圣人就能提供帮助。这种形式上的信仰和迷信活动有很多。此外，还有圣人的遗物，如圣埃德蒙修道院收藏有圣托马斯的小刀和靴子，这些东西被膜拜，被称为"圣物崇拜"。这与真正的基督教信仰相去甚远，源于中世纪教会对人们信仰的宽容，各种不同信仰传统都混合在一起，包括圣树、圣井的基督教化等。有时很难在迷信和信仰之间划清界限。

二　支持传统教会的证据

20 世纪 80 年代之前，历史学家大多强调旧的宗教体系的腐化和堕落，但最近历史学家黑教授指出：虽然当时教会存在问题，但在宗教改革之前的宗教体系大体是成功并受欢迎的，他说："16 世纪早期有大量证据证明，英格兰各教区普通人的宗教是健康的、有活力的。"② 而绝不是改革时旧体系土崩瓦解，否则就不容易解释为何有因为宗教改革出现的叛乱，如"求恩巡礼"。

---

① Robert Whiting, *The Blind Devotion of the People: Popular Religion and the English Reformation*, Cambridge University Press, 1991, p. 17.

② Christopher Haigh, *English Reformations, Religion, Politics and Soceity under the Tudors*, Clarendon Press, 1993, p. 39.

最有力的证据源于下层教区富有活力的传统信仰活动。有三个方面的证据可以佐证：第一是遗嘱。林肯的副主教区，有93%的立遗嘱者有遗产赠给天主教大教堂，有76%的立遗嘱者捐钱给本教区教堂，有29%的人给其他教会，有22%的人给修士，有14%的人给"兄弟会"（Fraternities——人们因宗教的目的聚集在一起，维持祭坛，并为公会成员的灵魂祷告）。① 第二是教堂学监的记录。证明人们筹集并花在教堂上的资金不菲，包括重建、装饰教堂等。第三，还有宗教性公会（Religious Guilds）的证据。全国各地有很多"公会"或"兄弟会"，"公会"具有慈善性质，帮助穷人，还有教育职能。16世纪早期，伦敦就有81个这样的公会；诺里奇也有21个。有时有年轻人的"公会"，有时有妇女的"公会"，有的成员为"公会"捐赠绵羊，成员轮流照顾绵羊，收入用于维护"公会"的活动。历史学家理查德·雷克斯（Richard Rex）曾经这样写道："非常可能，基督教社区的理想在信仰和崇拜中统一。"② 显然，我们不清楚教会参与的广泛程度，一些"公会"的排外性也很强。但不容否认的是，中世纪晚期有大量的资金被用于教堂建设，很多捐赠也是为了死去的亲属做弥撒。

三 批评传统教会的声音

批评教会的学者指出：教会的地产约占全国地产的1/3，大修道院的收入（如圣格拉斯顿堡、圣奥尔本斯）以及主教区（如温彻斯特和达拉姆）的收入超过了最大世俗贵族的收入③；教士享有一系列特权——"议会不能向教士征税，他们在自己的教士大会决定税收；他们的犯罪行为不在世俗法庭被审判，而由他们自己的主

---

① Christopher Haigh, *English Reformations, Religion, Politics and Soceity under the Tudors*, Clarendon Press, 1993, p. 38.
② Richard Rex, *Henry VIII and the English Reformation*, Palgrave Macmillan, 2006, p. 80.
③ Geoffrey Rudolph Elton, *England under the Tudors*, Methuen, p. 103.

教法庭审判；他们有司法豁免权和避难所——藉此，逃犯可以逃避王室的司法审判；教会法庭制定的法律很少受王室法律限制"。① 神职人员与俗人之间有时存在非常尖锐的冲突，特别是围绕什一税，有时人们会抵抗什一税或者那些付给神职人员的其他费用——如安葬费、遗嘱认证费。神职人员的不良品行更是激起人们愤怒的原因——如通奸行为。教会法庭不仅可以审判教士，也可以审判俗人，"教会法庭管辖婚姻和遗嘱的认证，以及违背道德和异端邪说——这本身就是一个宽泛的词汇——的行为"。② 此外，神职人员的浮夸和高傲会受到讥讽和鄙视。最典型的是亨利八世时期的红衣主教沃尔西，他在1514—1529年全面控制亨利八世政府。他才华横溢但态度傲慢。他身兼数职——1513年被任命为约克大主教，1524年被任命为达拉姆主教，还有很多其他教会职务——这些地方他从未去过。他只顾收钱，并养有情妇和私生子，这引起人们普遍不满。亨利八世第一个王后凯瑟琳认为："他比王国还富有。"③ 正如埃尔顿教授所说："有些教士经常是没有受过教育、无知的人，他们理解不了、甚至读不懂拉丁文的《祈祷书》。"④

当时的批评主要来自三个方面。

第一，教会内部的改革者。当时的情况是，并不是全国所有的教会都腐化堕落，但"人们认为教会腐化，不管其是否如此"。⑤ 因此，一些教界的上层也认识到这个问题，提出改革。伦敦圣保罗大教堂的主持牧师约翰·克列特（John Colet），深深困扰于教会的种种弊端，在1510年的教士大会上严厉批评部分神职人员的高傲与庸俗。克列特是教会内部改革派的代表。他认为，神职人员应该有自

---

① Christopher Haigh, *English Reformations, Religion, Politics and Society under the Tudors*, Clarendon Press, 1993, p. 6.
② Geoffrey Rudolph Elton, *England under the Tudors*, Methuen, 1983, p. 103.
③ Raven A. Nuckols, *Had the Queen Lived: An Alternative History of Anne Boleyn*, Authrhouse, 2011, p. 15.
④ Geoffrey Rudolph Elton, *England under the Tudors*, Methuen, 1983, p. 105.
⑤ Ibid..

己的职业准则，行为应该与其享有的特权相符。① 其好友——虔诚而博学的托马斯·莫尔坚决支持克列特要求神职人员改革的主张。此外，还有约翰·费舍尔（John Fisher）主教也响应这种呼声。显然，这种呼声源自教会上层的批判，但不会挑战教会的权威，也不会破坏普通人的宗教活动。他们强调改革的必要性，但又不想破坏基督教的统一。他们希望教会可以自我革新、革除弊端。后来，莫尔和费舍尔都被亨利八世砍头，成为天主教的殉道者。

第二，平民。反教士的情绪在南部，特别是在伦敦特别强烈。"至少从14世纪起，伦敦的乡绅、商人，特别是伦敦市民经常表达对教界财富和司法权的不满，计划没收他们的财富、限制他们的司法权的话题经常被讨论——虽然政府并没卷入。"②此外，伦敦也是劳拉德教派（Lollardy）的集中地。劳拉德是14世纪牛津大学学者约翰·威克里夫（John Wycliff）的追随者，他对教会的批评非常深刻，1384年被作为"异端"烧死，但其思想一直被保留。劳拉德派是"地下"异端教派，存在了一个多世纪，期间不断遭到迫害。他们敌视教会享有的特权，认为教会中的等级制也是违反基督教原则的；他们反对对圣人及其遗物的崇拜；他们质疑弥撒中的圣餐化体论，认为圣餐只是一种纪念活动，也认为炼狱说是错误的，安魂弥撒只是骗钱的伎俩，让神职人员中饱私囊。他们依赖《圣经》的权威。从1380年开始，劳拉德派将《圣经》新约翻译成英文，译本在劳拉德派教徒中秘密流传。1514年，亨利八世时期，伦敦主教理查德·菲茨詹姆斯（Richard Fitzjames）以"异端"的罪名逮捕了伦敦富商理查德·亨尼。到1514年12月份，亨尼被发现吊死在监狱里。据亨尼的支持者说，他的逮捕与劳拉德派没有任何关系，真正原因是他拒绝为其儿子缴纳停尸费，并威胁要以"王权侵

---

① Christopher Haigh, *English Reformations, Religion, Politics and Soceity under the Tudors*, Clarendon Press, 1993, p. 9.
② Geoffrey Rudolph Elton, *England under the Tudors*, Methuen, 1983, p. 104.

害罪"(The Charge of Praemunire)①起诉菲茨詹姆斯。菲茨詹姆斯主教力图以"异端"罪焚尸灭迹,但验尸官的报告是谋杀。这件事引发了伦敦人进一步对教界贪婪、腐败的批评。

第三,早期新教改革者。他们受过良好教育,来自牛津大学和剑桥大学——特别是剑桥大学。他们多是福音基督派(Evangelical Orientation)的信徒,非常虔诚。当他们接触到1517年路德的学说时,折服于路德的观点。一些剑桥大学的人(包括托马斯·克莱默——宗教改革后任坎特伯雷大主教)经常在白马酒馆密会,被称为是"小德国会议"②,因为他们讨论的书籍是从德国走私来的。他们还讨论早期从瑞士走私来的改革者的作品。威廉·廷代尔(William Tynale)第一个将《新约》翻译成英语。他希望把《圣经》译成英文,并首先向改革派的伦敦主教滕斯托尔(Cuthbert Tunstall)寻求支持,但被拒绝,他最终得到伦敦商人蒙茅斯(Humphrey Monmouth)的资助。蒙茅斯个人赞同劳拉德派,他将廷代尔送到国外,廷代尔最终成为路德派信徒。1526年,《圣经》英语译本在德国出版,一些被走私进英国。1536年,廷代尔被作为"异端"绞死,但他的学说却没有消失。这些早期的新教徒基于剑桥、东盎格利亚和伦敦并不是偶然的,因为这里贸易发达,思想活跃,与荷兰和德国联系紧密。有人认为,这些宗教改革前存在于英国的地下宗教派别,无法撼动传统宗教的霸权,或者永远无法独自获得足够的力量去获得对天主教的胜利——如德国和瑞士的某些城市。但事实是,这个反对的小群体最终获得胜利,这要归因于一个偶发的事件(偶发事件经常成为历史的转折点)——亨利八世的离婚案。

---

① 对因求助外国法庭而冒犯国王(尤指大主教)统治权所构成的违法行为的诉令状。
② Geoffrey Rudolph Elton, *England under the Tudors*, Methuen, 1983, p. 111.

四 宗教改革的过程

1. 亨利八世时期

亨利八世在位初期，他对罗马教皇奉命唯谨，竭力表现出一个虔诚的天主教徒的姿态。他毫不留情地镇压了路德派，并且亲自写书批判新教教义，被教皇封为"信仰的卫士"。因此，人们很难设想他会反抗罗马教廷并且使英国教会与罗马天主教会一刀两断。英国之所以会发生宗教改革与亨利八世个人的婚事相关。

亨利七世在位时，为了得到其他欧洲国家对其王位的承认，积极推行联姻的外交政策，让自己的长子亚瑟娶了西班牙国王的公主凯瑟琳，但由于亚瑟英年早逝，亨利七世为了保证当时欧洲大国——西班牙对他的支持，让其次子亨利八世娶了他的寡嫂。婚后，两人也度过了一段美好时光，但只生下一位公主（玛丽）。1527年，亨利八世36岁，王后凯瑟琳已经40多岁，已无生子的希望。亨利八世及他的大臣们面临着一个棘手的问题——男性继承人问题，都铎王朝及政治稳定的未来都需要一个无争议的继承人。亨利八世记起《圣经》中的话："人若娶弟兄之妻，这本是污秽的事，羞辱了他的弟兄，二人必无子女。"① 这时，亨利八世爱上了安·博琳（Anne Boleyn），她当时20多岁，很有心计，有分寸地控制着国王，因为她不想只作国王的情妇，她想当王后。亨利八世离婚的决心已定，他责成大臣沃尔西（Wolsey）将离婚案上诉于罗马教皇，希望被批准离异。当时，教皇克莱门特（Clemente）七世本想帮亨利八世解决此事，但是他碍于凯瑟琳的侄子——神圣罗马皇帝查理五世的威势，不敢贸然从事，只好拖延不办。同时，凯瑟琳个性很强，她的荣誉感让她无法忍受自己的婚姻这样被解除，她坚决捍卫自己婚姻的有效性。她否认和亚瑟王子有过性行为，宣称亨利八世知道结婚时她还是处女。亨利八世试图施压教皇，解决离婚

---

① 《圣经》《利未记》，第20章，第21节。

第四章　宗教改革

问题，试图用英格兰教会的特权胁迫教皇合作。

到了1529年，事情仍没有解决，沃尔西显然办事不力，面临"王权侵害罪"的指控。几个月以后，议会开会，国王的顾问鼓励议员陈述对教会的不满——不仅反对沃尔西本人，而且对其他教会事务的违规进行控诉。在1529年11月的议会上，亨利八世蓄意激起议员对宗教特权的不满，"他给他们充分的讨论自由，议员们提出很多反对教会弊端的议案。其中三个提案——限制遗嘱认证费；停尸费；反对兼职兼俸不驻教区——被通过，成为法令"。①从1529年12月到1531年1月，亨利八世下令议会休会。同时召集学者和神职人员成立智囊团，一起解决他的离婚案。牛津大学、剑桥大学和法国的一些大学自然站在亨利八世一边，即使意大利北部的一些大学如博洛尼亚大学、帕多瓦大学、费拉拉大学都支持国王，但意大利其他地区的大学及西班牙、德国的大学支持教皇。1530年，教皇传唤亨利到罗马出庭，缺席则无法离婚和再婚。亨利八世非常失落，也非常愤怒。他为自己找到辩护的理由：第一，英格兰教会都是独立行使教省权力的，在特定内务的解决上有自治权而不用请示罗马。第二，只要不涉及精神信仰的问题，英格兰国王王权不仅凌驾于国家，还凌驾于教会之上。这时，亨利八世仍旧希望欧洲局势的转变，可以使离婚一事出现转机（具体说来就是减轻来自查理五世对教皇的胁迫）。1530年12月，亨利八世的律师团队状告全国神职人员犯了"王权蔑视罪"，因为他们非法执行宗教上的司法权。②坎特伯雷召开教士大会抵制国王的指控，亨利八世要求他们承认国王对教会至高无上的统治权。他们最终承认了亨利八世的权威，但加上限制——"在上帝法律允许范围内"。在1531年，国王和教会在离婚问题上产生严重分歧，其中涉及的关键问题是教皇对英格兰教会是否拥有司法管辖权，这严重阻碍了国王离婚事宜。此时，国王没有挑战天主教的教义，问题不在教义与崇拜上，而在司

---

① Geoffrey Rudolph Elton, *England under the Tudors*, Methuen, 1983, p. 123.
② Ibid., p. 125.

法权的权限问题，这是一个法律问题。

1531年，教皇似乎无意妥协，因此，托马斯·克伦威尔（Thomas Cromwell）一手策划了一系列法案与罗马决裂。克伦威尔出身卑微，是伦敦呢绒工的儿子。他早年从军，后来经商，接着又从事法律工作。16世纪20年代以后，他开始在红衣主教沃尔西家臣中崭露头角，1530年沃尔西死后，他开始辅佐国王，并成为咨议会成员。埃尔顿教授称其为"英国第一个议会政治家"。① 他找到打破离婚僵局的办法，细心谋划了立法计划。1532—1534年，克伦威尔的计划是让亨利八世离婚，让改革措施合法化，小心翼翼地把国王的意愿传达给议会，然后让其设法通过。首先，他继续向议会施加压力。1532年，议会通过《首岁教捐禁止法》——"首岁教捐"是主教任命时向罗马教皇支付的款项，通常是其收入的1/3，该法案取消该款项以威胁教皇的财政、挑战其宗教事务的管辖权。该法案写道："本届议会中的贵族和下院议员们认为罗马教廷以首岁教捐的名义征收、获取大量钱财，对主教们和本国是极大的危害。这种首岁教捐开始是用来保卫基督徒反对异教徒的，现在被宣布为单纯的义务，只是为了贪欲，违背了所有正义和良心。我们知道，从亨利七世继位的第二年到现在，大主教和主教以首岁教捐的名义交给罗马教廷的钱财达到了800000达卡银币，折合英国标准货币160000镑，这还不算以其他方式和途径输往罗马教廷的大量的令人无法忍受数额的钱财。"②此法案规定："从今以后，非法的年金或首岁教捐须彻底废止……今后任何在本国被任命、选举、指定为大主教、主教者，不准缴纳首岁教捐给教廷，违者将其所有物品及财产没收……"③

1532年12月，博琳怀孕。1533年1月25日，亨利八世与博琳秘密结婚。亨利八世认为自己的第一次婚姻无效，而博琳怀孕更

---

① Geoffrey Rudolph Elton, *England under the Tudors*, Methuen, 1983, p. 175.
② C. H. Williams (ed.), *English Historical Documents*, Vol. 5, Eyre and Spottiswoode, 1967, p. 737.
③ Ibid., pp. 738–739.

需要亨利八世迅速行动，1533年4月，议会通过了《禁止上诉法案》(the Act in Restraint Appeals)，宣称英格兰为主权国家，疆域内司法不容国外干涉。国内做出的司法判决不允许上诉到国外。此法案写道："英格兰是一个帝国，她由一个拥有与帝国皇帝同样尊严和地位的至尊首脑——国王——统治，教界和俗界的臣民对其都有一种仅次于上帝的自然的、谦卑的服从。他被上帝授予特权对所有的人在所有的事物中行使司法权、不受任何国外君主干涉……至于英格兰教会，也有足够的权力解决自身法律事务，而无需外部势力干涉。"① 据此，1533年5月，克兰麦（Thomas Cranmer）② 主持宗教法庭，宣布亨利八世与凯瑟琳的婚姻无效，6月，博琳被封为王后，9月教皇开除亨利八世的教籍（缓期执行，以观亨利八世的反应）。亨利八世不为所动，1534年，议会通过了《继承法案》(the Succession Act)，宣布亨利离婚和再婚有效，并重新确立了王位继承顺序，要求所有人宣誓尊重该法案，并通过《教士服从法案》(An Act for Submission of the Clergy)。此法案规定：宗教会议只能由国王召开，没有国王的同意不得擅自立法，现存法案交给一个由32人组成的委员会检查。得到这个委员会批准的法案继续有效，而被认为应该废止的应马上废止。

最后是《至尊法案》(the Act of Supremacy)。此法令宣布亨利八世为英格兰教会至高无上的领袖。这些法令确定了英格兰宗教的独立地位，打击了罗马教皇的权威，声称国王对教会拥有至尊无上的权力。法令明确规定："国王及其后嗣或继任者是英格兰教会——安立甘教会的唯一最高首脑……并享有这一称号的一切尊严与特权。"③ 那些拒绝承认国王离婚或拒绝否认教皇权威的人，很多都被处死——如罗彻斯特主教约翰·费舍尔及大法官托马斯·莫尔。

---

① C. H. Willians, *English Historical Documents*, Vol. 5, Eyre and Spottiswoode, 1967, p. 732.
② 1532年8月，坎特伯雷大主教沃伦（Warham）去世，亨利八世和克伦威尔保证罗马批准克兰麦（Thomas Cranmer）的任命。克兰麦是剑桥大学的神学教授，倾向新教。
③ A. G. Dickens, *The English Reformation*, The Fontana Library, 1986, p. 171.

亨利八世时期的宗教改革一度被称为"国家行为"（the Act of State）①，其实质是英国教会的统治权威从罗马教皇转移到英格兰君主，英格兰由天主教变成安立甘教，这显然是"国家行为"。改革是由国王发起，自上而下，由上层指挥，议会接二连三地颁布法案来完成的。这些法案的意义不仅确立了英国教会独立的司法地位，而且还揭开了宗教改革的序幕。

1536年前的改革，确立了王权凌驾于教会之上的权力，但这与信仰改革没有关联，英王挑战的是罗马教廷僭越司法权，而不涉及具体的教义——因为国王最初的动机也不是要改变信仰。这一点在中国国内学术界一直被忽视，多数中国学者认为，亨利八世时议会通过了一系列法令，从而使英国成为新教国家。事实远非如此。由于这次改革的大背景是德国和瑞士的新教改革，亨利八世斩断与罗马的关系让支持信仰改革的人有了立足点，国王身边聚集了一些改革人士——如克伦威尔、王后博琳、克兰麦等人，但大多数主教和贵族都希望改革到此结束，他们愿意为了国家的利益承认国王的至尊地位、并且希望最终能与罗马和解。但亨利八世越来越享受他的至尊地位，越来越相信自己是错误信仰的矫正者，并认为自己在执行上帝的律条、净化权力滥用和盲目崇拜。

这一年，克伦威尔还组织了一次对修道院的检查。这使得1536年年收入少于200镑的修道院被解散，他们的借口是这些修道院存在弊端。修道院的大量地产被国王没收，"每年为王室带来100000镑的收入"。② 这一举动成为1536年"求恩巡礼"的导火线。这之后，大的修道院在威逼利诱之下将其权利拱手让给国王。到1540年，英格兰境内已经没有修道院存在。"教会所有权是古老的土地所有关系的宗教堡垒，随着这一堡垒的倾覆，这些关系就不能维持了。"③ 1537年，克伦威尔和克兰麦颁布了《主教书》，其信条开始谨慎地向

---

① M. Powicke, *The Reformation in England*, Oxford University Press, 1941, p. I.
② Geoffrey RudolphElton, *England under the Tudors*, Methuen, 1983, p. 149.
③ 马克思：《所谓原始积累》载《马克思、恩格斯选集》第2卷，人民出版社1972年版，第278页。

新教方向发展。1538 年，坎特伯雷和达拉姆两处大的朝圣中心被废止，财产收归国王——因为它们盲目崇拜，违反国家法令。

1539 年，颁布了英文版的《大圣经》（参照了廷代尔的译本），第二年再版时加上了克兰麦的序言。① 到 1539 年，改革步伐加速，教义改革的动向越来越深入，但此时，亨利八世突然转向：1536 年，博琳因通奸罪被处死，不久，亨利八世又娶简·西摩（Jane Seymour）。1537 年，西蒙为其生下男性继承人爱德华王子，但西摩却死于难产。这样亨利八世与罗马之间的矛盾似乎解决。宫廷中分成两派，一派是以托马斯·霍华德和斯蒂芬·加迪纳（Stephen Gardiner，温彻斯特主教）为代表的保守派，另一派是以托马斯·克兰麦和爱德华·西摩（爱德华六世的舅舅）为代表的改革派。保守派希望国王能与罗马和解，并警告他激进的新教是危险的。此时，伦敦已经出现"再洗礼派""圣礼派"——他们遵循瑞士改革者关于圣餐的教诲。1539 年，他们说服亨利八世批准《六条信纲法案》，明确要求英格兰回归天主教信仰的"正教"思想。1540 年，克伦威尔被指控鼓励异端学说并被逮捕处决。而处决他的真正原因则在于他为国王安排第四次婚事的失败。国王的第四任妻子是德国一位亲王之女——克莱维茨的安妮公主（Anne of Cleves），克伦威尔想让亨利八世与德国新教州结盟，因此竭力促成这次联姻。亨利八世被美化的安妮肖像迷倒，却被其真容吓坏，很快解除婚约，因此怪罪克伦威尔。此时，亨利八世虽然越来越受保守派的影响，但似乎"克兰麦与国王的友谊从来没被削弱"。② 1547 年 1 月 27 日，亨利八世去世，终年 57 岁。

16 世纪 30 年代，新教的改革步伐已经停止，但亨利八世晚期的宗教也绝非正统的天主教，信仰与之前区别不大，对圣人、圣坛和圣物的崇拜大幅削减，不强调炼狱，修道院消失。更积极的变化是，宗教文化的地方化，英文《圣经》和英文神学书籍大量出版，

---

① A. G. Dickens, *The English Reformation*, BT Batsford Ltd., 1989, pp. 155-156.
② Geoffrey RudolphElton, *England under the Tudors*, Methuen, 1983, p. 194.

真正的新教徒人数并不多,但他们力量在逐渐壮大,而且这群人有权有势——如克兰麦一直是大主教,他在大学和教会中有大量改革支持者。1543 年,亨利八世娶了最后一位王后凯瑟琳·帕尔(Catherine Parr),她也同情改革派①,还有爱德华和托马斯·西摩周围聚集的"西摩系"也都支持新教。此外,爱德华王子和伊丽莎白公主的教父都是克兰麦任命的,也都是秘密的新教徒。这一切都是亨利八世的遗产,虽然亨利八世本人并不是真正的新教徒,但这些人对传统的冲击意义重大。

2. 爱德华六世时期

1547 年,当亨利八世去世时,爱德华王子只有 9 岁。爱德华的舅舅西摩带领一群改革派掌控了权力,西摩被任命为摄政大臣,并被封为萨摩赛特公爵。作为萨摩赛特公爵和摄政王,西摩的主要兴趣在于扩大其权力和影响;又因为他是新教徒,因此大主教克兰麦此时能发挥比在亨利八世时期更大的影响。在这些人的影响下,爱德华六世时期,新教的改革进一步推动:1547 年,他们说服议会废止亨利八世时期的《叛国法》《异教法》和《六条信纲法案》。②他们颁布改革法令,清除教堂的宗教壁画,官方首发《布道书》,广泛宣传新教教义,同时,取消很多弥撒堂(Chantry)、宗教公会和兄弟会,其财产收归国王。"教义改革的第一步是,1549 年克兰麦颁布《祈祷书》——由一个温和的划一法案规定执行。"③ 此《祈祷书》在英格兰西部引发叛乱,叛乱者一度围攻埃克塞特。此次叛乱使得萨摩赛特地位受到挑战,被诺森伯兰公爵约翰·达德利(John Dudley, Duke of Northberland)④ 取代,但这一变化并没有对宗教政策带来影响,相反,达德利为克兰麦提供了更多的支持,这

---

① Geoffrey RudolphElton, *England under the Tudors*, Methuen, 1983, p. 195.
② Ibid., p. 205.
③ Ibid., p. 206.
④ 约翰·达德利是埃德蒙·达德利的儿子,埃德蒙曾经在狱中写下《共同体之树》,在亨利八世早年被处死。

也是年轻的国王希望的。这时,爱德华已成为公开支持新教信仰的年轻君主,他被称为"年轻的约西亚"① ——《圣经》中执行改革和净化教会的年轻君主。1552 年新的《祈祷书》颁布,这个版本的《祈祷书》的颁布是决定性的,它公开宣扬新教。

由于亨利八世的婚事,英国的教义改革与敬拜和实践活动的改革掺杂在一起,而此时,真正的新教群体在伦敦和东南部出现,他们都是有权势的社会精英。加上在爱德华六世时期,两位摄政王加速推进改革,到 1553 年,英格兰国教在教义和仪式上已经成为新教,以英语《圣经》和《祈祷书》为标准。至此,英国成为了新教国家,但新教远非一统天下,而国家在信仰上的分裂更深。

3. 玛丽一世时期

1553 年,爱德华死于肺结核,局势逆转。为了挽救局面,诺森伯兰公爵立简·格雷(Lady Jane Grey)为女王,她是除了伊丽莎白之外最近的新教继承者。此时,隐居在东盎格利亚的玛丽获得了贵族的广泛支持,并组织军队进入伦敦,诺森伯兰惊慌失措,解散军队,有条件地投降,玛丽登上王位。她是虔诚的天主教徒,"她唯一的野心就是恢复英格兰对教皇的服从,挽救——正如她认为的——她的国家脱离道德的罪"。② 埃尔顿教授认为,玛丽一世的胜利是由于她是亨利八世的女儿,而不是由于她是虔诚的天主教徒。

这段时间,英国宗教分裂非常严重。1553 年,玛丽一世继位后不久,就劝说议会废止爱德华的《划一法》(Act of Uniformity)——该法案要求全国一致奉行新教。当时,有 80 位议员勇敢地反对此举。1554 年,玛丽一世与西班牙腓力王子(后来的腓力二世)结婚。玛丽一世的婚事激起怀亚特爵士的叛乱,他最终被打败处死。1554 年秋天,教皇恢复了对英格兰的管辖,之前流亡意大利的红衣主教雷吉

---

① Margaret Aston, *The King's Bedpost: Reformation and Iconography in a Tudor Group Portrait*, Cambridge University Press, 1993, p. 26.
② Geoffrey RudolphElton, *England under the Tudors*, Methuen, 1983, p. 215.

纳·波尔（Cardinal Reginald Pole）回国，赦免英格兰的分裂罪，并被任命为坎特伯雷大主教。英格兰恢复天主教，很多新教官员被烧死，有一些流亡国外。牛津大学、剑桥大学被"净化"（清洗）。1555—1558年超过300人被烧死，主教拉蒂默（Latimer）和主教瑞德里（Ridley）于1555年在牛津大学被火刑处死，大主教克兰麦也在1556年在牛津大学被烧死（他曾一度怕死宣布放弃新教主张，但随后收回了自己的说法，公开宣称自己忠于新教信仰，并接受了火刑）。① 还有很多普通人由于信仰新教被烧死，包括店主、手工业者，并且年轻人居多，他们中许多人来自伦敦和东南部（新教的中心），其中半数的火刑是在伦敦由科尔切斯特和坎特伯雷执行。玛丽一世及其大臣从未意识到抵抗会如此广泛而持久，许多新教徒逃亡大陆。她的政策和迫害为她赢得了"血腥玛丽"的名声，并将天主教和空前规模的迫害联系在一起。"虽然她的迫害规模与欧洲大陆比较起来不算残忍，但考虑到英国的情况和传统，她的行为史无前例，留下不能根除的记忆。"② 玛丽一世死于1558年11月，享年42岁。

玛丽一世死后，没有人知道英格兰教会和宗教将走上何方。玛丽一世的"贡献"，让英国人认识到是西班牙而不是法国是英国的敌人。③

4. 伊丽莎白一世时期

伊丽莎白一世于1558年11月17日登上王位，当时她只有25岁。宗教和解是她即位后的首要任务，部分是由于她个人的宗教信仰，部分是因为政治原因。伊丽莎白一世时期最得力的助手是威廉·塞西尔爵士（Sir William Cecil），在女王继位的第三天，他就被任命为首席秘书。④ 塞西尔个性沉着冷静、小心翼翼，必要的时

---

① Leo F. Solt, *Church and State in Early Modern England, 1509 – 1640*, Oxfor University Press, 1990, pp. 60 – 61;
② Geoffrey Rudolph Elton, *England under the Tudors*, Methuen, 1983, p. 220.
③ Ibid., pp. 222 – 223.
④ Ibid., p. 263.

第四章 宗教改革

候会妥协让步。这在某种程度上也是伊丽莎白一世的性格,既因为她母亲的缘故(其母是安·博琳,被其父亨利八世砍头),也由于其成长环境的复杂性。伊丽莎白一世与塞西尔合作了40年,为稳定都铎王朝做出了巨大贡献。当他们的改革政策在上院遇到阻力时,顺势对天主教做出让步,从而实现了宗教和解。如1559年的《祈祷书》实际是1552年和1549年《祈祷书》的综合,其中含有1552年《祈祷书》关于圣餐的新教解释,将圣餐作为对基督的缅怀和感恩,并融合1549年《祈祷书》的思想,形成圣餐中关于基督血和肉的解释。[①] 此外,1559年提交议会的议案没有将女王写成英格兰教会的至上的领袖(Head),而是至上的管辖者(Governor)。[②] 有的学者解读是,这为宗教和解打下基础,这种解释意味着:伊丽莎白一世为"管辖者"——在英格兰,而教皇为"领袖"——在罗马。同时,他们努力"净化"上院,驱逐了很多天主教主教,不断向上院施压;而他们在下院得到支持,就容易得多。1559年,"虽然遇到天主教主教的反对,《划一法案》很快在上院和下院通过"。[③] 英国重新确立新教,新《祈祷书》同时在全国颁布。与其说,新教是王室命令的强制结果,不如说,是女王及其顾问希望和解的反映,虽然英格兰重新确立新教,但新教的属性仍旧含糊不清。

虽然没有达到预期,但伊丽莎白一世和塞西尔等人都满意于当时的情形,并且含糊的教义也有好处——在1559年的英格兰这并非坏事,30年的宗教变迁让整个国家在信仰上四分五裂,没有哪一种宗教能获得绝对多数的支持。黑教授认为,大多数人保持着传统的信仰;而罗伯特·怀廷(Robert Whiting)教授认为,人们开始对宗教失去兴趣——冷漠、默许、适应一次又一次的变化,不再狂

---

① A. G. Dickens, *The English Reformation*, BT Batsford Ltd., 1989, p. 359.
② T. A. Morris, *Europe and England in the Sixteenth Century*, Routledge, 1998, p. 303.
③ A. G. Dickens, *The English Reformation*, BT Batsford Ltd., 1989, p. 360.

热地坚持自己的信仰①；克里斯托弗·玛什（Christopher Marsh）认为，人们了解宗教冲突的危险，玛丽一世的暴行还历历在目，因此，玛什说当时的人们"安于平稳"。这既可以解读为人民在强权下顺服了，也可以解读为人们尽可能地保持社区的稳定。如一些人本身坚持虔诚的天主教信仰，但对其他新教徒采取谨慎和宽容的作法。

伊丽莎白一世希望的是秩序、一致、稳定。因此，她利用1559年的局面，在议会通过和解政策不久，通过关于敬拜的法令——这是宗教实践的内容，允许被新教破坏的圣像存留在教堂，在圣餐中使用传统的无酵饼而不是普通面包……有很多这样的让步。伊丽莎白一世在任命新的教会人员时也谨慎小心，她选任马修·帕克（Matthew Parker）担任坎特伯雷大主教②，他是剑桥学院派的成员、新教徒，在玛丽一世统治时没有流亡，服从玛丽一世，但很低调，因此，伊丽莎白一世认为他是合适人员（她没有选择那些激进的新教徒）。伊丽莎白一世在教区神职人员中也没有进行大规模的清洗，只要承认《祈祷书》和《划一法》，很多教士被允许保留自己的信仰。伊丽莎白一世不愿意进行宗教迫害，同时，她也不愿意进行更深刻的改革。她坚持这种中间道路的政治艺术。英格兰的核心教义是新教的，但又大量保留天主教残余。只要原则上服从新教，《祈祷书》可以有不同解读，唯一强制的是《划一法》——因为国家要保持一致并维持稳定。在宗教派别林立的年代，欧洲很多地方已经出现宗教战争，伊丽莎白一世的宗教政策无疑是高明的。

五 英国国教的确立

伊丽莎白一世时期，危机四伏，特别是在她执政早期，不仅有宗教带来的分裂，而且也面临危机四伏的国际局势。英格兰与法国作

---

① Robert Whiting, *The Reformation of the English Parish Church*, Cambridge University Press, 2010, p.48, 90, 181.
② Mark Chapman, *Anglican Theology*, T&R Clark International, 2012, p.54.

第四章　宗教改革

战，使英格兰失去了在法国的最后一个据点加莱。伊丽莎白一世的表亲，苏格兰的玛丽女王只有16岁，嫁给了法国国王。由于她祖母是亨利八世的姐姐，因此，苏格兰的玛丽女王也是英格兰王位的顺序继承人。这让法国人野心膨胀，他们希望将苏格兰和英格兰都统一到法国王室之下。当时苏格兰有一支法国军队，支持苏格兰玛丽女王的母亲（当时玛丽还小，由其母摄政），这在北方是潜在的威胁。伊丽莎白一世依赖其顾问团队，纵横捭阖，度过了一个又一个危机。

伊丽莎白一世时代被称为"盛世"，她的统治充满光辉。她在位45年，稳定了国内局势，和解了宗教冲突，挫败了西班牙的无敌舰队。她还促进了英国文学的发展。她利用自己的婚事在欧洲的政局中左右逢源。她一生未婚，声称嫁给了自己的国家。1601年，在她统治的最后一届议会，68岁的女王发表了《黄金演说》（Golden Speech），她说：以后可能还会有更强大的君主，但没有人会比她更在意不让议员遭受危险、羞辱、暴政和压迫。她说："上帝让我君临天下，但因为有你们的爱，我的统治才能光辉四射。"[1]

经过伊丽莎白一世的改革，英国国教最终被确立下来。伊丽莎白一世时期的宗教改革大体上是一系列宗教统一的举动——将中世纪晚期形式、仪式、象征意义上丰富的宗教转化为围绕英文《圣经》和1559年《祈祷书》的照本宣科的宗教，包含布道、吟唱。英格兰国教中的宗教仪式既不是严格意义上的新教仪式，也不是严格意义上的天主教仪式。这为双方都留下了解读的空间。加上怀念天主教的教士和俗人到1580年大部分都逝去，新一代的年轻人，除了伊丽莎白一世的教会，并未接触到更多形式的宗教，天主教传统对他们没有任何影响；并且，天主教传教士多将注意力集中在有政治地位的人群身上，对平民没有太多关注。因此，英国从未发生像欧洲大陆那样的血腥的宗教冲突。1603年，英格兰国教会大约有2266000人

---

[1] Leah S. Marcus, Janel Mueller and Mary Beth Rose, *Elizabeth I: Collected Works*, The University of Chicago Press, 2000, p. 340.

领圣餐。① 天主教的威胁已经消失,同时,安立甘宗教士也逐渐适应了牧师的职责。最初,他们缺乏布道者和素质良好的教士,但随着主教在大学中对年轻人的着力培养,在伊丽莎白一世去世时,布道在大多数地区已经普及,越来越多的教士在大学受过教育,其教育水平得到改善。民众也越来越多地参与到本土宗教文化中来。

总之,经过亨利八世及其子女的改革,到17世纪早期,教义实现了统一。大学中很多神学家,都将伊丽莎白一世的和解政策解释为加尔文主义的宗教,人们普遍接受预定论,上帝早已预定好被选中的人以及在"末日审判"中被诅咒的人,他们强调一种理想的、虔诚的、新教徒的生活方式:信仰基于《圣经》、出席礼拜、为家庭祈祷,还强调与上帝"虔诚的对话";在日常生活中严格遵守道德。他们还一致认为:应当牢固确立新教教义,并改变民众的行为。根据加尔文教派教义,只有少数人会得到救赎,但没人知道具体是哪些人。因此,伊丽莎白一世晚期,宗教矛盾相对缓和,并且一直到17世纪前20年,这种相对平和的秩序一直维持。此时,已经是詹姆士一世时期。因此,伊丽莎白一世晚期和詹姆士一世早期的相对缓和被一些历史学家称为"詹姆士—伊丽莎白时期加尔文教徒的一致"(Jacobethan Calvinist Consensus)。② 詹姆士一世支持《圣经》的翻译工作,1611年,最终出版的《圣经》被称为"詹姆士钦定版《圣经》"。到17世纪,虽然内部仍有分歧,但人们普遍认同英格兰在欧洲的新教身份。

---

① William Simpson, *The Reign of Elizabeth*, Heinemann Educational Publishers, 2001, p. 171.

② Susan Doran, Christopher Durston, *Princes, Pastors, and People: The Church and Religion in England, 1500–1700*, Routledge, 2003, p. 203.

第五章 叛乱及镇压

英国宗教改革的过程一波三折。在上层、在下层都曾遇到过抵抗,并且引发了民众信仰混乱,甚至出现叛乱和国家分裂。都铎王朝时期的英格兰遭受着人口增加、价格上涨的经济压力,百姓的生活经常处于不稳定和危险之中。与中世纪及现代相比,这一时期的叛乱最多,不过,大多数的叛乱都是小规模的、地方性的,没有形成全国规模。叛乱的原因通常都涉及到宗教信仰的改变、税收或者是圈地的政策。

小规模的、地方性的动乱被称为骚乱(Riot),一般是关于当地的或特定的牢骚、不满。叛乱(Rebellion)是更大规模的对中央政权的挑战,而不只是挑战地方权威。但是骚乱和叛乱之间的界限并不清晰。一场骚乱可能一两天就沉寂下去,但也可能再起,例如1536年林肯郡的叛乱。当然,骚乱也可能发展成叛乱,如1549年林肯郡的叛乱就源于圈地骚乱。①

一 都铎王朝主要的叛乱

第一,1497年,康沃尔(Cornwall)发生抗税的骚乱。

---

① 笔者认为"叛乱"是失败的"革命"。"革命"一词在1600年以前并没有现代意义上的含义。"革命"一词直到17世纪英国内战之后才开始使用,并且在英国史学界内战一度被称为"大叛乱"(Great Rebellion),一些苏联的历史学家称之为"革命",中国史学界很久以来也一直称之为"1640年英国资产阶级革命"。有什么区别呢?"革命"在性质上与"叛乱"有区别吗?如果"光荣革命"失败了是否会被定性为叛乱?这是否只是一个语义学上的花招?

亨利七世政府希望增加税收以对抗受到苏格兰资助的铂金·沃贝克（Perkin Warbeck）的军队，议会同意国王征收 120000 镑税收（已经比其他年份高出很多）。① 这一税收政策影响到康沃尔郡绝大多数人——并且这里还要比其他地区提供更多的士兵和船员，由此，引起民众的普遍不满。此次叛乱对亨利七世构成严重威胁，大约有 15000 名康沃尔人在托马斯·弗拉曼克（Thomas Flamank）带领下徒步行进到伦敦，向国王请愿。战斗在伦敦城外的布莱克西斯（Blackheath）展开，最后判乱的群众被镇压。

第二，1536 年的"求恩巡礼"（The Pilgrimage of Grace）。

该叛乱首先在约克郡爆发。关于这场叛乱的原因争论很多。埃尔顿（G. R. Elton）教授认为："北方叛乱是宫中失败的一方掀起的叛乱，他们试图创造一个基地，以便在宫中获得政治胜利。"② 史学家至今还在争论叛乱原因是宗教原因、经济原因还是社会原因。从表面看，这次起义宗教色彩浓厚。因为随着宗教改革的进行，天主教被新教取代、修道院被解散，修道院的地产和土地都落到亨利八世的宠臣和贵族手中，引起人民不满。当时的谣言很多："据说教会的珠宝和盘子都要被没收，所有的金子都要拿去铸币厂去检验；拥有带角的牲畜甚至百姓洗礼、结婚和葬礼都要征税。更有谣传说，'周围五英里内没有教堂，所有教堂都要被关闭'。不向国王缴税就不允许吃白面包、鹅肉、鸡肉。据说所有的人都要报告他的财产和收入，误报会导致所有财产都被没收。"③ 1536 年，叛乱首先在劳斯（Louth）爆发，叛乱者自称是"朝圣者"，由律师罗伯特·阿斯克（Robert Aske）率领。"（1536 年）10 月 4 日，乡

---

① Anthony Pletcher and Diarmaid MacCulloch, *Tudor Rebellions*, Pearson Education Limited, 2008, p. 21.

② G. R. Elton, Politics and the Pilgrimage of Grace, in *Studies in Tudor and Stuart Politics and Government*, 4 vols, Cambridge, 1974 – 1992, vol. 3, reprinted from *After the Reformation*, (ed.) B. Malament, Yale University Press, 1980, p. 212.

③ Anthony Pletcher and Diarmaid MacCulloch, *Tudor Rebellions*, Pearson Education Limited, 2008, p. 28.

绅成为叛乱的领袖，他们的加入使得叛乱取得合法性。"①不久，北方望族达西（Lord Darcy）因不满国王宗教政策加入，他的庞蒂弗拉克特城堡（Pontefract Castle）——被称为是"北方的钥匙"——成为叛军的基地。叛乱者以耶稣受难的图像为自己的旗帜，声称他们只要求坚持纯正的基督教信仰。他们在自己的徽章和旗子上都写上了宗教的诉求。叛乱者除了不满亨利八世的宗教政策，还不满高昂的地租和税收。他们声称自己是教会和穷人的保护者。他们声称：不反对国王、忠于国王，国王是正义、神圣的代表，但他身边有很多邪恶的大臣，如克伦威尔，他们的口号是"清君侧"，想把自己的国王从邪恶大臣的影响下解救出来。

但亨利八世并不怜悯、也不体恤这种要求，很快派兵前去镇压。他的军队由托马斯·霍华德（Thomas Howard，即诺福克公爵）率领，去对抗"朝圣者"。由于两军力量悬殊，诺福克公爵提出议和条件，叛军也同意派人把他们的请愿书交给国王。11月2日他们派出艾勒克（Ellerker）和鲍斯（Bowes）来到温莎城堡，递交了请愿书。在诺福克公爵的建议下，国王拖延时间，没有直接答复起义军的要求，后来，国王接受了诺福克公爵的条件：宽恕起义领袖、国王将倾听他们的请愿。协议达成后，阿斯克天真地以为可以劝他的队伍回家了，认为他的要求可以传达给国王，因此叛乱群众解散。

12月，国王邀请阿斯克到伦敦过圣诞节，阿斯克在伦敦受到了国王很好的接待。但故事并没有到此结束。1537年2月，约克郡弗兰西斯·比格德爵士（Sir Francis Bigod）在贝弗利（Beverley）又掀起了一场叛乱，虽然阿斯克和其他"求恩巡礼"的领袖们都与这次叛乱无关，但亨利八世由此及彼，一起逮捕了阿斯克和他朋友们，1537年7月，阿斯克在伦敦被以"叛国罪"的罪名被处死。此外，"最少还有144人被绞死——不包括那些由于受到林肯

---

① Anthony Pletcher and Diarmaid MacCulloch, *Tudor Rebellions*, Pearson Education Limited, 2008, p. 29.

郡叛乱牵连被处死的人。"① 此后"北方委员会被重组,并成为一个长期的机构"。② 由于这次叛乱受到严厉镇压,此后,亨利八世的改革没有遇到强烈的反对。

第三,西部叛乱(The Western Rebellion)。

1549年的康沃尔郡和德文郡叛乱被称为"西部叛乱",又被称为"祈祷书叛乱"。通常,人们认为这次叛乱是反对1547年《划一法》的,但实际上,它也与当时的社会和经济问题相关,特别是圈地。1549年,康沃尔郡的人在博德明(Bodmin)聚集——他们担心《划一法》要在这里推行,同时他们也不满意当地乡绅圈占公有地。在德文郡的桑普福特—库特尼(Sampford Courtenay)也发生叛乱,叛乱者有与康沃尔郡人同样的诉求。1549年6月20日,两处的叛军在科瑞迪顿(Crediton)联合起来。6月23日,开始在克瑞斯特—圣玛丽(Clyst St. Mary)扎营,共6000人包围了埃克塞特城。萨摩赛特派罗素伯爵(John Russell)去扑灭叛乱,但由于没有得到当地乡绅的支持,直到8月,叛乱才被镇压下去。据说有4000人死于国王军队手中。③

第四,1549凯特叛乱(Kett's Rebellion)。

1547年,爱德华六世作为亨利八世唯一的男性继承人开始统治英格兰,国家在新教领袖、护国公萨默赛特的控制之下。在东昂格利亚,诺福克郡的一位乡绅罗伯特·凯特(Robert Kett)领导了反对国王宗教政策的叛乱,他们同时还反对解散修道院和圈占土地,特别是针对诺索(Northaw)的庄园领主及威廉·卡文迪什爵士(Sir William Cavendish),后者因为大范围圈占公有地而引起人们愤慨。

1549年7月6—8日,韦孟达城非法庆祝圣托马斯·贝克特日(Saint Thomas Becket,这个节日随着英国与教皇决裂本已被亨利八

---

① Anthony Pletcher and Diarmaid MacCulloch, *Tudor Rebellions*, Pearson Education Limited, 2008, p. 50.
② Ibid., p. 52.
③ Ibid., p. 60.

世取消），人们的不满借着集会发泄出来。他们破坏了周围村庄的圈地设施，然后又朝着约翰·弗劳尔迪（John Flowerdew）的庄园进发。① 7月10日，凯特带领他的队伍到了诺维奇城外，7月12日，凯特在诺维奇外的玛乌斯—海斯（Mousehold Heath）建立了一个基地。周围地区很多人加入起义军，人数据说很快增加到16000人。②

最初，国王派威廉·帕尔（William Parr）——诺桑普顿侯爵去剿灭叛乱。由于诺桑普顿侯爵没有足够的战争经验，这次镇压失败。后来，国王又派约翰·达德利（John Dudley）——沃里克伯爵去镇压叛乱。凯特的部下十分忠诚于他，他们与沃里克伯爵的军队勇敢战斗，但最终由于寡不敌众而失败，凯特的军队伤亡达3000人。③ 1549年12月7日，罗伯特·凯特在诺维奇城被绞死，他的尸体在城外悬挂了好多天，以震慑诺维奇的民众。他的弟弟威廉·凯特也在维孟德汉姆（Wymondham）被绞死。

第五，1554 怀亚特的叛乱（Wyatt's Rebellion）。

1554年，托马斯·怀亚特爵士（Sir Thomas Wyatt）和詹姆士·克罗夫特（Sir James Croft）领导了反对玛丽一世的叛乱。他们担心玛丽一世与西班牙国王菲利二世结婚后，国家会陷入外国人的统治之下。④ 叛乱队伍有3000人之多，怀亚特的军队没能进入伦敦。⑤ 1554年4月11日，他被绞死，他死前竭力否认伊丽莎白一世卷入此次叛乱，但伊丽莎白一世还是被关进了伦敦塔，简·格雷（Lady Jane Grey，她在爱德华六世去世以后当过9天的女王）也被处死。

---

① Anthony Pletcher and Diarmaid MacCulloch, *Tudor Rebellions*, Pearson Education Limited, 2008, p. 70.
② Ibid.
③ Ibid., p. 75.
④ David M. Loades, *Two Tudor Conspiracies*, Cambridge University Press, 1965, p. 88.
⑤ Anthony Pletcher and Diarmaid MacCulloch, *Tudor Rebellions*, Pearson Education Limited, 2008, pp. 95–97.

关于这场叛乱的原因，史学家也有不同观点。① 大卫·劳茨（Loades）教授挑战传统观点，认为此次叛乱不是新教徒反对玛丽一世的天主教政策，彭里·威廉姆斯（Penry Williams）和希欧多尔·拉布（Theodore Rabb）都接受他的观点。但是，康拉德·罗素（Conrad Russell）教授不同意他们的观点，他认为，"很难证明新教与此次叛乱无关"。② 安东尼·弗莱彻（Anthony Fletcher）教授认为：对外政策、婚姻、宗教都是引起这次叛乱的原因。"③马尔科姆·斯罗普（Malcolm R. Thorp）教授认为："宗教原因是这次叛乱的重要因素。"④

第六，1569年的北方叛乱（The Northern Rebellion）。

1569年，英格兰北部再次发起反对都铎王朝的叛乱。1568年，苏格兰玛丽女王被迫逃离苏格兰，来到英格兰。她希望得到英格兰北方贵族的支持。一些贵族建议诺福克四世伯爵与苏格兰玛丽女王结婚，这样，苏格兰玛丽女王就可以安全留在英格兰，同时也解决了伊丽莎白一世百年之后的王位继承问题。但伊丽莎白一世并不愿意对自己王位最大的威胁者与自己最重要的贵族联姻。叛乱由第六代威斯特摩兰伯爵查尔斯·内维尔（Charles Neville）和第七代诺森伯兰伯爵托马斯·帕西（Thomas Percy）领导，召集军队人数有3800人之多。伊丽莎白一世的军队是由苏塞克斯伯爵托马斯·拉德克利夫（Thomas Radcliffe）——北方委员会的总督——率领的400人。⑤ 就在叛军声势浩大的时候，11月24日，叛军突然掉头转回到约克郡的小镇纳尔斯伯勒（Knaresborough），到30日，他们已

---

① Malcolm R. Thorp, Religion and the Wyatt Rebellion of 1554, *Church History*, Vol. 47, No. 4, 1978, pp. 363 – 364.

② Conrad Russell, *The Crisis of Parliaments*, London and New York, 1971, p. 139.

③ Anthony Pletcher and Diarmaid MacCulloch, *Tudor Rebellions*, Pearson Education Limited, 2008, p. 87.

④ Malcolm R. Thorp, Religion and the Wyatt Rebellion of 1554, *Church History*, Vol. 47, No. 4, 1978, p. 364.

⑤ Anthony Pletcher and Diarmaid MacCulloch, *Tudor Rebellions*, Pearson Education Limited, 2008, p. 106.

经退到达拉姆郡的布兰赛皮斯（Brancepeth）。此次叛乱不战而败。

第七，1601年的埃塞克斯叛乱（The Essex Rebellion）。

罗伯特·德弗罗（Robert Devereux），埃塞克斯公爵，是伊丽莎白一世最喜欢的大臣，同时，他也非常的刚愎自用和充满野心，由于多次在宫廷蒙羞，他在1601年曾试图掀起反对伊丽莎白一世的叛乱。埃塞克斯公爵辩称，他不想杀害伊丽莎白一世，只是想不让女王身边的奸佞大臣左右她。他率领300人向伦敦进发，但没有得到其他人的支持，叛乱失败后被处决。

二　叛乱的目的

我们看到，在都铎王朝和斯图亚特王朝，几乎所有的叛乱都失败了，叛乱的领袖都被绞死或杀头。为何所有叛乱都失败了？其实，失败不是不可避免的。都铎王朝没有常备军，如果君主失去了民众的支持和地方领主的支持，王朝就会不稳。因此，都铎王朝在1536、1549和1554年面临着真正的威胁。

这些叛乱失败的原因，主要是叛乱者经常认为他们是在向政府请愿、劝说政府，而不是否定政府。1536年的叛乱、1549年的叛乱以及1549年的叛乱，都有当地的中心——根据地，他们据此与当权者讨价还价。当时人们均有秩序等级观念，大众都接受政府的合法性，接受都铎王朝是上帝的代理人；因此，叛乱者认为自己是请愿者而非叛乱者。"即使在叛乱时期，都铎王朝社会基本的理念仍旧存在，民众希望乡绅的领导。"[①] 他们承认国王权威，不要求推翻国王。这也就解释了为何叛乱都会最终失败。

人们可能会说，叛乱者不是理性之人——他们只是乌合之众，他们由于恐惧、仇恨或愤怒聚在一起，他们斤斤计较。令人惊奇的是，我们发现，在大多数情况下，叛乱非常有组织、有纪律。例

---

① Anthony Pletcher and Diarmaid MacCulloch, *Tudor Rebellions*, Pearson Education Limited, 2008, p. 7.

如,"求恩巡礼",在持续两个月的叛乱中,仅杀了 2 个人,而这次叛乱有 3 万人卷入。1549 年,诺福克郡的凯特叛乱也很有秩序。凯特实行并保持了严格的秩序,并且请牧师给叛军布道。

那么,这些叛乱的特点是什么?他们的目标并不是推翻政府。近代早期英国没有革命的意识形态,甚至也没有武装的抵抗。"他们在政治生活中没有任何发言权,只有通过骚乱或叛乱才能让政府听到他们的声音。"① 我们可以说,这种叛乱其实是与统治者沟通的方式,当然也是非常危险的政治游戏。他们的目标是向政府请愿,给政府施压,而不是否定政府。他们希望政府改变某些他们认为是"邪恶的"政策,他们认为自己是在为民请命,他们不得不揭竿而起——因为国王的大臣玩忽职守或者不作为。

"求恩巡礼"就是一个很好的例子。叛乱者认为,亨利八世是其大臣的傀儡——特别是托马斯·克伦威尔的傀儡。叛乱者认为,克伦威尔是邪恶的、异端的。叛乱的一个主要的目标就是铲除这些大臣。叛乱的领导者罗伯特·阿斯克一直坚持,他是忠于国王的臣民,不是叛乱者。他真心相信国王是好的,是公正的。阿斯克认为,贵族没有尽忠职守。他当面告诉帕西大人:帕西大人应该当面向国王说清楚托马斯·克伦威尔有多邪恶;下层民众不得不揭竿而起是因为贵族上层没有尽到自己的责任。

1549 年的凯特叛乱是另外一个极好的例子。起义者对领主的贪婪、圈地、增加租金以及扩大公有地感到愤怒。在护国公萨摩赛特的领导下的政府则认为,政府已经着手解决圈地问题了。凯特的叛乱者们——至少在开始——认为自己站在政府一边,他们认为自己是帮助地方向伦敦请愿,请求政府帮助谴责当地诺福克郡的乡绅。

---

① Anthony Pletcher and Diarmaid MacCulloch, *Tudor Rebellions*, Pearson Education Limited, 2008, p. 6.

三 叛乱的类型及特点

都铎王朝和斯图亚特王朝的叛乱有两种主要类型：政治原因引起的叛乱和社会、经济及宗教原因引起的叛乱。叛乱的特点是：目标明确，没有大规模伤亡，力图维护当地的道德秩序。

1. 政治原因引起的叛乱

政治性的叛乱主要由社会的精英领导。如怀亚特的叛乱、1569年的北方叛乱、埃塞克斯的未遂叛乱都属于这种类型。甚至亨利·都铎在1485年的行为，在某些人看来也是叛乱。1601年的埃塞克斯叛乱也属于政治性叛乱。在斯图亚特王朝，1685年的蒙茅斯（Monmouth）的行为也被看成是叛乱——蒙茅斯是查理二世的私生子，但他声称他有权继承王位，并挑战詹姆士二世的王位。

除了公开叛乱，都铎王朝还有很多政治阴谋。如1583年的斯洛克莫顿阴谋（The Throckmorton Plot）——这是想解救苏格兰玛丽女王的第二次政治阴谋。[①] 1583年，天主教的贵族弗朗西斯·斯洛克莫顿爵士（Sir Francis Throckmorton）与西班牙大使一起密谋要推翻伊丽莎白一世，让苏格兰玛丽女王继位。叛乱失败后，斯洛克莫顿爵士被逮捕，并被处决。1586年，又发生了巴宾顿阴谋（The Babington Plot）。这是最后一次试图解救苏格兰玛丽女王的阴谋。1586年，天主教贵族安东尼·巴宾顿爵士（Sir Anthony Babington）受天主教教士和其他人的鼓动，想刺杀伊丽莎白一世，然后让苏格兰玛丽女王继位。这个阴谋被国务秘书弗朗西斯·沃尔星汉姆爵士（Sir Francis Walsingham）发现，苏格兰玛丽女王最后被处死。其实，伊丽莎白一世一直不想处死苏格兰玛丽女王，但沃尔星汉姆坚持一定要处死她，并且他这一次掌握了确凿的证据，因此，苏格兰

---

① 1568年苏格兰玛丽女王被迫退位，将王位传给只有一岁的詹姆士（后来的詹姆士一世），然后逃亡到英格兰。后被伊丽莎白的手下囚禁在卡莱尔城堡，此后发生了一系列试图解救她的"阴谋"。

玛丽女王最终被处死。

2. 社会、经济和宗教原因引发的叛乱

这包括1497年的康沃尔叛乱、1536年的"求恩巡礼"以及1549年的两次大的叛乱。对于现代学者来说，困难的是，如何区分宗教性和世俗性的不满。有时叛乱的原因并不是一个，如果叛乱者已经举起武器，他们已经命悬一线，因此会把他们所有的不满和所有的诉求都表达出来。这样也许会吸引更多的人加入。那么，历史学家如何区分哪个诉求更重要呢？最关键的证据是起义者发表的通告。但即使是这些通告，也还是有问题。谁写的通告？只是几位领导者的观点就能代表大众的想法吗？因此，笔者认为，有必要考察叛乱者的行为和诉求。

在1536年的"求恩巡礼"中，叛乱者带有耶稣受难的臂章。他们指责新教的异端学说，要求保留修道院。显然，这是一次宗教性质的叛乱（也涉及到其他因素）。骚乱始于约克郡，最初是为抗议税收，因为当时传言，政府要征税，甚至对洗礼也要征税；也有谣言说要把当地一半以上的教堂都拆毁，没收教会的银器。①

1549年西南部的"祈祷书叛乱"也是源于宗教性的抗议——抗议新的英文《祈祷书》的引进。但同样也有世俗的因素，叛乱者和地方乡绅之间的冲突及对新的税收（对羊征税）的恐惧等等，都是叛乱的原因。

在这一时期，叛乱的特点是目标明确。虽然叛乱者人数众多，但没有大规模伤亡。叛乱者声称要维持当地的道德秩序。他们不仅保护当地人的物质利益，而且有一系列的价值观，即汤普森（Thompson）教授所说的"民众的道德经济"②——民众共同同意经济生活中什么合理，什么不合理，由此体现了社区不同人群对合理行为的预期以及特定经济权力的主张。判乱者认为，他们的行为

---

① 关于谣言的作用，可以阅读莎士比亚的《亨利五世》。
② E. P. Thompson, The Moral Economy of the English Crowd in the Eighteenth Century, *Past and Present*, No. 50 (1971), pp. 76–136.

是正义的——因为在当时的农村社会，"惯例"构成了人们的道德规范，当他们所享有自古以来的权利遭到破坏时，他们要有所作为。"惯例"为此类活动提供了有力的合法解释，"惯例"不仅仅是一系列长期存在的权利和实践观念，也是在社会变化中领主和佃农之间冲突的根源。佃农希望保持他们原有的权利，但领主有时希望改革，这种利益的冲突导致骚乱。"惯例"是佃农的武器，他们据此力争——毕竟16世纪的许多法令都禁止圈地。他们甚至引用《圣经》的话语支持他们的主张："挪移邻居地界者，必受诅咒"。[①] "你先祖所立的地界，你不可挪移。"[②] 他们的目的是让当局行动起来以平息众怒。这是一种手段，他们也要避免自己的举动不要过于激烈以免激怒统治者。他们没有力图改变当时的社会结构，只是力图在当前权力结构和等级制度框架内寻求解决，他们试图影响权力的执行方式。"他们在政治生活中没有任何发言权，只有通过骚乱或叛乱才能让政府听到他们的声音。"[③] 这样，他们既没有背离原有的社会组织，也可以在他们利益受到侵害时，促使他们寻求正义。

四 叛乱领导者的构成

参加叛乱的乡绅和民众之间的关系是复杂的。例如，1536年的"求恩巡礼"，叛乱的领导者是罗伯特·阿斯克——他是帕西家族的诺森伯兰伯爵（the Earl of Northumberland）的律师，但达西很快加入（叛乱失败后，他被以"叛国罪"的罪名处死）。埃尔顿教授认为，"求恩巡礼"是宫廷派系斗争的结果，帕西大人失去国王的恩宠，因此发动大众，对其宫廷中的对手——例如克伦威尔——施压。

---

① 《圣经》，《申命记》，第27章，第17节。
② 《圣经》，《箴言》，第22章，第28节。
③ Anthony Pletcher and Diarmaid MacCulloch, *Tudor Rebellions*, Pearson Education Limited, 2008, p. 6.

这种说法是否属实？答案是值得争论的。埃尔顿的观点并不具有说服力。因为约克郡的叛乱是如此突然，帕西或者其他任何人不太可能提前计划。但有一点是，约克郡的叛乱者希望地方乡绅加入他们，并领导他们。阿斯克和地方乡绅都希望达西和其他大领主参与领导。近代早期英国，贵族和乡绅是社会天然的领导阶层，如果他们加入就会使得这场起义受到尊重。并且，如果叛乱的结果是需要与国王谈判，贵族阶层的人知道如何讨价还价。鞋匠不可能会跟国王谈判，他们属于不同的世界。

然而，叛乱者与贵族之间并不总是合作。有时，他们强迫贵族加入他们，并领导他们。例如，有人就告诉达西，如果他拒绝加入叛军，他们就杀死他的儿子。再者，如果贵族去跟国王的大臣谈判，普通民众不可避免担心他们会被出卖。

五　17 世纪的骚乱

17 世纪没有发生大规模的叛乱（英国内战不在笔者定义的叛乱之列）。这一时期骚乱时有发生。1607 年，诺森伯兰郡和沃里克郡都发生过骚乱，后来，此地在 1628—1631 年也发生过骚乱。但这一时期的骚乱与都铎王朝相比都不具有太大的威胁性。中部地区的骚乱是大规模的关于圈地的骚乱；西部的骚乱是当地人抗议对林地的改造的骚乱——因为这侵犯了他们传统的公有权力（例如放牧、砍柴）。除了这些之外，直到内战，17 世纪几乎没有叛乱。内战后，1688 年的"光荣革命"之前只有 1685 年的孟莫斯郡的叛乱。

17 世纪以后，还存在由于粮食问题导致的骚乱，但骚乱者通常只是针对中间商。他们认为，是这些中间商破坏粮食交易，侵占他们权益。通常的作法是，骚乱者迫使中间商以通货膨胀之前的价格出售粮食，很少对人采取暴力，也没有哄抢粮食。有时，骚乱也由女性领导，她们言辞激烈，但没有暴力。骚乱者的目标明确，就是让自己以能够承受得起的价格购买粮食，即捍卫他们的"交换权利"。他们认为，民众有责任对破坏市场的中间商进行谴责，在粮食不足时有所作为。他们认为，自己是替天行道，他们是"惯例"和法律的支持者——虽然他们也是当事人。

这一时期有的骚乱是为了反对圈地、或阻止沼泽的排干，让土地回归，骚乱者破坏栅栏、篱笆，阻塞排水系统——但也是有秩序地进行。令人惊奇的是，有时骚乱都是提前宣布的，有时甚至是在当地的庄园法庭或教堂集会，这样才可以更好地吸引佃农的参加。如 1607 年在莱顿（Tyton）这个小村庄，庄园法庭要求所有佃农带着铁锹和斧头集合，来阻止圈地的进行。有时，当这些公共信号发起后，通常教堂要鸣钟，召集人员。领导者有时是当地人；有时是教区牧师；有时是教区或庄园法庭官员；有时甚至有当地绅士的支持——他们同情当地民众，例如奥利弗·克伦威尔就曾经在议会为反对圈地的农民辩护（这对其后来招募军队起了帮助作用）。

"光荣革命"之后，骚乱、叛乱逐渐消失。史学家提出如下解释：首先，有人认为，宗教改革之后，局势逐渐稳定下来，英国成为新教国家。早期的混乱和对未知的恐惧不再成为骚乱、叛乱的因素。其次，有人提出，17 世纪后半期社会的紧张有所减轻。此时，人口压力减轻，价格受到控制。令人惊讶的是，16 世纪 90 年代没有大众叛乱——虽然这是一个通货膨胀和饥饿的时期。也许，到这时，都铎王朝的《济贫法》开始发挥作用。济贫和社会控制双管齐下，稳定了社会。再次，有人认为，到 17 世纪后期国家力量加强。伊丽莎白一世统治时期，乡绅领导的军队发挥效力。治安法官（JPs）、四季法庭（QS – Quarter Session）法官和北方委员会（Council of North）对地方控制更有效。最后，有人认为，社会态度发生了改变。都铎王朝早期和中期，乡绅还会参与骚乱、甚至叛乱。到 17 世纪，更多的乡绅倾向于秩序和稳定。乡绅把其自身利益与稳定的政府联系在一起，在中等阶层中有很大一部分人就是乡绅。因此，很难想象，17 世纪一位律师会愿意领导普通百姓的抗议——就像罗伯特·阿斯克曾经领导"求恩巡礼"一样。

总之，都铎王朝的叛乱比之前和之后的历史时期都多，但没有对王权形成巨大的挑战——主要是因为叛乱者认为，自己是请愿者而非叛乱者，因此所有叛乱都失败了。与中国历史相比较，这一时期的叛乱规模小、持续时间短，并且局限在某些地方，并没有形成全国性的规模。

我们这里用"叛乱"一词是为了尊重文献。在文献中，出现的词汇是 Rebellion，但我们应该摒弃这种自上而下的史观。正如怀特森教授指出的：近年来，史学家们对叛乱研究的态度也有转变，现在很少有人用"暴民"（the Mob）这样的词汇称呼叛乱者，更多讲"聚众"（the Crowd）；很少讲"造反"（Revolt），更多用"抗议和反抗"（Protest and Resistance）；"骚乱"（Riot）也被"民众政治文化"取代。虽然16—17世纪的骚乱、叛乱没有最终取得胜利，但到了18、19世纪，英国农业已经开始资本主义化，庄园"惯例"中的佃户集体利益逐渐被取代，新的农业社会的成员开始包括领主、面向市场的农业资本家以及没有权利可以捍卫的无地农业劳工，农业"惯例"逐渐消失，新兴的工业社会形成新的"惯例"，人们仍旧为自己的各种合法权利而奋斗。

第六章 贫困与济贫

近代早期英国的普通百姓大多挣扎在温饱线上。缺衣少食和社会变动是引发骚乱和叛乱的原因。当时，收入和分配不均，虽然整个社会的经济在增长，但结构性贫穷的问题日趋严重。这是一个正在商业化的社会，虽然存在大量机会，但很多人要靠出卖劳动力为生，劳动力十分廉价。16世纪90年代，庄稼连续4年歉收，粮价上涨，哀鸿遍野。1596—1598年间，很多地区出现严重饥荒，特别是北部、西北还有西部的部分地区，饥荒导致有人被饿死。17世纪20年代，还是灾年，同时手工业开始萧条，欧洲战争让英国出口受挫，很多以纺织业为主的地区遭受失业和贫困的打击。这种突发的危机虽然并不常见，但揭示出整个社会的虚弱。近代早期英国不得不面对贫困这个社会问题。社会底层遭受贫困的侵扰，上层不得不考虑解决贫困的问题，以保证社会的稳定。

一 贫困的定义及问题的本质

贫困是历史问题也是现实问题。

贫困是人类社会一直以来就存在的社会现象，历史学家自20世纪20、30年代就开始关注贫困和失业问题。没有一个大家一致同意的关于贫困的定义，贫困是一个相对的概念。16、17世纪的贫困是指那些低于生存线以下，需要依赖外界帮助的人的生存状态。15世纪的贫困并没有成为严重的社会问题。当时的贫困主要是由于少数人周期性的危机，属于个人的情况——如鳏寡孤独者，当时的人称他们为"失去依靠的穷人"（Impotent Poor），贫困源于他们自己无法控制的环境。但从 16 世纪开始，贫困开始以令人忧心的方式扩展。大家开始关注流浪者的问题，流浪者被称为"Rogues""Vagabond"。街头巷尾到处可见无家可归的人，他们到处流浪，并希望可以找到工作。

现代史学家所面临的问题的本质是，如何区分深层贫困和浅层贫困、背景性贫困（如鳏寡孤独者）以及危机性的贫困（主要指一些事件造成的贫困——例如庄稼歉收、贸易萎缩、战争、瘟疫而造成的一时的贫困）。"布莱德威尔（Bridewells）法庭卷宗的证据显示，从 1560 年到 1625 年之间，伦敦的流浪汉大幅增加。1560—1561 年，有 69 人；1578—1579 年，增加到 209 人；1600—1601 年，增加到 555 人；1624—1625 年，达到 815 人。因此，流浪汉到 1601 年增加了 8 倍，而到 1625 年增加了近 12 倍"。①

二 贫困产生的原因

有人认为，贫困是由懒惰或个人不当行为造成的；也有人认为，应当寻找它的社会根源——社会不平等是滋生贫困的温床。

首先，近代早期是由中世纪向近代转型的时期，贫困问题必然会因为转型中不可避免的无序状态而日益突出。当时没有官方统计数据，那些 16 世纪的人要理解当时所发生的情况非常困难。他们感受到问题，但是用中世纪的道德观念来理解这些问题。在这种观念下，经济行为没有被单独区分出来，没有独立研究的经济学，他们只将其当作个人和社会道德的一部分，他们所了解的是"共同体"的概念，他们认为出现这些问题是"共同体"理念的失败，把原因归结于特殊人群的错误行为。

这种观点不仅出现在 16 世纪早期，16 世纪 40 年代又被一群道

---

① A. L. Beier, Social Problems in Elizabethan London, *Journal of Interdisciplinary History*, Vol. 9, No. 2 (1978), p. 204.

德学家（他们大多是爱德华时期的新教教士）再次强调。他们表达了对社会经济的不满。这些人被称为是"共同体人士"（Commonwealth's Men）——他们经常讨论的就是"共同体"。这些人认为，宗教改革不仅仅是让英格兰脱离了罗马，也不仅仅是基本教义的变革，而是将改革视作使整个社会重新道德化的机会，是基督教价值复兴的契机。他们宣扬一种"基督徒共同体理念"（an Ideal Christian Commonwealth），认为这是一个机会。但当他们看到身边到处都是腐败时，就认为这是贪婪造成的恶果。他们认为，自私自利是非常可怕的想法，这在他们看来是不符合基督教精神的。他们认为，世界在上帝的管理之下，上帝乐见整个社会连接成一个"共同体"。他们思想保守，将经济变化看成是社会错位和道德沦丧。他们谴责那些"贪婪者"和那些"无绅士风度的绅士"，认为这些人是"共同体"的蛀虫，正在蚕食"共同体"的嫩芽。他们谴责这些人对穷人的剥削和压迫。① 陶尼教授认为，这些人重新发现，《圣经》（如《耶利米书》和《以赛亚书》）是他们声讨"脱轨"世界的武器。16世纪40、50年代，他们写了很多小册子，义愤填膺地谴责所谓的"合法危机"（Crisis of Legitimation）。② 他们认为，16世纪中期理想化的稳定的社会关系——这种理想的"共同体"社会——已经枯萎。他们认为这是当时社会贫困的主要原因。

其次，要考虑到人口与社会的接纳能力。自15世纪后半期起，英国人口就大体上保持了快速增长状态，这对刚刚复兴的国家经济来说无疑是一个沉重的负担，必然引起较大范围的失业现象发生，这是当时贫困人口增加的原因。人口增加过快（1540—1640年人口增加了一倍）导致了食物短缺、失业，从而引起物价上涨、工资下降。1500—1642年食品价格上涨了近6倍（物价指数从94上涨到557），

---

① Keith Wrightson, *Earthly Necessities, Economic Lives in Early Modern Britian, 1470 – 1750*, Yale University Press, 2000, p. 151.
② Andy Wood, *The 1549 Rebellions and the Making of Early Modern England*, Cambridge University Press, 2007, p. xvii.

而农场劳动者的工资在同一时期下降了50%（工资指数从94下降到48）。① 有些人一辈子都是在流浪，到处找工作。有时，即使有工作也越来越难以维持生计，甚至还会陷入贫困。失业、生病、经济萧条，使穷人的处境则更加悲惨。16世纪40年代，物价上涨、人口增加，经济活动变革加速，这给某些人带来机遇，他们财富增长，但同时也严重地威胁到了领主和佃农之间的关系。因此，土地紧缺、人口增加都是造成贫困的原因。而其他的因素——如传染病、圈地运动（特别是对于那些失去土地的人），也不可避免地加剧了贫困。

三 穷人的确认

1500年，社会承认有两种类型的穷人：一类是无辜的或值得同情的穷人，主要指孤儿、病患、伤者、寡妇以及老人。另一类是懒散、不值得同情的穷人，主要指一些无所事事的流浪汉。这些职业性的流浪汉往往都是身体强壮的人，他们或是破产的自耕农，或是失业的手工工人，或是家道中落的富家子弟。他们不愿工作，依赖穷人这一"尊贵"地位，以乞食为生。而且，大多数的流浪汉以乞讨为世袭职业，世世代代过着寄生生活。这种风气到近代早期前后依然未减。近代早期英国的各种社会矛盾突出，破产、失业人员日增，他们大都加入了流浪队伍。要想弄清当时流浪人口的数字并不容易——因为当时并没有全国人口统计，但如果流浪汉遭到逮捕就会留下记录，"1631—1639年，被逮捕的流浪汉有24867人，平均每年4447人"。② 约翰·豪斯（John Howes）认为，在1587年，伦敦的收容所已经过度饱和，整个伦敦都变成收容所了。布莱德威尔收容所是伦敦收容所中最差的一个，由于它没能发挥作用，甚至

---

① E. H. Phelps Brown and Sheila V. Hopkins, Seven Centries of the Prices of Consumables, Compared with Builders' Wage Rate, in P. Ramsey (ed.), *The Price of Revolution in 16th Century England*, Methuen & Co Ltd., 1971, pp. 39 – 40.

② A. L. Beier, *Masterless Men, The Vagrancy Problem in England, 1560 – 1640*, Methuwn& Co. Ltd, 1985, p. 15.

加剧了犯罪和流民的增长。那些身处危难中的人和并非由于个人过错而失业的人,在布莱德威尔收容所和流氓、乞丐、妓女、盗贼一样被抓起来受罚。善和恶之间没有区别,所以好人也迅速堕落:"布莱德威尔如此臭名昭著以至于没有任何名声可言","几乎可以肯定,即使他或她有任何改过的机会,但也感受到了那种邪恶","在那里,除了淫荡学不到任何东西"。①

到了 1600 年,社会又确认了第三种穷人:"劳动穷人"(Labouring Poor)——愿意工作,但却找不到工作的人。在城镇和乡村,都有"劳动穷人",他们所占人口比例越来越大,17 世纪中期也许占了总人口的一半。他们仅靠工资生存。农业密集化、工业多样化以及城市增长,都意味着这些人会有更多工作,但工作是季节性的,通常没有保障。还有来自劳动力市场人口数量增加所带来的竞争压力,由此造成的贫困被称为"结构性贫困"。每天,大量人群为了维持日常生计而不得不奔波,有些人不可避免地陷入了周期性贫困。人们得到的劳动报酬不足以购买家用必需品。如果他们孩子过多,或者生病、遭受意外,或者行业萎缩,他们马上会陷入困境,并且年迈以后不可避免地需要救济。很多人只能勉强糊口——人们尽其所能,在可能的地方搭建茅舍,到田里拾穗(穷人允许在丰收后去田里捡拾剩下的粮食)。他们也会四处流动希望找到更有利于谋生的地方。玛格丽特·诺斯莉(Margaret Knowsley)来自柴郡的南特威奇(Nantwich),她在 1613—1629 年的生活记录得以保存:她与一位劳工结婚,1626 年怀孕,当时她有三个年幼的孩子(包括一个婴儿),但仍在从事仆人的工作。她打扫卫生、洗衣、打理花园、为教区牧师搬煤、汲水,有时到田里劳作,还织长筒袜,偶尔还提供医疗服务。②

当时的英国社会,被第二类贫困困扰,但第三类贫困才是最大的问题。这些时代特征,也为英国政府寻求解决贫困问题写下了很好的

---

① A. L. Beier, Social Problems in Elizabethan London, *Journal of Interdisciplinary History*, Vol. 9, No. 2 (1978), p. 217.
② Jeffrey L. Forgeng, *Daily Life in Stuart England*, Greenwood Press, 2007, pp. 37 – 38.

注脚。社会转型的无序、贫困人口的增多、人口的长期正增长态势，给英国政府的统治安全带来了严重威胁，促使它在解决贫困问题上采取了新的措施，增加了对弱势群体的国家关怀。这使得贫困问题有所缓解。

四 中世纪教会济贫

在中世纪，基督教统治着世俗社会，"它是伟大的道德权威，也是巨大的金融力量"，因此，对穷人的救济基本上是由教会承担的。中世纪时，一些富人出于基督教信仰，一直从事慈善事业，建立私人慈善机构救助贫民、乞丐。12世纪，教会倡导返回福音运动，宣扬志愿性贫困，宣扬善功得救，认为贫困是神圣的，它源于上帝，是由上帝的意旨所决定的，穷人是联系此岸世界与彼岸世界的中介，他们在尘世的地位是不可缺少的。如圣弗朗西斯说："乞丐是神圣的，圣人应该像乞丐一样生活。"[①] 富人必须给穷人施舍，因为，无论给予他们什么样的帮助，都是给基督本人的，这样富人才能得到拯救。教会将贫穷神圣化、宣扬善功得救。一方面，使得穷人因受上帝的恩宠而甘愿贫穷，而且穷人有责任接受富人的施舍而使富人得救；另一方面，富人也要竭其所有施予穷人以使自己获救。这种贫穷观在教会救济的早期发挥了作用，富人捐助是贫困救助的重要方式。但是，其中的弊病也是显而易见的：有时，富人的救助不能救济到真正需要帮助的穷人；同时，穷人因其受纳人的地位，没有生计的忧虑，可以不用劳动就能得到食物而不受谴责，这等于是鼓励懒惰，允许寄生生活。因此，这种传统有利有弊：利在于，这种宗教传统使英国及西欧很早就形成了慈善济世的作风，弊在于，它鼓励了一个四处流动奔食的职业流浪汉队伍的形成。

除了教会济贫，私人的慈善事业也一直很重要。私人的济贫通常有多种形式：一般是成立济贫院，救助上年纪的寡妇、资助年轻

---

① A. L. Beier, *Masterless Men, The Vagrancy Problem in England, 1560 – 1640*, Methuwn& Co. Ltd, 1985, p. 4.

的学徒、出资帮助从事商业的年轻人。

日益严重的贫穷问题，迫使当时的英国政府改变了置身事外的态度，开始关注这一问题。它逐渐承担起了济贫的职能，使英国济贫制度实现了由教会济贫向政府济贫的转变。

五　政府济贫

教会济贫未能减少贫困人口，反而导致贫困人口持续增加。一些失业人员很快加入流浪汉队伍，这一情况引起了英国政府的注意。它开始认识到其中的因果关系：即教会宣扬的志愿贫困的观念助长了人们的懒惰，使流浪汉在道德上心安理得。于是，它逐渐接管了教会手中的权力，承担起了济贫职责。

政府的行动离不开托马斯·史密斯爵士（Thomas Smith）的努力。他是剑桥大学的民法学教授，也是爱德华六世和伊丽莎白一世时期的枢密院重臣。史密斯爵士思考了当时社会问题，他的著作《论英国共同体》①，采取的叙述方式是骑士、商人、农民、手工业者之间的对话，此外还有一位"博学人士"作为辩论的仲裁者。这些人坐在酒馆外讨论圈地活动、物价上涨以及其他当时经济社会问题。② 不同群体的代表在讨论中陈述自己的观点，表达自己的不满。因此，我们今天可以读到当时不同利益群体的声音。在不同群体表达完自己的观点之后，"博学人士""参考希腊罗马的哲学智慧——特别是亚里士多德这位最睿智的哲学家以及其他哲学家如柏拉图"的思想给出建议。③ 如"骑士"认为："每个人都有自由利

---

① Sir Thomas Smith, *De republica Anglorum: The Maner of Gouernement or Policie of the Realme of England, Compiled by the Honorable Man Thomas Smyth, Doctor of the Ciuil Lawes, Knight, and Principall Secretarie Vnto the Two Most Worthie Princes, King Edwarde the Sixt, and Queene Elizabeth. Seene and Allow* (ed.), London: Printed by Henrie Midleton for Gregorie Seton, Anno Domini 1583.

② Jonathan Scott, *Commonwealth Principles: Republican Writing of the English Revolution*, Cambridge University Press, 2004, p. 78.

③ Ibid..

用其所有来牟利",史密斯爵士的回复并不是谴责贪婪,而只是说"是",但前提是不能破坏公共利益,好的领主应该有限制地追逐私利。他鼓励人们积极参与公共服务。他秉持了古典人文传统,坚信好的政府能够产生良好效应,能够协调各方利益。这也是他的理想社会。

史密斯爵士对爱德华六世、伊丽莎白一世时期理念相同的朝臣们影响很大。他负责起草伊丽莎白一世早期议会的立法文件,他与伊丽莎白一世的首席秘书塞西尔是密友。史密斯爵士的态度,导致了政府政策的双重性:一方面,政府希望稳定,希望重构伤痕累累的"共同体"理想,但另一方面,尽可能有序地追求经济的增长。由此,政府采取了一些措施:1551年,重新发行货币以遏制过度的通货膨胀。1552年,通过《禁止扰乱市场法》——对物价进行抑制。16世纪50年代,王室法庭更加开放,倾听农民积怨。1563年,通过《工匠法》(the Statute of Artificers),详细规定了雇主和雇工之间的关系。同年,也有关于圈地的法令通过,禁止那些被认为"伤害性"的圈地活动。此外,还在一些地方推行帮助"失去依靠的穷人"的济贫政策——以教区为单位,包括征收地方税收,从有能力的人那里征税帮助穷人。16世纪,通过了一系列的《济贫法》,基本的原则是一致的——帮助值得同情的穷人,惩罚不值得同情的穷人。救济是从劝说到强制。

在这种思想指导下,都铎王朝倾向于干预主义,而不是自由放任。1495—1610年,议会通过了13部《济贫法》[①],并且把有劳动

---

① A. L. Beier, *The Problem of the Poor in Tudor and Early Stuart England*, Methuen & Co. Ltd., 1983, pp. 39–41. 历年颁布的《济贫法》分别是:1495年的《反流民和乞丐法》;1531年的《关于惩罚乞丐和流浪汉的法令》;1536年的《惩罚身强力壮的流浪汉和乞丐的法令》;1547年的《惩罚流浪汉救济贫穷无助的穷人的法令》;1549年的《关于惩罚流浪汉和其他游手好闲的人的法令》;1552年的《济贫条款》;1563年的《救济穷人法》;1572年的《惩罚流浪汉及救助贫穷无助的人的法令》;1576年的《安置穷人工作、禁止游荡的法令》;1597年《济贫法》以及《惩罚流浪汉及身强力壮的乞丐的法令》;1604年的《惩罚流浪汉及身强力壮的乞丐的法令》;1610年的《执行各种反对流浪汉、身强力壮乞丐及其他无所事事人的法令》。

能力和不能劳动的人进行区分。具体的举措是：征收义务性的地方济贫税；进行人口统计来确定贫困的规模；建立感化院和济贫院；创造就业就会。例如，在1517年，枢机主教沃尔塞，一方面驱逐流浪汉，另一方面镇压圈地运动。从1586年起，枢密院开始颁布《秩序手册》（*Book of Order*）：敦促治安法官检查粮食的供应，监督价格。这种《秩序手册》在以后灾荒的年份经常重发，直到17世纪30年代。查理一世要求地方的治安法官向他报告他们的所见所闻以及他们的所作所为。在伦敦和各省城——如诺维奇、约克、科尔彻斯特，大多数议会的济贫法令都得到严格执行。

1547年，伦敦为穷人建立了一批医院：照顾病人的圣巴特医院（St. Bart's）；照顾残疾人的圣托马斯医院（St. Thomas）；照顾孤儿的基督医院（Christ's Hospital）；收容流浪汉的布莱德威尔。笔者认为，这是"医疗济贫"。①

16世纪，英国政府的执行力还很有限，但政府已经意识到了当时的社会问题。这标志着都铎王朝政府职责概念的重大进步。政府努力承担更多职责，介入更深，以规范和引导当时经济和社会的发展，解决贫困问题。这有助于人们从激烈的冲突中解脱出来，逐渐适应经济和社会环境的变化。

16世纪90年代的饥荒，导致了议会对早期济贫措施进行了大幅修改，制定了1598—1601年的《济贫法》。在这些法令下，全国性的济贫体系得以巩固，以教区为单位强制征收济贫税，每个教区派专人负责；同时，通过法令限制游民和流浪汉，这些人被抓就会受到惩罚或监禁。那些没有依靠的穷人——年老、病弱、孤寡之人——每周在教区都会被救济，而那些"劳动穷人"也能得到帮助，让其家庭得以渡过难关。在经济快速发展时期，教区管理者与被管理者之间关系紧张。因为资源有限，于是，当时政府力图把贫困人口控制在固定地区，让每个教区负责居住在本地的人。

---

① "医疗济贫"指政府在所谓的公立医院（因为当时的医院还不是现代意义上的医院）免费收治穷人的举措。

我们根据诺福克郡考斯顿（Cawston）教区的具体情况来考察当时的济贫状况：考斯顿在诺维奇城以北 12 英里处，有一个市场，但主要是一个农业村庄，教区占地 3500 英亩——按诺福克郡的标准来说算大的教区。① 生活在这里的济贫官乔治·萨维尔（George Sawer）卒于 1627 年 10 月 30 日（死时大约 70 多岁），属于典型的"新兴起的乡绅"，其后半生有详细记录。他的记录揭露了当时对穷人的救济是精心安排的——既有个人层面也有整体层面。根据记录可知：1596 年饥荒发生后，他把需要救济的人分成不同的组，"穷人"（Poorer Sort）可以以很低的补贴价格购买玉米；"更有能力的人"（Somewhat More Able）价格略高；"不种植玉米的人"（No Corn Growing））可以与卖家讨价还价；所有这些人的需求被满足后，那些家里玉米不够吃的人被允许购买剩下的玉米。② 从 1597 年 1 月到 8 月市场的供应由种植玉米的人在每周三出售一定数量的定额得到保障。这样保证了那些需要玉米的人可以买得到，有剩余的人可以出售。同时，为了保证经营的利润，每个出售者每周服务于不同的购买者，这样可以公平分配那些获利的出售。这种实物的济贫只有在组织良好，并且每个人尊守规则的条件下才能够有效执行，否则容易引起争论。为何"托马斯"被划定为"穷人"？为何"爱德华"在特定的一周被要求出售两筐玉米？显然，萨维尔非常成功，他五次被选为济贫官，两次被选为教堂执事。他非常有条理，做事谨慎、公平。他公正地划分穷人的等级、评估有产者的财产（因为这是交纳济贫税的指标）。在 1601 年的名单中，他又把穷人按年龄分组，40—60 岁的、60 岁以上的以及没有父亲的孩子。同年，在萨维尔的名单上只有 14 位领主的土地超过 40 英亩，在饥荒年代，这些人要交大量济贫税救济穷人。萨维尔兢兢业业地管理着济贫事务。这反映了当时各个社会阶层对其邻居的责任。

同时，我们也可以看到，《新济贫法》是慈善和规诫的结合。

---

① Susan D. Amussen, A Norfolk Village：Cawston 1595 – 1605，History Today, Vol. 36, 1986, p. 15.

② Ibid., p. 18.

在某些方面，该体系很好地处理了劳动人口的周期性危机问题，只是涉及的人群还有限。该体系，一方面，展示了英格兰的相对富有，因为所有纳税者都要交纳济贫税；另一方面，从中也可以看出社会财富分配不均。还以考斯顿教区为例：1601年，有167户家庭，只有68户够交纳济贫税的标准，72人需领取救助（包括5个没有父亲的孩子）[①]，而中间阶层的人既不需要支付济贫税也不能领取救助。

总之，近代早期英国的贫困问题有其时代背景也有其历史原因。这一时期，由于人口增长过快和经济转型，导致贫困人口日益增加。困扰政府的是那些愿意工作但却找不到工作并由此沦入贫困境地的穷人。中世纪主要是教会承担了救济穷人的任务，同时也有大量私人的慈善事业。近代早期英国政府从教会手中接管了济贫的职责，这与史密斯爵士的推动密不可分。亨利八世和伊丽莎白一世先后通过13部《济贫法》，这是政府对社会底层贫困化的一种应对。促使政府制定《济贫法》、负责济贫事务的原因除了民众困苦的生存境地，还由于近代早期百姓经常遭受瘟疫、饥荒的打击。这是我们下一章所要讨论的主题。

---

① Susan D. Amussen, A Norfolk Village: Cawston 1595 – 1605, *History Today*, Vol. 36, 1986, pp. 18 – 19.

第七章 瘟疫与饥荒

自中世纪起，英国就经常遭受瘟疫的袭击，最典型的是鼠疫。鼠疫可以引发多种疾病，对英国甚至整个欧洲打击最大的是黑死病。当一场传染病在伦敦这样的城市突然爆发之时，全城平静的生活就会被打破。许多较富裕的市民为了避免被传染而逃往农村；工商业萧条；原本熙熙攘攘的街道上空无一人。1665年，当伦敦的传染病大行其道之时，塞缪尔·佩皮斯（Samuel Pepus）悲伤地说道："主啊，看到江河之上无舟船，白厅宫庭院野草丛生，街巷人烟稀少唯有贫穷的可怜虫，这是何等哀恸！"[①] 除了瘟疫，中世纪普通英国人的餐桌也绝不丰盈。有些史学家认为，在饥荒年份，昆伯兰和威斯特摩兰出现过饿殍，同时，许多人的生活绝非富足。

一 近代早期的瘟疫

影响近代早期英国的瘟疫主要是鼠疫（最典型的当然是由此引发的黑死病）、霍乱、天花以及流感。鼠疫一直是近代英国的主要杀手，1666年以前曾阶段性爆发。其中最重要的有三种鼠疫：淋巴腺鼠疫（Bubonic）、败血性鼠疫（Septicaemic）、肺炎性鼠疫（Pneumonic）。[②] 16、17世纪，淋巴腺鼠疫在城市疾病中占统治地

[①] Andrew B. Appleby, The Disappearance of Plague: A Continuing Puzzle, *The Economic History Review*, Vol. 33, No. 2 (1980), p. 161.

[②] Andrew B. Appleby, Disease or Famine? Mortality in Cumberland and Westmorland 1580–1640, *The Economic History Review*, Vol. 26, No. 3 (1973), p. 404.

第七章 瘟疫与饥荒

位。这种鼠疫很少在农村发生，多在人口密集、生活空间相对拥挤的城市发生，在那里，一旦有人感染了鼠疫，疫情就很容易扩散。英格兰的鼠疫还有一个特征，它与气候关系密切，通常首发在春末或夏初，人口死亡率在夏末或秋初达到高峰，以后渐呈减少趋势，直到每年11月鼠疫基本消失。这一季节性分布规律的原因是，形成鼠疫的跳蚤无法在低温下存活。鼠疫有两个可辨别的模式，首先，鼠疫多发生在城市；其次，这种疾病在冬季消亡。

从17世纪晚期开始流行天花（Smallpox）。从这一时期开始，虽然鼠疫消失，但人们的健康状况却更加糟糕。例如1556—1558年的流感，平均死亡率达到48‰，1556—1560年，英国损失6%的人口[①]。

对英国打击最严重的是14世纪爆发的黑死病。黑死病的一种症状是在患者的皮肤上会出现许多黑斑，所以这种特殊瘟疫被人们叫作"黑死病"。对于那些感染上该病的患者来说，痛苦的死去几乎是无法避免的，根本没有治愈的可能。这场瘟疫曾于1348—1352年在欧洲爆发，给欧洲造成极大打击。当时有人认为："全欧洲1/3的人口死亡不是不可能的。"[②] 而英格兰也留下了关于死亡人口的详细记载："贵族虽然可以从受感染的地区逃离，死亡率仍旧在27%，教士的死亡率在40—45%（可以从其职位空缺统计出来），大多数令人信服的统计是从当地庄园记录中得出的：英格兰大约1/3到2/3的佃农在瘟疫第一阶段死亡。认为1/3的英格兰人口在1348—1349年死亡是最保守的估计。"[③]

此后，瘟疫仍旧不断侵袭英格兰——虽然再也没有出现黑死病那样的打击。学者研究了鼠疫的传播途径。发现细菌主要是由老鼠身上的跳蚤传播的，在没有老鼠可以寄生的情况下，跳蚤经常咬人。这种疾病的发病很快，患病的人往往高烧，并且很快死亡。鼠

---

① E. A. Wrigley and R. S. Schofield, *The Population History of England, 1541—1871*, Edward Arnold Ltd., 1981, p. 234.

② Paul Slack, *The Impact of Plague in Tudor and Stuart England*, Routledge & Kegan Paul, 1985, p. 15.

③ Ibid..

疫主要是从欧洲大陆由船运进的货物里所隐藏的老鼠带进英国的，而最初的来源主要是亚洲。瘟疫主要影响城镇，并且是从主要的港口城市爆发——特别是在夏季的伦敦，而到了秋季和寒冷的冬季就会消失。在高峰的时期，鼠疫造成的死亡率达到85%。这种瘟疫从港口城市蔓延到英国全境，直至最小的村落。由此，农村劳动力大量减少，有的庄园里的佃农甚至全部死光。近代早期英国，那些生活在城镇里的人们，居住密度高，城内垃圾成堆，污水横流。更糟糕的是，他们对传染性疾病几乎一无所知。当时，人们对死者尸体的处理方式也很简单，处理尸体的工人自身没有任何防护，这加速了疾病的蔓延。瘟疫造成英国大量人口死亡（见表7-1）（其中1544—1546年、1592—1593年、1603—1604年、1625—1626年、1665—1666年的死亡率都是由于瘟疫造成。1638—1639年，1643—1644年死亡率包括了瘟疫及疾病）。

表7-1　　1540—1666年高死亡率年份（来自教区登记簿）①

年份(年)	影响	全国死亡率（%）	受到影响的教区（%）
1544—1545		23.3	19.6
1545—1546		26.6	15.5
1557—1558		60.5	32.5
1558—1559		124.2	39.1
1587—1588		29.5	16.1
1592—1593		29.8	9.1
1596—1597		20.9	17.6
1597—1598		25.6	18.7
1603—1604		21.0	14.8
1624—1625		26.6	13.0
1625—1626		43.0	14.6

---

① Paul Slack, *The Impact of Plague in Tudor and Stuart England*, Routledge & Kegan Paul, 1985, p.58.

第七章 瘟疫与饥荒

续表

年份(年) 影响	全国死亡率（%）	受到影响的教区（%）
1638—1639	35.1	17.9
1643—1644	29.3	14.0
1657—1658	42.9	16.8
1658—1659	25.1	11.5
1665—1666	31.7	9.7

（注：这里的年份统计是从前一年的7月1日到第二年的6月30日）

在较小的城市，瘟疫虽然不像在伦敦那么频繁爆发，但还是令人烦恼地反复出现。譬如，在1535年到1650年之间，布里斯托尔遭受了7次瘟疫的侵袭。很明显，在17世纪20年代到30年代之间，瘟疫特别流行。虽然瘟疫在市镇偶然爆发造成的死亡人数很可怕，但由于那里的人口少，与外界接触也不多，发生瘟疫的几率比较低。如彭里斯的坎伯兰镇，1598年的一次瘟疫所造成的死亡率是往常的12倍，瘟疫杀死了全镇大约35%的居民。[①] 只有乡村和小村庄是比较安全的，但即使在那里——在极少数情况下——一场瘟疫的爆发也会使乡村的人口减半。英格兰德比郡的小村亚姆（Eyam）有一个别号，叫"瘟疫之村"——这个称呼并非耻辱，而是一种荣耀。1665年9月初，村里的裁缝亚历山大·哈德菲尔德（Alexander Hadfield）收到了一包从伦敦寄来的布料，4天后他死了，月底又有5人死亡，人们这才发现，原来布料中混入了带着鼠疫病菌的跳蚤。为了不影响其他地区，村民自发地进行了隔离，不让外人进入，里面的人也不能出去。瘟疫渐渐得到了控制，但亚姆村民为此做出了巨大的牺牲，在瘟疫肆虐长达一年多的时间里，全村的350多人中，有260多人死于瘟疫。[②]

[①] Andrew B. Appleby, The Disappearance of Plague: A Continuing Puzzle, *The Economic History Review*, Vol. 33, No. 2 (1980), p.162.

[②] Jan Carew, *Eyam: Plague Village*, Nelson Thornes ltd. 2004, p.30.

二 对瘟疫的解释

在一个宗教信仰的时代，人们通常会从宗教中寻找事情的起因。当时人们认为，瘟疫的爆发主要是上帝对人类的惩罚。这就是所谓的天谴论：瘟疫的流行是上帝对人类的审判与惩罚。劳德大主教在1637年写给托马斯·温特沃斯的信中讲到："很显然，上一次瘟疫的加剧是由于人们的粗心大意，贪婪地把受传染的物品拿回家。此外，下级官吏的失职、穷人缺衣少食，以及为了私利把租户填进拥挤的地下室，都加重了疫情……但目前，所有的传染都是上帝的旨意。"① 一些深受宗教束缚的人们以为，是人类的堕落引来神明的惩罚。成千上万的信徒涌进教堂祈求保佑。为了表达自己的虔诚，他们或者把家财全部奉献给教会，或者通过折磨自己的肉体来纯洁灵魂——后者便是风行一时的"鞭打苦行"：人们背负着十字架从一个村庄走到另一个村庄，每到一处，便脱去上衣，用镶着铁钉的皮鞭一遍一遍地抽打自己的身体，直到鲜血淋漓。他们穿过欧洲的大小城镇游行，口里还哼唱着："我有罪，我有罪"。人们不能理解："为何这场瘟疫在一个地区如此严重，而在另外一个地区则不是？为何发生在某个城市、小镇，而不是其他城市？为何发生在某间房子，而不是另一间？即使在同一间房子里，人们都住在一起，为何发生在某个人身上而不是其他人身上？人们住在一起，共同呼吸、吃喝，睡在同一个卧室，有时甚至是同一张床上……"② 人们普遍认为，上帝降下瘟疫就像降下其他

---

① William Laud, *The Works of the Most Reverend Father in God, William Laud, Sometime Lord Archbishop of Canterbury*, Oxford, 1847 – 1860, VII, p. 308.

② Nicolas Bownd, *Medicines for the plague that is, godly and fruitfull sermons vpon part of the twentieth Psalme, full of instructions and comfort; very fit generally for all times of affliction, but more particularly applied to this late visitation of the plague. Preached at the same time at Norton in Suffolke, by Nicholas Bownd, Doctor of Diuinitie. And now published for the further good of all those that loue and feare the Lord. Perused, and allow* (ed.), London: Printed by Adam Islip (and Felix Kingston) for Cuthbert Burbie, and are to be sold at the Swan in Paules Churchyard, 1604, p. 67.

自然灾害一样，惩罚人类的罪恶（Sin）。① 而且，特别的，瘟疫被解释成是因为国家的恶习造成的，例如赌咒、不去教堂、无神论、享受、贪婪等等引发上帝降下灾难。

当时的人认为，虽然是上帝降下瘟疫，但上帝是通过"中介"来改变秩序而降下瘟疫的：如星体特殊的交会会引起多种臭气，由之空气被污染，产生瘴气。这种说法经常被用来解释影响范围大的瘟疫。并且天气和天体的变化也被看成是瘟疫的征兆，天象也可以预测瘟疫。如1577年的彗星，就被认为是从地球吸收了臭气和瘴气，由此引起下一年的瘟疫。"1425年、1485年和1583年土星和木星的交会以及1436年土星和火星的交会都引起人们的恐惧。"② 这些解释虽然也引起了当时人的批评，但仍有很多人相信——因为这也是当时信仰的一部分，只有上帝可以移动天体。

也有人试图从医学的角度来解释瘟疫。他们已认识到瘟疫是通过某种途径传播或者是污染的空气在作怪，但始终没有意识到这种可怕的灾难与老鼠有关。为了逃避死亡，人们尝试了各种方法：他们祈求上帝、吃精细的肉食、饮用好酒，等等；医生也企图治愈或者缓解这种令人恐惧的症状，他们用尽各种药物，也尝试各种治疗手段——通便剂、催吐剂、放血疗法、烟熏房间、烧灼淋巴肿块或者把干蛤蟆放在肿块上面，甚至用尿洗澡。但是，死亡还是不断降临人间。

只有少数头脑清醒的人意识到可能是没有埋葬的尸体、臭水坑以及墓地的臭气引发瘟疫。1631年，就有医生指出："没有事前的传染，爱尔兰流浪汉的污秽本身就足以带来瘟疫。"③ 当时，还没有传染的概念，但有人把仇恨的目光集中到猫、狗等家畜身上。他们开始杀死所有的家畜。大街上满是猫狗腐败的死尸，腐臭的气味

---

① 值得注意的一个现象是：在英国的文献中，很少谈到是由魔鬼降下的瘟疫——除非其作为上帝的中介。瘟疫主要由上帝掌控，因为上帝掌控一切。

② Paul Slack, *The Impact of Plague in Tudor and Stuart England*, Routledge & Kegan Paul, 1985, p. 27.

③ Ibid..

让人窒息，不时有一只慌乱的家猫从死尸上跳过，身后一群用布裹着口鼻的人提着木棍穷追不舍。没有人会怜悯这些弱小的生灵，因为它们被当做瘟疫的传播者。

三 对瘟疫的应对

当瘟疫发生时（即使在今天），人们通常的反应都是要逃离瘟疫爆发的地区，逃离瘴气弥漫的灾难之地。如果不得不留在疫区，人们也会采取各种预防措施：紧闭门窗；在街上生火以驱散受污染的空气；在家里焚香；往身上泼洒香水；尽可能远离那些受到感染的人，病人的衣服、被褥也被烧毁；经常更换自己的床单（虽然当时人不了解这样做的原委，这至少减少了跳蚤的传播）。一些人吃各种草药来预防瘟疫发生在自己身上，有的草药成分多达20种；也有人带护身符和各种驱邪的符咒；甚至有人用硫磺熏房子、吃癞蛤蟆的皮等等。放血也是通常采取的方法，因为可以保持体液平衡。

16、17世纪，社会对瘟疫的反应措施发挥出了保证安全、抑制传染的作用。当时有四个层面的举措：第一是，中央政府颁发瘟疫管理行政条例，其目的是预防传染、应对后果。教会举行各种宗教仪式取悦上帝；政府封锁受污染的房子，在上面划上十字；禁止公共集会——大学宣布停课，剧院关门、集市暂停、法庭延期，市政府不准人们离家远行，禁止人们出入城市。人们发现隔离能够有效阻挡瘟疫的蔓延。第二是，知识阶层、医生及神职人员积极应对。他们讨论瘟疫的原因及意义，为公共健康制定新政策，并使之与传统的思维模式契合。第三是，地方管理者采取措施。他们在受到瘟疫影响的城市、地方执行中央政府的政策。第四是，普通民众自发采取措施应对瘟疫，其实在大多数情况下他们都是瘟疫的牺牲品。

严格地讲，1518年以前，英国没有对抗瘟疫的预防措施。[①] 对

[①] E. M. Leonard, *The Early History of English Poor Relief*, Cambridge University Press, 1900, pp. 44-47.

第七章 瘟疫与饥荒

比法国和意大利，英国在这方面还很落后。在这一年，英国政府开始介入。1518年1月13日，政府发布了一道王室命令来控制瘟疫——因为"如果全能的上帝不采取措施制止它的话，它非常有可能继续。"① 当时，方法还很初步，政府只是让公众避开传染源。从1593年开始，英国作家也开始讨论官员在瘟疫时期的职责——如他们应该保持城市清洁，最重要的是应该防守城市以阻止陌生人、特别是来自疫区的流浪汉进城。如果瘟疫爆发，那些受感染的人应该被隔离在自己家中，隔离期应该是40天（但也可长可短）。如果可能，就应把这些人送进特殊医院，像麻风病人一样，与他们接触的人外出应该有明显的标记——如在衣服上缝一个标记或举一根棍子。政府的举措与执行《济贫法》有类似之处，不同之处在于，《济贫法》是在各郡试行，然后由英国政府颁布，但对抗瘟疫的政策不是源于各郡的实践，正相反，政策是从中央到地方。对抗瘟疫是都铎王朝和斯图亚特王朝治安法官职责的一部分，一旦用公共资金隔离、资助生病者的政策由中央制定出来，各郡都要执行。逐渐地，"抗击瘟疫"成为地方政府的常规举措，1610年后，大多数城市在瘟疫发生后会自觉地采取这一措施。

除了颁布法令，另一项举措是翻译外国对抗瘟疫的著作。1583年，约翰·斯托克伍德（John Stockwood）翻译了德语著作《瘟疫时代的虔诚睿智的官员》以及1603年托马斯·洛奇（Thomas Lodge）的著作。

但是，一些政府的措施并没有产生实际效果。在那个年代，甚至是在今天，一旦瘟疫爆发，没有什么有效的措施。后来的一些措施，如把生病的人送进城外的隔离病院还比较有效。最有效的方法还是预防：紧闭城门，禁止外来人进入瘟疫流行的城镇；烧毁受污染的物品；烧毁死人用过的被褥和衣服。采用这些办法，约克郡避免了1631年的瘟疫；埃克塞特郡逃过了1665年的瘟疫。我们可以

---

① Paul Slack, *The Impact of Plague in Tudor and Stuart England*, Routledge & Kegan Paul, 1985, p. 201.

看出，对抗瘟疫的有效办法来自实践的经验而不是医学理论的发展。

四　瘟疫对社会的影响

最严重的瘟疫——黑死病——彻底改变了整个欧洲乃至世界的历史。它毫无偏倚地把死亡带到每个人面前。"死亡不仅能被看到，还能被闻到①，甚至也能被听到，教堂的钟声提醒着我们死者的葬礼。难怪文学作品把瘟疫描述为《死亡的胜利》②。"③ 瘟疫防碍了人们的正常工作，使国家的财富遭受损失。一个城市如果有1/4或1/3劳动力生病或者死亡，其后果可想而知。影响最大的还是家庭，如果一家之主生病、死亡，那么这个家庭马上会陷入贫困，其他社会关系也会受到影响。理查德·史密斯（Richard Smyth）列了一个在17世纪死于伦敦的他的熟人的名单：1665—1666年的瘟疫导致155人死去，1664年的瘟疫导致45人死亡。④ 瘟疫过后，家庭关系、朋友关系都要重建。在瘟疫的打击下，近代英国人的生命风雨飘摇。

由于瘟疫的侵袭，人们懂得了许多卫生习惯。由此，欧洲的下水排污系统得到了彻底的改善。一直到今天，人们还在为英国伦敦那宽敞有如隧道的下水管感叹。除此以外，火葬开始成为了最重要的丧葬方式；原本位于房间中央的壁炉被移到了墙边；房间也变得更加坚固，开始采用灰泥或者石头来代替木版。

当时，并没有有效的医疗措施，那么，为什么瘟疫在1666年伦敦大火之后消失了呢？

学术界提出如下看法：一种意见认为，人们对疾病产生了免疫

---

① 焚烧尸体的味道。
② 《死亡的胜利》，是1609年约翰·戴维斯爵士所写的一首诗的题名。
③ Paul Slack, *The Impact of Plague in Tudor and Stuart England*, Routledge & Kegan Paul, 1985, p. 17.
④ Ibid., p. 18.

力，这种免疫力对瘟疫的根除功不可没。"免疫力是个复杂的问题，简单地说，就是那些先天免疫力很差的人得了病就死掉，而另一些抵抗力强的人能够生存，并将先天抵抗力传给他们的子孙。在一段时期内，人口的构成被这一自然选择过程缓慢地改变了，最终只留下具有免疫力的人群，他们要么不会感染疾病，要么染病后也能痊愈。这一理论的缺陷，十分明显。如果人们获得了免疫力——也许抵抗力是更好的用词——在得病者中痊愈者的比例将不断增加。疾病也会随着越来越多的人口获得免疫力而逐渐绝迹。但事实并非如此，17世纪60年代，在伦敦（以及英格兰很多其它部分）一场大瘟疫后，瘟疫彻底'熄灭'。"①

也有人认为，人类营养的改善使人们更能抵抗疾病。还有人的解释是，居住条件的改善、城镇卫生设施的改善和个人卫生的改善减少了携带疾病的老鼠和鼠蚤的数量。此外，还有人提出，瘟疫的消失也可以归因于在英格兰和西欧的老鼠物种的变化。最后的一种解释认为，在17世纪中期，欧洲各国普遍采取隔离手段，当时的市民和医学机构虽然不知道瘟疫是由老鼠和跳蚤携带的，但他们却已经认识到，这种疾病是可以通过接触传染的。由此，人们建立了隔离机制，避免那些来自鼠灾疫区的船只进入本国码头，并把疫病传播到岸上。英国学习了意大利一些城市的作法，严格控制检疫。笔者认为，瘟疫的消失，与其说是治疗，不如说是隔离发挥了作用。即使今天，当大规模瘟疫爆发的时候，人们也不得不使用最古老的隔离政策抑制瘟疫（传染病）的蔓延，如2003年爆发的非典。

五 饥荒

16、17世纪的英国饿死过人吗？由于恶劣的天气等原因，庄稼歉收是经常有的事；特别是当这种情况连续发生的时候，情况就

---

① Andrew B. Appleby, The Disappearance of Plague: A Continuing Puzzle, *The Economic History Review*, Vol. 33, No. 2 (1980), p. 165.

更加糟糕——如1555—1556年、1593—1597年、1647—1649年，长期的庄稼歉收导致食物价格成倍增长。

英格兰像苏格兰和法国一样饿死过人吗？在英格兰的东南部没有发生过这样的情形。有的史学家认为，在英格兰西北部，例如威斯特摩兰（Westmorland）和昆伯兰（Cumberland）发生过这样的情况——特别是在1597年和1623年。人们饿死在纽卡斯尔的街上。这一时期，在西北部地区很难种植谷物，粮食也很难从外地运进——因为运费昂贵，小块土地持有者人数很多，这些人在自然灾害面前应变反应能力都不如大土地持有者强，很容易受到自然灾害的打击。但是总体来说，大部分英格兰地区食物的增长足以满足增加人口的需要。

由此产生了一个重要的问题，昆伯兰和威斯特摩兰发生的情况应该归罪于瘟疫还是饥荒？阿普比（Andrew B. Appleby）教授指出：这两个郡在16、17世纪是偏远、贫穷的地方。在这两个地区，气候凉爽、人口密度低，有利于阻止鼠疫的大规模扩散，但在这两个郡的五个镇子，虽然不是人口密集的城市，却也遭到了鼠疫的袭击。昆伯兰郡和威斯特摩兰郡发生过三次严重的人口危机：1587—1588年、1597—1598年和1623—1624年。① 他认为，必须仔细调查每一次的危机，才能得出接近事实的结论。

阿普比教授考察了出现在1587—1588年的第一次人口危机。他考察了两个郡八个教区于1585—1589年埋葬情况的记录［八个教区分别是昆伯兰郡的格雷斯托克（Greystoke）、霍姆—卡尔特姆（Holme Cultram）、安德鲁斯（Andrews）、斯凯尔顿（Skelton）、戴克（Dacre），威斯特摩兰郡的肯德尔（Kendal）、克罗斯比—拉文沃斯（CrosbyRavensworth）、莫兰（Morland）］，随后发现：人口死亡高峰期是在冬季。② 因为这次瘟疫造成的死亡高峰期不是在夏季，

---

① C. M. L. Bouch and G. P. Jones, *A Short Economic and Social History of the Lake Counties, 1500－1830*, Manchester, 1961, pp. 80－81.

② Andrew B. Appleby, Disease or Famine? Mortality in Cumberland and Westmorland 1580－1640, *The Economic History Review*, Vol. 26, No. 3 (1973), p. 408.

第七章 瘟疫与饥荒

所以流行病学家怀疑这是另一种疾病——斑疹伤寒——造成的死亡。这种疾病是由人体寄生虫（虱）引起的。这种病在冬季高发，气候回温变暖时逐渐消失。它的受害者多是成人，儿童因此丧命的比例很小。由于没有更多的关于粮价变化的数据，很难将人口死亡归因于饥荒。因此，他把1587—1588年的人口死亡主要归因于斑疹伤寒（以及可能存在的饥荒）。

第二次人口危机出现在1596—1598年，呈现了与前一次危机迥异的场面。阿普比教授考察了两个郡十个教区于1595—1599年埋葬情况的记录［十个教区分别是昆伯兰郡的圣安德鲁斯—彭鲁斯（St. Andrews Penrith）、克罗思韦特（Crosthwaite）、戴克（Dacre）、圣比思（St. Bees）、格雷斯托克（Greystoke）、沃特米洛克（Watermillock）、威斯特摩兰郡的肯德尔（Kendal）、莫兰（Morland）、克罗斯比—拉文沃斯（Crosby Ravensworth）及斯坦莫下布拉夫（Brough under Stainmore）］。[1] 他得出结论：在冬季和夏季两个郡的死亡人数不是很高。可见，这一时期的人口死亡原因既不是斑疹伤寒也不是鼠疫，因此，经济历史学家认为，1594—1597年连续四年坏收成的确带来饥荒。实际上，1597年的饥荒遍及整个英格兰，连政府对此都无可奈何。人口历史学家彼得·拉斯莱特（Peter Lastlett）指出，证明人们死于饥荒需要有三个必要条件：首先，人口死亡率的猛涨；其次，出生率的下降和结婚人数的减小；最后，死亡原因是由于饥荒或者由于营养不良导致的疾病。阿普比教授分析了这三个条件，认为这两个郡的人口死亡情况并不符合拉斯莱特所说的情况。并且，他还提出了另一种方法来考察人口是否死于饥荒，最后得出结论说：死亡人数归因于饥荒只能是推断；但他也同意，在没有其他证据的前提下，暂时把1597年人口的过度死亡归因于饥荒。

第三次人口危机出现在1623—1624年。阿普比教授调查了两

---

[1] Andrew B. Appleby, Disease or Famine? Mortality in Cumberland and Westmorland 1580-1640, *The Economic History Review*, Vol. 26, No. 3 (1973), pp. 415-418.

个郡九个教区。1621—1625 年的埋葬情况分别集中在——昆伯兰郡的圣比斯、克罗思韦特、格雷斯托克、圣安德鲁斯—彭鲁斯、米勒姆（Millom），威斯特摩兰郡的莫兰、克罗斯比—拉文沃斯、肯德尔、科科比—兰斯代尔（Kirkby Lonsdale）。① 他认为，从死亡率的季节变化来看，不能判定人口死亡是由于瘟疫引发——其中彭鲁斯除外。从教区的登记中可以发现，有大量的孩子、寡妇、老人在粮食短缺的情况下很难维持生活。作者认为，1623 年的人口大量死亡是由于饥荒导致的，同时，还受到呢绒工业的萧条及未加工羊毛需求的锐减等因素的影响。

总之，近代早期英国不断遭受瘟疫打击。当时人也没有给这些问题找到正确的解释。有人认为瘟疫来自上帝，是上帝对人类堕落、罪恶的惩罚；也有人提出瘟疫是通过污染的空气或家畜传播；但是，从没有人注意到瘟疫通过老鼠传播。社会各阶层对瘟疫的应对不一——有钱人逃离城市，教士斋戒、祷告，民众寻求各种方法自保，但政府以及民众在危机中逐渐找到了对抗瘟疫的办法。如封锁被传染的地区，加强检疫隔离。最终，阻隔传染源及检疫隔离发挥了效果，1666 年，伦敦大火过后再也没有发生大规模瘟疫。至于瘟疫消失的原因，史学家仍在争论，仍旧是未解之谜。

---

① Andrew B. Appleby, *Famine in Tudor and Stuart England*, Liverpool University Press, 1978, pp. 122 – 125.

第八章 犯罪与刑罚

近代早期英国的法律体系属于"普通法"体系（Common Law），又叫"习惯法"体系——包括刑法及民法。"普通"意味着法律适用全国，国王的文书在全国范围内有效。普通法依赖"惯例"和"先例"判决，所有的法律文书都被打上国王的名号。国王需要在法律范围内，依法统治、依法治理、促进公平、矫正冤情、和平解决争端。有时，国王会亲自到皇家法庭听取审判。大多数情况下，王室成员不出席法庭。

一 法庭

在瘟疫流行期间，经常发生盗窃事件。一些小偷往往会潜入因躲避瘟疫而逃离城市的居民住宅行窃。当时，人心惶惶，无人能阻止这种盗窃行为。在近代早期英国的平常年份，盗窃财物超过1先令就会被判重罪或处死。这种惩罚力度不可谓不残忍。近代早期英国皇家级别法庭总是在威斯敏斯特召开，法官是皇家法官，其中包括王座法庭（the King's Bench）、民诉法庭（the Court of Commonpleas）以及衡平法庭（the Chancery）或者大法官法庭（the Court of the Lord Chancellor——特殊之处在于，它不是普通法法庭，是衡平法庭，也就是说，如果在普通法下无法实现自然公平的原则，就需要大法官来裁决，因此，大法官有时被描述为"国王的良心"）。在理论上，王座法庭处于等级结构最顶端，是三个普通法法庭中唯

——一个有权审判刑事案件的法庭,并且拥有终审权。① 此外,王座法庭还拥有复审权——即有权向任何下级法庭下达"诉讼文件移送命令"(Certiorari)。② 在都铎王朝和斯图亚特王朝,王座法庭的权力受到"星室法庭"(Star Chamber——威斯敏斯特宫的一个房间,因为屋顶布满星星而闻名)的挑战。在理论上,"星室法庭"主要惩罚破坏王国和平的行为,如骚乱、攻击及恐吓,此外,还处理如欺诈、伪造、伪证的罪行,国王还利用"星室法庭"执行王室政策。直到"长期议会"召开后,"星室法庭"被认为是国王个人统治的象征而于 1641 年被废除。

除了上述法庭,每两年,皇家法官还会离开威斯敏斯特,到各大城镇进行巡回法庭的审理。

1. 巡回法庭(Assize Court)

巡回法庭始于 1166 年,由亨利二世建立。从 1293 年起,在英格兰有四大巡回法庭。到 1328 年又重组为六大巡回区——包括霍姆巡回区(The Home Circuit)、米德兰巡回区(The Midland Circuit)、诺福克巡回区(The Norfork Circuit)、北方巡回区(The Northern Circuit)、牛津巡回区(The Oxford Circuit)及西部巡回区(The Western Circuit)。各巡回法庭负责的巡回地区有明确规定。一年两次巡回,一次在夏季、另一次在冬季。随行带有各种委员会,包括听审委员会、判决委员会、送监委员会等。两个法官负责一个巡回区域,主要处理刑事和民事案件。

巡回法庭的一项重要的功能就是,把中央政府的政策传达到地方,同时了解地方疾苦。巡回法庭也执行监督地方政府的权力,审理各种破坏条例的犯罪,听取地方巡警的报告。在 17 世纪的英格

---

① 夏普教授认为,虽然在理论上,王座法庭审理重罪(其向下级法院下达"复审令",主要涉及到人身攻击或者骚乱,有乡绅或约曼农卷入),但其实重罪的审判并不多,直到 1700 年,主要审理的案件都是轻罪。笔者对此持保留意见。

② J. A. Sharppe, *Crime in Early Modern England, 1550–1750*, Routledge, 1999, p. 30.

兰，巡回法庭开庭是地方社会政治生活中的重大时刻。实际上，巡回大审变成了一种越来越具有吸引力的大型集会。法官身穿长袍、当地郡长派鼓手、弓箭手随侍，法庭开庭前要有牧师布道……这些仪式创造了一种庄严、神圣的氛围。1678 年的一位教士说："法庭的庄严仪式可能会吓坏那些出席法庭的人。"①地方的贵族及普通人都抓住巡回法庭开庭时机洽谈生意、安排婚约、交换信息。这种巡回法庭在英格兰和威尔士一直持续到 1971 年。②

"从 16 世纪晚期开始，大多数重罪——杀人、大宗盗窃、入室抢劫、纵火、强奸、巫术——都由巡回法庭审判。"③ 1590 年，由克里斯托弗·雷（Christopher Wray, CJQB）爵士主导的"秩序委员会"的改革，确保了所有的死刑判决都由巡回法庭做出。

2. 四季法庭（Quarter Sessions）

每个郡都有自己的地方法庭，一年开庭四次，所以，有人把它翻译为"四季法庭"。四季法庭源于 14 世纪前半期。1351 年，《劳工法》（the Statute of Labourers）颁布，要求当地法官一年开会四次以便执行新的立法。开会时间在 1414 年的立法中被确定为："主显节、复活节后的第一周、圣托马斯节、米迦勒节后的第一周"。④由治安法官（the Justices of the Peace，又译作"太平绅士"）和充当地方法官的乡绅负责。他们负责处理较小的案件，例如打架斗殴、小偷小摸（所偷货物价值少于 12 先令），还会经常惩罚违法者，例如无证经营酒馆者、酒馆闹事者，也会惩罚疏于维持道路和

---

① Anthony Walker, *Say On, Or, A Seasonable Plea for a Full Hearing Betwixt Man and Man: And a Serious Plea for the Like Hearing Betwixt God and Man : Delivered in a Sermon at Chelmsford in Essex, at the General Assize Holden for the Said County, Before the Honourable Sir Timothy Littleton, One of His Majesty's Barons of the Exchecquer*, July 8, 1678, Lodnon, 1679, p. 13.

② J. A. Sharppe, *Crime in Early Modern England*, 1550 – 1750, Routledge, 1999, p. 32.

③ Ibid., p. 33.

④ Ibid., p. 34.

桥梁的过失。

到16世纪晚期，随着地方政府事务增多，四季法庭每三个月召开一次不足以应对。因此，一些人建议几个郡的法官在四季法庭休会期间开会，或者召开其他地方会议。这样，逐渐地，到17世纪晚期，"即决法庭"（Petty Sessions，又称小季审法院）兴起。最初只有威尔特郡和诺福克郡有这种法庭，后来埃塞克斯郡、汉普郡、沃里克郡、沃塞斯特郡、肯特郡也纷纷建立。到1631年《秩序书》颁布时，正式的、全国性的"即决法庭"体系建立。法官们每个月召开会议，倾听巡警、教区主管及济贫官的报告，经常与地方政府合作处理行政事务，如鉴别私生子、处理济贫纠纷、维修道路，同时，也处理一些轻微犯罪，主要是酗酒和较小的暴力事件。

3. 自治市季审法庭（Borough Sessions）

自治市是指那些在中世纪获得国王特许状的城镇——这些特许状通常会规定它们的权利，也就是特许自治权。许多城镇都有很强的自治观念［这些城镇的核心成员享有城市的自由，被称为"自由人"（Freeman），他们可以参加城市管理。如约克郡有一半的男性是"自由人"，其成员资格的取得通常是通过继承、学徒或购买］，他们拥有自己的法庭。在一些大城市，自治市季审法庭是由市长和市议员负责，形式基本与四季法庭一样。到1550年，许多城市仍拥有监禁权、审判及判决权。科斯切斯特城保留了伊丽莎白一世和斯图亚特王朝时期大量的证词和保证金文献，我们从中可以看到，自治市季审法院在17世纪初审判过许多盗窃案、入室抢劫案，以及极少的杀人犯和强奸犯。这里也曾经做出过死刑判决（一个是由于谋杀，另一个是由于盗马），但随着死刑判决权转入巡回法庭，死刑判决不再出现，但自治市季审法庭仍旧审理许多轻微犯罪。

4. 教会法庭（Church Courts）

教会法庭与世俗法庭一样存在等级制度。最上面的是大主教法庭（Archbishop's or Prerogative Courts），主要有约克大主教法庭和坎特伯雷大主教法庭。其下是主教法庭（Bishop's or Consistory Commissary Courts），按主教区划分法庭管辖范围。再下是副主教法庭（Archdeacon's or Archdeacon Courts）。最底层是特别教区法院（Peculiars），通常是由某个教区或一些教区组成的基层法庭。

在都铎王朝和斯图亚特王朝，教会法庭处理的案子不仅涉及违反教义遵守，而且也包括违反基督徒行为的标准。在宗教改革之后，这个任务更加艰巨，因为人们认为，好的民众就是好的基督徒，不仅要皈依正确的基督教派别，而且要服从权威、努力工作、冷静、贞洁。总体来说，教会法庭处理的案件主要有两类：一是教区执事或其他神职人员提交法院的、涉及到教士和教区居民道德方面的犯罪，如通奸、酗酒、不守安息日、异端、巫术、放高利贷等。二是两个或两个以上当事人关于诽谤、遗产、违反承诺、通奸、乱伦等婚姻和遗嘱方面的事务。出现在教会法庭最多的案件是性犯罪，此外还有酗酒（特别是在安息日犯此罪）以及诽谤中伤。教会法庭的惩罚措施主要是当众忏悔，最后的举措是开除教籍。

5. 庄园法庭（Manorial Court）

庄园法庭起源于中世纪，经常被描述成"农民法庭"。到17世纪早期，法学理论家认为，有两种类型的庄园法庭：领地法庭（Court Baron）和民事法庭（Court Leet）。领地法庭主要是领主的法庭，其主要目的是处理庄园内土地的转移和继承。民事法庭主要处理庄园内的轻微犯罪。这两种类型的庄园法庭对地方法律的执行非常重要，"每一个庄园法庭都类似一个小共同体，在其中，佃农是肢体，领主是身体，法律是大脑"。[①] 在这里，人们的意见可以表达，相互的紧张关系可以得到平缓。笔者考察了约克郡的艾克姆（Acomb）庄园法庭资料后发现，很多控诉状涉及到小的过失及庄园内部人员的矛盾：如佃农弄丢牲畜、疏于维修篱笆或粪便堵塞道

---

① Penry Williams, *The Tudor Regim*, Oxford University Press, 1979, p. 219.

路；有时也涉及到小偷小摸，特别涉及的是木材或稻穗被窃。有时，民事法庭也会审理打人或斗殴，但更多的是语言暴力——谩骂。一个极端的例子是，兰开夏郡的普莱斯考特（Prescott）庄园，在1615—1660年，有23人因为人身伤害被四季法庭问讯；在同一时期，有1252人因为人身伤害被庄园法庭的民事法庭问讯。① 从17世纪早期开始，庄园法庭不再活跃。

二 法律的执行者

1. 治安法官

在英格兰地方政府中，最重要的官职是治安法官。这一职位源于14世纪，最初是国王为了平息地方混乱而设置的，到15世纪已经成为地方政府中的重要职位。在都铎王朝，中央赋予了治安法官更大的、几乎是无所不包的权力：贯彻国王与中央的命令、受理地方上的各种案件、维护本地的治安、颁布地方性工商业条例、调整工资、确定济贫税率、批准或关闭酒馆、查禁非法书籍、逮捕流浪汉、监督谷物出售等等，几乎涵盖了所有地方上的事务。因此，有人认为，在伊丽莎白一世时代，绝大多数人并未完全处于中央政权的直接管辖之下，而是由地方官员管理，是治安法官决定其命运。"1587年，全国有1500个治安法官，加上那些政治上受宠的人、他们的儿子以及一些有势力的寡妇，在中央和地方事物中起主要作用的有2500人。"② 在都铎王朝和斯图亚特王朝，治安法官在法律执行与郡的行政事务中发挥了重要作用。

治安法官是由国王通过委任状的形式予以任命的。从这层意义上讲，国王加强了对地方社会的控制。但在，担任治安法官需要经过严格的资格审查：只有年收入达到20英镑的土地所有者才有任

---

① J. A. Sharppe, *Crime in Early Modern England*, *1550 – 1750*, Routledge, 1999, p. 37.

② Anthony Pletcher and Diarmaid MacCulloch, *Tudor Rebellions*, Pearson Education Limited, 2008, p. 5.

职资格。① 因此，担任治安法官的人都是地方上的乡绅、中央或地方的官员、廷臣、巡回法院法官等。治安法官是义务性的地方官吏，除在四季法庭开庭期间每天领取 4 先令的津贴外，他们没有任何官方报酬。因此，治安法官有很大的独立性，能在较大程度上代表地方的利益。

2. 郡长

在中世纪晚期，郡长已经获得了类似总督的权力。12 世纪，郡长负责王室岁入、军队、监管巡警、监狱、法庭的运作以及王室法令的执行。郡长法庭以及郡级法庭都是司法机构的重要部分，因此，郡长是连接中央与地方政府的桥梁（但其权力从来没有充分发挥，因为治安法官和四季法庭都侵蚀了郡长的权力）。1463 年，爱德华四世时，控告权从郡长法庭转移到四季法庭，紧跟着司法权力的丧失，在都铎王朝中期，随着民兵改革，郡长的军事权力也开始丧失。虽然失去一定的权力，但郡长的职位仍旧很重要。郡长仍旧负责征收某些王室款项、负责郡法庭（长期以来听审债务或损失不超过 40 先令的民事犯罪）②、监督选举。威斯敏斯特发布的《王室敕令》仍下达到郡长那里，同时，郡长还负责维持巡回法庭和四季法庭的开庭秩序、通告这两个法庭开庭日期、召集陪审团、在审讯之前把疑犯收监等工作，他们也负责为巡回法庭和四季法庭的法官提供住宿和娱乐。更重要的是，郡长负责维持地方警力、维持地方法律和秩序。与治安法官一样，郡长也主要来自郡里的上层人士。

3. 巡警

除了治安法官和郡长，监狱长、中层绅士以及约曼农的上层都能参与到法律的执行体系中，高级巡警负责把四季法庭的命令传达到各个教区。法律执行体系的最底层，是低级巡警或称之为教区巡

---

① J. A. Sharppe, *Crime in Early Modern England, 1550–1750*, Routledge, 1999, p. 41.

② Ibid., p. 44.

警,他们从教区中选出,无偿服务他们的邻居一年。当时,英格兰并没有专业的警察力量,只有巡警(Constables),巡警是村庄或教区中一个重要的官吏,他的主要职责是维护乡村的安全,处理一些小的违法事件。巡警这一职位,通常是由村民或教区内的居民选举本地有一定社会地位与财产的人出任,充当巡警的人需要对本地区的居民负责,向他们汇报工作。他们所管理的事务是社区性的公共事务,负责维持秩序。

三 犯罪

16—17世纪,英国社会的无序状况到底如何?我们将重点考察两类犯罪:一是暴力犯罪,二是财产犯罪。

1. 暴力犯罪

对于伊丽莎白一世和詹姆士一世时代英格兰的暴力犯罪情况,史学家有不同的看法。1970年以前,人们普遍认为,以现在的标准衡量,当时的社会非常暴力。劳伦斯·斯通教授在《贵族的危机》一书中指出:"有产阶层与穷人的行为特征是暴力、幼稚,像荷马时期一样缺乏自控","人们的神经永远绷得很紧",吵架中的语言"放纵、甚至疯狂,并随时准备诉诸各种极端行为,根本无视法律约束"。① 麦克法兰则持有截然相反的观点,他总结了日记作家的笔记:"这些作品给我的印象非常强烈,社会中的人们不容易受不理智的愤怒所左右,人们不担心生活和旅行的不安全。虽然物质生活艰辛,但精神生活惬意温馨。"② 夏普教授和怀特森教授的观点也支持后者,夏普教授在反驳斯通的文章中说:"从根本上讲,

---

① Lawrence Stone, *The Crisis of the Aristocracy, 1558 – 1640*, Oxford University Press, 1965, p. 223.
② Alan Macfralane, *The Justice and the Mare's Ale, Law and Disorder in Seventeenth - Century England*, Basil Blackwell Publisher, 1981, p. 19.

我不认为近代早期英国社会是暴力无情的。"①

笔者支持第二种观点并认为：之所以出现这样的分歧，是因为斯通教授与其他教授所关注的地区和阶层不一样。

首先，不同地区的犯罪情况不一样。在伦敦，有证据表明，存在着有组织的、职业的盗贼，如果我们熟悉《雾都孤儿》的故事就会对伦敦当时的犯罪情况略知一二。1585年，一份交给伯利大人的报告，不仅列举了臭名昭著的盗贼和45个罪犯聚集的老巢，而且还描述了一个扒手学校，证明伊丽莎白一世存在"费京"这样的人物（《雾都孤儿》里教唆犯的名字）。亨利·菲尔丁（Henry Fielding）说："伦敦有一群流浪汉，人数不少于100人，他们形成一个团体，有头目，也有管账的，他们把偷盗、抢劫发展成一种体系。"②

在乡村，某些犯罪行为是有组织的，如走私。18世纪的观察家估计，每年有3百万磅的茶叶走私进英国。这表明，当时在沿海地区有很复杂的有组织犯罪。具有讽刺意味的是，当时人并不觉得走私是犯罪。一位1749年被绞死的走私者在行刑前对牧师说："关于走私的指控，我承认已经从事此业很多年，但不认为这会带来任何伤害。"③ 此外，盗马、拦路抢劫也是有组织的犯罪。人们认为，很多时候，马贩子就是盗马贼，他们经常在出售之后再把马偷回来，然后把马骑到其他地区，或者把马染上其他颜色再次出售。拦路抢劫者主要聚集在苏格兰边境从卡莱尔（Carlisle）到贝里克（Berwick）一带——这里是分割英格兰和苏格兰边境的高耸山地——有很多"苔藓骑贼"（Moss Troopers），他们经常打家劫舍。"据说，有一家叫雷伊（Reay）的兄弟俩。在一个夏天的黎明，哥

---

① J. A. Sharpe, The History of Violence in England: Some Observations, *Past and Present*, No. 108 (1985), p. 215.

② Henry Fielding, *An Enquiry Into the Causes of the Late Increase of Robbers*, with Some Proposals for Remedying this Growing Evil, London, 1751. p. 4.

③ J. A. Sharpe, *Crime in Early Modern England, 1550–1750*, Routledge, 1999, pp. 149–151.

哥看到'苔藓骑贼'在偷他们的牲口便追上去，他单手搏击骑贼，但力不从心，在他弟弟赶来帮他之前，被盗贼剁成几块。"①

既存在城市也存在于乡村的犯罪主要是流浪、盗窃。人们认为，近代早期英国社会存在着一个"犯罪阶层"——即那些处于社会下层的人，他们居住在贫民窟，讲脏话，不去教堂。在《济贫法》实施前，他们的流浪、乞讨行为本身就是违法，这是当时所特有的犯罪类型。这些人一般都是单独流浪（一两个人的情况居多），很少成群结队，因此，犯罪很多情况都是"伺机犯罪"，并且很多都是小偷小摸。他们的犯罪行为应该说是因生活所迫。如1580年，沃里克郡抓住两个北方人，他们承认在流浪的路上偷了鹅、鸭和猪，但都是为了果腹或者支付留宿之费用。② 此外，按照当时法律，那些身强力壮的人只要乞讨就是犯罪，一些学徒从师傅那里逃跑后，因生活窘迫也走上了犯罪道路。非法经营啤酒馆也是犯罪（啤酒馆本身就是犯罪分子聚集的地方）。

其次，不同的社会阶层犯罪情况也不一样。斯通教授在《贵族的危机》一书中指出：贵族绅士间的暴力案件太多，不容忽视。这类人对名誉极其敏感，动辄会因为别人对其荣誉的轻视就采取极端手段。有时他们不会受到法律的惩罚。如1589年，朗顿爵士（Sir Thomasn Langton）率领80人围攻兰开夏郡胡福顿爵士（Sir Thomas Houghton）及其手下30人把守的宅邸。③ 朗顿爵士攻入胡福顿爵士的宅邸，杀掉他及数名手下。此外，还有1582年牛津公爵爱德华·德·维尔（Edward de Vere）与尼维特爵士（Sir Thomas Knyvett）家的一位贵族女子安·瓦瓦苏（Anne Vavasour）私自生下一子，由此导致两家的冲突，双方都有伤亡。④ 因为这些人的地位

---

① John Murray, *Handbook for Travellers in Durham and Northumberland*, Lodon, 1864, p. 302.

② J. A. Sharppe, *Crime in Early Modern England, 1550 – 1750*, Routledge, 1999, p. 144.

③ Keith Wrightson, *English Society, 1580 – 1680*, Routledge, 2003, p. 168.

④ http://www.oxforddnb.com/view/article/28208? docPos = 1 牛津历史名人录，访问日期2017年9月5日。

第八章 犯罪与刑罚

较高,无法诉诸法庭审理,最后由枢密院出面平息此事。当时,贵族之间或乡绅之间的冲突在全国都有——那时的行为准则要求人们捍卫自己的尊严、声誉,这让人感觉到,诉诸暴力是合理的、自然的。而枢密院则尽其所能息事宁人——枢密院会倾听贵族的抱怨,探寻各种解决争端之道;会召集违法者进行询问,仲裁贵族间的争端,让他们交"保证书"以确保贵族之间相安无事。17世纪以后,这类行为逐渐减少——因为在国王那里留下不好的名声,会影响他们的任命;当然也与当时社会价值改变有关,随着人文教育的发展,贵族越来越摆脱粗鄙,开始重视新的荣誉与贵族观念,更加注重礼仪和克制以及为国家服务,而不是骄傲的个人荣誉观;此外,还有新教观念的影响,新教倡导男人冷静、克制。所有这一切,都缓慢地影响着人民的行为,让贵族精英的行为举止更加宽容大度。但这种影响是缓慢的,即使在16世纪晚期剑桥大学的校园也无法完全避免暴力。

从杀人犯的记录中可以窥知普通民众的犯罪情况。在巡回法庭或王座法庭的记录中,有很多杀人的控诉记录:命案很难隐藏,验尸调查会马上跟进,并很可能导致刑事诉讼。我们今天看到的犯罪的数量,源于对巡回法庭和地方法院受到指控人数的估计。但是这些数字有多少可信度?夏普教授认为,这些犯罪的统计数字存在"犯罪黑数"(Dark Figure),只有1/4的犯罪被报告给了权威机构[1]——人们想避免因受指控而带来的麻烦,因此寻求非正式的解决途径,例如,归还被偷的物品、用金钱补偿受到伤害或损失的一方。

对于暴力犯罪,我们大致可以得出如下结论:16—17世纪很少出现家庭内部谋杀,谋杀更多发生在陌生人身上;很少有蓄意谋杀(如投毒),很多是激情犯罪;杀人凶器,多用随身带的刀,很少用枪、剑(有时可能是愤怒时捡起的木棍,甚至是拳脚。据夏普教授研究,2/3的杀人案都是被拳脚打死的)。另外,我们要知道,

---

[1] J. A. Sharppe, *Crime in Early Modern England, 1550–1750*, Routledge, 1999, p. 61.

当时医疗条件有限,一些伤人案最后变成了杀人案。1617年,一位名叫理查德·泰瑞(Richard Terry)的裁缝,被水壶砸到脑袋,16天后死去——在今天的医疗条件下,他可能不会死。①

2. 财产犯罪

虽然说,暴力犯罪能反映社会秩序的状况,但人民更关注的是财产犯罪。根据偷盗财产价值,财产犯罪可分为重罪和轻罪。偷窃物品价值超过1先令则是重罪,要判死刑;轻罪是指偷盗价值小于1先令的犯罪,要受鞭刑的惩罚。②

很多人认为,16—17世纪是英国的社会转型期,财产犯罪增加了;有人认为,这是由于人口增加造成的;也有人认为,这是因为法律更加严格——即犯罪没有绝对的增加,但起诉增加;还有人认为这一时期经济恶化,庄稼歉收、战争、瘟疫等导致穷人增多,因此财产犯罪增加。无论何种原因,史学家都同意,财产犯罪是主要犯罪类型。埃塞克斯郡的统计数字显示:"1559—1603年,有129起杀人案、28起杀婴案、110起拦路抢劫、320起入室抢劫、1460起盗窃、172起巫术犯罪(埃塞克斯郡的巫术被认为是最多的)。"③1550—1625年,四季法庭记载的米德塞克斯郡的财产犯罪为7158起,占所有重罪的93%;1559—1625年,巡回法庭记载的苏塞克斯郡财产犯罪为1664起,占重罪比例的74%;同一时期,赫特福德郡的数字和比例分别是1536起和86%;1620—1680年,巡回法庭记载的埃塞克斯郡的财产犯罪是1965起,占重罪比例的81%。④ 我们可以看到,财产犯罪占了重罪的绝大多数。

乡村中最常见的犯罪多是由于流浪汉和少数穷人试图通过偷盗缓解自身的处境。很多犯罪分子都来自乡村的最底层,多为劳工、

---

① Keith Wrightson, *English Society, 1580 - 1680*, Routledge, 2003, p. 168.
② J. A. Sharppe, *Crime in Early Modern England, 1550 - 1750*, Routledge, 1999, p. 96.
③ Ibid., p. 70.
④ Ibid., p. 80.

手工业者、仆人，他们有时迫于生计进行盗窃。1615—1621 年，曼彻斯特正常年份平均每年有 13 起财产犯罪，而在 1622—1623 年的荒年，则激增到 38 起。1623 年，埃塞克斯郡劳工罗伯特·怀特海（Robert Whitehead）和家人偷了一只羊，他供述道："我非常贫穷，有妻子和 7 个孩子，我们非常饥饿。"① 这些轻微犯罪可能与农村穷人越来越贫穷有关。② 但贫穷并不能完全解释偷窃，因为很多穷人从未偷盗。

这些人有时会被起诉，而有时则会幸免——如果被偷物品能够找回，受害者不愿费时费力去起诉。如果小偷是邻居，他们出于对邻居的同情也不愿意告发。显然，争端的和解是人们倾向的方法，只有犯罪者屡教不改才会被告发到法庭。这也体现了特殊的邻里关系。那些被告发的人通常都是外人，不属于同一个教区；如果不是外人也会是教区内非常边缘的人——如被控行巫术的人和一些屡教不改的人。

只有一少部分被指控犯有重罪的人最后被绞死。例如柴郡：被指控犯重罪而被执行死刑的比例从 17 世纪 20 年代的 22% 下降到 1700—1709 年的 10%；同一时期的德文郡：指控重罪被判死刑的比例是 8%；伦敦：1700—1750 年的比例是 10%；诺福克郡和萨福郡：1734—1737 年 251 个重罪疑犯中只有 12% 被执行死刑。③ 为何会有这样大的变化？已知犯罪人数与实际刑罚之间的差距一直困扰着历史学家。这其实是近代早期英国司法体系低效的体现。另外，司法解释与司法实践之间也有差距。也就是说，法律的制定者在中央，而执行者在地方。地方在执行法律时并不严格。这就是为何很多罪犯被判处死刑，却只有少数罪犯被处以死刑的原因。这也证实

---

① Roger Thompson, *Mobility and Migration*: *East Anglian Founders of New England*, 1629 – 1640, University of Massachusetts Press, 2009, p. 21.
② Peter Lawson, Property Crime and Hard Times in England, 1559 – 1624, *Law and History Review*, Vol. 4, No. 1 (1986), pp. 95 – 127.
③ J. A. Sharppe, *Crime in Early Modern England*, 1550 – 1750, Routledge, 1999, p. 92.

了怀特森教授的观点,中央与地方在维持地方秩序上有不同的观点。

四 刑罚

重罪通常要被判处死刑——例如,杀人、巫术、入室抢劫、较大宗的盗窃、纵火等,当时的死刑是绞死。行刑通常是公开的,这样做的目的既是惩罚性的也是警示性的,并且警示的作用更大:人们通常期望死刑犯会在绞刑台上表现出后悔的样子,发表一个忏悔演说,也叫"最后的临终演讲",劝告围观的群众,并承认判决是罪有应得,是公正的。公开行刑经常吸引大批围观的群众。这些死刑犯在绞刑架前坦白的往往不只是承认犯下的罪,而且会牵涉到原罪及过去的罪过,他们忏悔,期望得到上帝的宽恕。当然也有一些人宁愿做"迷失的羔羊",选择不做忏悔,这种人被当时的人们认为是应该受到指责的——不过这种案例非常少。还有的被审判者选择反抗——这种案例也很少,却非常引人瞩目——他们不认罪、声称自己无辜的,但却愿意接受惩罚,接受自己的命运。[①] 政府的目的是运用司法体系展示它的权威,但有些人认为这种行刑的气氛更像过节。也有一些人质疑这种行刑场面的意义。

较轻的惩罚包括:鞭打(对一些小宗的盗窃罪)、罚款、在拇指上烙印,此外,还有监禁和惩戒。监禁没有统一的标准,监狱通常是关押等待审讯的嫌疑犯的地方,而不是长期关押犯人——除了某些特别的犯罪,如欠债。惩戒主要是罪犯被要求出庭接受警告,要求他们在下一次开庭前要行为端正,如果再次犯罪,他们的保证金(Surety)会被没收。只有一少部分接受警告的人后来受到过指控。

即使被告到了法庭,也有多种方式避免法律的严厉处罚。如

---

① J. A. Sharpe, Last Dying Speeches: Religion, Ideology and Public Execution in Seventeenth-Century England, *Past and Present*, No. 107 (1985), pp. 144-167.

果原告不坚持，案件就会无果而终。法庭的大陪审团会仔细审查起诉书，如果认为证据不足，或是恶意起诉，甚至法官同情被起诉者，案件都不会被受理。在被受理的案子上批上"真诉状"（Billa Vera）。如果不被起诉，会批上"不知道"（Ignoramus），案件则不会被审理。17世纪20年代，柴郡约有650人因重罪被审判，而只有166人被定罪。① 即使案件被受理，也有减轻刑罚的情况。有时是出于对被告的同情，所以减轻刑罪；还有一种做法就是人为地减少被盗物品的价值，以此来减轻刑罚。如一个人偷了一只价值2先令的羊，应该被判死刑，但因为死刑判决太重，因此法官会将羊的价值减少为10便士或11便士，这样就不构成1先令（1先令等于12便士）的定死罪的量刑。夏普教授认为，这种变化是由于16世纪通货膨胀带来的这种变化。笔者认为，这是近代早期英国"法"与"情"平衡的结果。②

此外，被判处重罪但缓期执行的也不少见。如果法官认为应该同情某一罪犯，巡回法庭的法官会判缓刑。特别是如果有当地德高望重的人为其说情，这种情形更容易发生。所有这一切表明，近代早期英国法律是处于原始状态的，并没有像人们想象的那样严苛执行。法官有很大的"自由裁量权"（Discretion），可以自行斟酌。道格拉斯·黑（Douglas Hay）教授认为：自由裁量权是法官的权衡策略，在法律威慑和怜悯实践中找到平衡，以此来保证穷人的感激和顺从；惩戒典型的少数，原谅多数，这样做对秩序有利。但辛西娅·哈若普（Cynthia Herrup）的观点不同，她认为：法律的执行包含执法者和管理者参与的各个方面，不只包括法官，还包括陪审员，从一开始调查到最后审判会有多达数十人卷入案件中。她认为，这些人具有共同公平的理念，他们会层层筛选，找出他们认为真正应该接受处罚的罪犯。那些被绞死的罪犯都是偷盗牟利、蓄意犯罪的人，或者是陌生人或者是死不认罪、拒绝悔改的。她认为，

---

① J. A. Sharppe, *Crime in Early Modern England*, 1550-1750, Routledge, 1999, p. 99.

② Ibid., p. 96.

这里包含一种基本的宗教态度，即所有人都有原罪，但只有那些罪大恶极、不知悔改的人才不值得被救赎。①

此外，我们应该注意到，英国司法体系中有大陪审团和审理陪审团。大陪审团（Grand Juries）对犯罪进行初步的筛分：对一些看起来有确凿证据的、确实的犯罪进行指控，而对那些没有事实根据的不予起诉。审理陪审团（Trial juries），可以对一些嫌疑人宣布无罪释放，其中的比例是 1∶3。也有减轻惩罚的情况，例如重罪可以减轻到轻罪，谋杀可以减轻到一般杀人。真正被处死的人并不多，这是造成行刑率下降的主要原因。

五　赦免与女性犯罪

第一，神职人员的豁免（Benefit of Clergy）。

对于财产犯罪，还可以按犯罪者身份分为神职人员的犯罪和非神职人员的犯罪。神职人员犯罪享有"教士豁免"，这是中世纪法律的残留，可以让神职人员免受世俗法庭的惩罚。只要神职人员能背诵出所谓的"保命篇"（Neck Verse）——即《诗篇》的第 51 章第 1 节："上帝啊，求你按照你的慈爱恩待我，照着你丰盛的怜悯涂抹我的过犯……"就可以免罪。由于显而易见的原因，亨利七世和亨利八世时已经限制其使用。如在亨利七世时期，神职人员只能使用一次"教士豁免"，惩罚从绞刑减轻到在拇指"打上烙印"，但如果神职人员犯的是重罪，"教士豁免"也不适用——如入室盗窃、入室抢劫、拦路抢劫等。

第二，获得原谅（Pardon）。

有时在被起诉之后，因为一些特殊的情况，被告会被释放——例如，如果有人证明他以前的品德端庄，或者当地的缙绅、牧师、邻居为他求情等。1723 年，中央刑事法庭法官对一名罪犯从轻发

---

① Cynthia B. Herrup, *The Common Peace: Participation and the Criminal Law in Seventeenth-Century*, Cambridge University Press, 1989, Chapter 5.

落，据说，当时有三四十个人替罪犯求情。① 从1650年起，流放到殖民地成为另一种惩罚措施。此外缓刑、遣返原籍或者参军都是获得"原谅"的办法。

第三，肚子的豁免（Benefit of the Womb）。

在妇女犯罪后，如果发现怀孕了（在女监舍检查后），就会获得减刑。在理论上，犯罪妇女应该在分娩后被绞死，但通常都是缓刑后又获得原谅。1558—1625年，霍姆巡回法庭有几乎一半的妇女在被指控犯有重罪后都声称自己怀孕了，最终只有1/3（38%）被确认怀孕。②

第四，近代早期英国，大多数重罪犯都是男人（见表8-1）。

如伊丽莎白一世时期，赫特福德郡的四季法庭指控犯有盗窃罪的男性罪犯比例是85%，巡回法庭控告的男性罪犯是86%。而只有5%的女性被控犯有欺诈和其他商业犯罪。③

表8-1　1620—1680年埃塞克斯巡回法庭和四季法庭指控罪犯的性别比例④

罪行	被指控总数（人）	男性（人）	女性（人）	女性比例（%）
偷盗	2782	2381	401	14.0
抢劫/入室	711	592	119	16.5
杀人（不包括杀婴）	310	261	49	16.0
殴打	752	692	60	8.0

被控犯谋杀罪的女性也很少，但也有一些罪行是与女性特别相关的，如巫术、杀婴、卖淫及诅咒。杀婴，这种罪行与女性关系最

---

① J. H. Langbein, The Criminal Trial before the Lawyers, *University of Chicago Law Review*, Vol. 45 (1978), pp. 288-289.

② J. A. Sharppe, *Crime in Early Modern England, 1550-1750*, Routledge, 1999, p. 97.

③ Ibid., p. 154.

④ Ibid., p. 155.

大，超过了巫术。"1620—1680 年，埃塞克斯郡大约有 31 位女性被指控杀婴，而 20 人被指控行巫术。"[1] "柴郡的记录表明，在 1580—1709 年，有 33 位妇女因为杀婴而被绞死，有 11 位男女被指控行巫术。"[2] 杀婴，主要是由于下层女子（特别是女仆）婚前怀孕生子，她们为了避免耻辱、避免失去工作、避免背负未婚生子的名声而采取的极端行动。此外卖淫也是女性"专有"的犯罪（人们从不指控那些男性顾客！）。在乡下，主要是那些流浪女性为了食物或栖身之地而卖淫，在伦敦则有固定的妓院，并且在伦敦，妓院和有组织的卖淫很早就有了。[3]

总之，对于近代早期英国的犯罪率很难统计，我们已知的数字肯定只是一部分。当时的法律执行并不完美，但国家秩序基本良好。巡回法庭能够有效地在地方执行国王的法令，地方司法机构也比较有效率，庄园法庭表现出了自我管理的"共同体"的样式。16、17 世纪，英国社会人口增加、经济转型、宗教改革、瘟疫多发、农业歉收，都增加了不稳定因素，使得犯罪人数增加。尽管有贵族绅士犯罪，但都铎王朝和斯图亚特王朝的犯罪主体是穷人，因为他们是社会的绝大多数，并且，当时的法律使得社会下层的人成为天然罪犯。"流浪汉在许多法令下都要面临重罪指控。统治阶级非常重视这种犯罪，因为流浪汉对现有秩序形成挑战。他们是'无主的人'（Masterless Men）——而在近代早期英国，所有有劳动能力的穷人都应该有主人。此外，他们也打破了家庭的、经济的、宗教的和政治生活的传统，有些人甚至会走上有组织的犯罪和叛乱。"[4] 在《济贫法》实施后，穷人被"制度

---

[1] J. A. Sharppe, *Crime in Early Modern England*, 1550 – 1750, Routledge, 1999, p. 158.

[2] Ibid., p. 88.

[3] Paul Griffiths, The Structure of Prostitution in Elizabetham England, *Continuity and Change*, 8 (1993), pp. 39 – 64.

[4] A. L. Beier, *Masterless Men*, The Vagrancy Problem in England, 1560 – 1640, Methuwn & Co. Ltd, 1985, p. XiX.

化"——关进习艺所,减少了这类犯罪。虽然,笔者探讨了一些职业犯罪情况——主要是在伦敦,但绝大多数的犯罪都是伺机犯罪。虽然有人认为,犯罪行为是对社会的威胁,但笔者认为,近代早期犯罪让人"厌烦"(Rrritant)可能更准确。

第九章　巫术与迫害

当时，有一种犯罪与女性特别相关——巫术。一直到今天，近代早期英国的魔法、巫术、巫师及民间信仰一直吸引着史学家的关注。近代早期英国在传统宗教信仰之外一直存在着对超自然力量的信仰。这种信仰可以帮助他们缓解忧虑和不安——可以通过举行各种超自然的仪式帮助人们避免不幸或减轻痛苦。在那个法术（巫术）的世界里，人们希望通过供奉或乞求未知的超自然力量来实现保护自己和家人、缓解痛苦的目的。这种法术，不能取代宗教信仰，而是对宗教的补充。基思·托马斯称之为"不同思想体系的碎片"。① 在全世界大多数社会中，人们普遍相信，好的巫师（白色的巫术）和魔术师能运用他们手中的力量为人类提供帮助和保护；坏的巫师（黑色的巫师）会伤害或杀死人类。

一　大众信仰

历史学家詹姆士·奥贝克维奇（James Obelkevich）对大众信仰做出如下解释："一个大而松散的多元化信仰，没有清晰统一的原则。它包含超人类的事物和力量、女巫和男巫，以及诸多低级法术和迷信行为。其整体小于其组成部分之和——因为它不是可供沉思和崇拜的宇宙秩序，而只是在具体情况下所采用的单独的和特殊的

---

① Keith Wrightson, *English Society, 1580 – 1680*, Routledge, 2003, p. 210.

第九章 巫术与迫害

资源。"① 在当时法术是一种常识,在法术的世界有一些"专业人士",我们称之为"术士"或"女巫"(Cunning Men or Wise Women)。他们具有专业的法术知识,他们的法力通常被认为是天生的或遗传的。厄休拉·坎普(Ursula Kempp)就是一个巫师,她的名字出现在麦克法兰教授关于1560—1680年埃塞克斯巫师的统计表中,她在1582年被处死。② 近代早期英国,有很多术士,这些术士有的精通草药的药理,有的还会通过施加法术增强药效(我们今天认为,也许是咒语有心理暗示的作用)。当时,医生人数不多,人们经常找术士进行诊断。如果有人怀疑自己被巫师下咒,他们有时也会通过术士寻求解咒的方法,术士会帮助受害者,可能还会指出谁是施咒者。有一位来自北部斯托克里斯里(Stokesley)的术士,人们称之为老怀特森,他能对动物下咒,找回丢失的或被偷的东西,并能看到远处发生的事情。③ 术士的地位类似于精英阶层的占星师。他们能够提供真正有意义的服务,一些人也许还有精妙的治疗手段。一位研究医疗史的历史学家认为,这些人应该被包括在医疗实践者中进行考察。他们收费低、服务项目多,而且在很多方面都很"博学"。

但教会并不喜欢这些人,也不喜欢他们的法术。基督教的教义认为,如果某个人遭到不幸,那是上帝的意旨;或者是上帝给予人类的考验;或者是上帝对人类罪恶的惩罚。唯一的办法就是祈祷、忏悔、祈求上帝——因为教会反对用其他方式寻求解脱。教会认为,上帝不受法术或咒语的影响,因此,如果存在超自然力,那必然来自邪灵。当时,在这些信念的引导下,有很多虔诚的人检视自己的内心,寻找带来不幸的罪恶根源。但一般人并不认同教会的官方解释,人们通常将自己的不幸归结于坏运气,认为或受到了邪灵

---

① James Obelkevich, *Religion and Rural Society: South Lindsey, 1825–1875*, Clarendon Press, 1976, p. 281.

② Alan Macfarlane, *Witchcraft in Tudor and Stuart England, A Regional and Comparative Studies*, Routledge, 1970, p. 117.

③ Nigel Suckling, *Witches*, Facts, Figures & Fun, 2006, p. 93.

的侵袭或被邪恶的邻居诅咒。这种大众信仰存在很久，即使在19世纪仍旧流传。

二 巫术迫害

16、17世纪的文学作品，大多强调巫术嫌疑人的丑陋。但埃塞克斯郡的相关巫术指控记录，并没有显示出人们会因为长相而受到巫术指控。有人列出了巫师的一些特征："那些爱吹嘘、没文化、猥琐的、好色的、过着一种下流和放荡生活、抑郁的人都容易被认为是巫师。"[1]

"巫术是一种超自然的活动，主要是指通过外部力量（例如魔鬼）对人或其财产造成伤害的活动。"[2] 这种巫术活动被称为"用法术作恶"（拉丁文为Maleficium）。16世纪晚期到17世纪初期，人们对巫术的关注达到了空前的程度，欧洲的大部分地区都受到了猎巫狂潮的影响，并且波及到俄国和美国。对巫术的迫害主要集中在1560—1630年，那些讲德语的地方是最严重的地方——例如奥地利、瑞士、西班牙和尼德兰——这些国家的一些城镇和地区发生过许多迫害巫术的运动，并且法国的很多地方也受到影响，特别是法国东部和普锐尼（Pyrennean）边界地区。英格兰从来没有出现过像欧洲大陆一样的猎巫狂潮。埃文（Ewen）估计："1542—1736年，英格兰全国有不到1000人被绞死。"在英国各郡中，最突出的是埃塞克斯郡，夏普教授认为，如果没有埃塞克斯郡的"贡献"，我们甚至可以说英国根本发生过"猎巫狂潮"。[3] 从下表可以看出，埃塞克斯郡的高峰期是在1580—1600年（见表8-2）。

---

[1] Alan Macfarlane, *Witchcraft in Tudor and Stuart England*, *A Regional and Comparative Studies*, Routledge, 1970, p. 158.
[2] Ibid., p. 6.
[3] J. A. Sharp, *Early Modern England*, *A Social History*, *1550 – 1760*, Arnold, 1997, p. 318.

表 8-2　　1560—1680 年巡回法庭记载的埃塞克斯郡巫术迫害情况①

年份(年) 人数	迫害人数（人）	指控人数（人）
1560—1579	52	82
1580—1599	111	195
1600—1619	44	78
1620—1639	25	35
1640—1659	63	83（仅 1645 年就有 50 人）②
1660—1679	12	14

为什么埃塞克斯郡会如此突出？埃塞克斯郡与苏塞克斯郡、赫特福德郡的经济情况、人口情况大体相当，难道埃塞克斯郡的人对巫术的威胁特别在意吗？怀特森教授认为，唯一可能的原因是《巫术法》在埃塞克斯郡被宣传得更广泛。不同寻常的是，这里出现了三次轰动的集中审判，即 1566 年（伊丽莎白法令颁布 3 年后）、1582 年和 1589 年，每起案件都是由当地敌视巫术的治安法官发起，并竭尽全力穷追不舍——接受审判的不止是一人，而是一群妇女，并且审判是公开的，当时还印刷了写满女巫罪行的宣传册。所有这些都对巫术审判起了推波助澜的作用。

我们看一下具体的事例。1566 年，埃塞克斯郡的切姆斯福德（Chelmsford）地区，女巫伊丽莎白·弗兰西斯（Elizabeth Francis）因为对一个孩子施巫术而被判一年监禁并带手枷；1572 年，她被指控用巫术致一位妇人生病，再次得到同样的判决——虽然法律要求第二次巫术犯罪应该被处死。后来，她因为爱丽丝·普尔（Alice

---

① Alan Macfarlane, *Witchcraft in Tudor and Stuart England, A Regional and Comparative Studies*, Routledge, 1970, p. 28.
② 1645 年，在埃赛克斯郡发生了马修·霍普金斯（Matthew Hopkins，被称为"猎巫将军"）审判案，这是唯一一次类似欧洲大陆国家的大规模迫害。共有 250 名巫师被审判，其中 100 人被绞死。夏普教授认为，这可能是由于内战期间法律的、制度的、宗教的、甚至是心理的不稳定带来的后果。

Poole）的死而被绞死。① "艾格尼丝·沃特豪斯（Agnes Waterhouse）是一名63岁的寡妇，她供认自己成为女巫已有15年之久，在这期间，她用巫术干下了诸多令人厌恶的罪行。另一名女巫是艾格尼丝·沃特豪斯18岁的女儿琼·沃特豪斯（Jone Waterhouse），她在撒旦（一只头上有角的黑狗）的帮助之下使得一个拒绝施舍她面包和奶酪的邻居（小女孩）着魔。最后，艾格尼丝·沃特豪斯被吊死，琼·沃特豪斯被判无罪。②

"搜寻和审判女巫的方法各国都不一样，导致的（部分）结果是：被指控的女巫人数、惩罚手段等都不一样。正如我们看到的，人们不相信埃塞克斯郡的女巫会飞。不像欧洲大陆其他国家，英国的女巫没有巫魔半夜聚会、狂欢、跳舞、宴席以及沉湎于性堕落。在埃塞克斯郡，没有被巫术附体的现象，没有借巫术牟利，没有职业的巫术审判法庭（只有1645年马修·霍普金斯的审判类似法国和德国的巫术审判）"③ 麦克法兰教授认为：存在着一种以地方教区为背景的"救济拒绝"（Charity-Refused）模式。也就是说，当一方希望被救济而遭到拒绝的时候，常常怀恨在心，实施巫术。夏普教授说：这只是其中的一种情况；普遍的情况是，人们通常在对一个人提出巫术的指控之前，会怀疑他（她）很久，当关于救济和帮助的紧张关系出现后，有人或动物突然死亡，怀疑就会被证实④，因此，指控或者审讯只是恐怖和怀疑的一部分。大多数绞死女巫之刑都发生在1580—1630年，并且，大多数都是单独的案件，很少是批量的审判。并不是所有被怀疑者都受到了迫害，这其中的许多人，经法庭的审理都被无罪释放。埃文教授指出："霍姆巡回法庭

---

① Barbara Rosen (ed.), *Witchcraft in England, 1558 – 1618*, The University of Massachussetts Press, p. 92.

② 陆启宏：《近代早期西欧的巫术与巫术迫害》，复旦大学出版社2009年版，第208—209。

③ Alan Macfarlane, *Witchcraft in Tudor and Stuart England, A Regional and Comparative Studies*, Routledge, 1970, p. 6.

④ J. A. Sharp, *Early Modern England, A Social History, 1550 – 1760*, Arnold, 1997, p. 319.

收到的指控有 513 人，只有 112 人被绞死，即使在猎巫将军霍普金斯制造的恐怖气氛中，也有许多人逃避了指控。"①

三 反巫术的立法

在英国，虽然巫术的威胁和惩罚并没有像欧洲大陆那样严重，但都铎王朝和斯图亚特王朝还是三次立法以惩罚行巫术之人。1542 年，亨利八世正式颁布了英国历史上第一部反巫术法令——即《反符咒、妖术、邪术以及魔法法令》，这是第一次对使用魔法、巫术、法术、魔法者判处死刑的立法，到了 1547 年，这部法令随着亨利八世颁布的其他一些刑事法令而被废除了；但很快，伊丽莎白一世又再次颁布反巫术法令——即 1563 年的《反符咒、魔法以及妖术法令》，行巫术也是重罪；最后一部巫术法令则是由詹姆士一世所颁布的，即 1604 年的《反符咒、妖术及与魔鬼和邪恶精灵达成契约的法令》。②1604 年立法的惩罚力度明显大于 1563 年的立法（见表 8-3）。

表 8-3 巫术立法中的惩罚措施（1563—1736 年）③

罪名\处罚	第一次被指控		第二次被指控	
	1563 年	1604 年	1563 年	1604 年
用巫术寻求财宝或被盗财产	一年监禁	一年监禁	终生监禁	死刑
用巫术伤人或财物	一年监禁	死刑	死刑	死刑
用巫术致人死亡	死刑	死刑	死刑	死刑
掘尸	—	死刑	—	死刑

---

① J. A. Sharp, *Early Modern England, A Social History, 1550 - 1760*, Arnold, 1997, p. 318.

② 蒋焰：《近代早期英国中央政府与巫术诉讼》，《世界历史》，2010 年第 6 期，第 90 页；J. A. Sharp, *Early Modern England, A Social History, 1550 - 1760*, Arnold, 1997, pp. 316 - 317。

③ Alan Macfarlane, *Witchcraft in Tudor and Stuart England, A Regional and Comparative Studies*, Routledge, 1970, p. 15.

续表

罪名 \ 处罚	第一次被指控		第二次被指控	
	1563 年	1604 年	1563 年	1604 年
召唤邪灵	死刑	死刑	死刑	死刑
图谋用巫术伤人或财物	一年监禁	一年监禁	终生监禁	死刑
图谋用巫术致人死亡	一年监禁	一年监禁	终生监禁	死刑
图谋用巫术使人"非法恋爱"	一年监禁	一年监禁	终生监禁	死刑

其实，英国的巫术犯罪并不严重，但为何会颁布反巫术法令？亨利八世时期的反巫术法令持续时间并不长，我们主要考虑伊丽莎白一世和詹姆士一世时期的反巫术法令。怀特森教授认为，首先，这两部反巫术法令都是在新政权刚建立不久通过的。一部是在伊丽莎白一世第二届议会，另一部是在詹姆士一世第一届议会。这让人觉得，这是一种象征性的立法，是新政权政府宣传的一部分。这些法令的通过传达了新政府对某些异端行为的立场，并以此为新政府的合法性提供象征性的支持。在某种意义上，反对巫术是对新政府合法性的宣告，议会通过反巫术法案具有特殊的象征作用。其次，法案的通过还有某种政治的意外因素，特别是铲除对君主个人的威胁的需要。1561 年，在法案通过的两年前，一项针对伊丽莎白一世的巫术阴谋被揭穿，威廉·塞西尔惊讶地发现，当阴谋发生时，竟然没有禁止巫术的法令可以援用，这种意外事件也是反巫术法令得以通过的原因。

1604 年，法令的通过是因为苏格兰的詹姆士六世继位成为英格兰的詹姆士一世。他对巫术特别感兴趣，还写了一本关于巫术的书，随着他的登基以及两国王位的统一，英格兰和苏格兰的反巫术法律都被大规模修改。审判任务也由法官和主教承担。因此，这些立法的象征意义大于实际意义。神圣的政权需要神圣的法律来维持。没有证据表明，政府通过这些法律是因为要发起猎巫运动，他们只是为了让在皇家法庭中起诉巫术成为可能。

在这种法律背景下，英国没有发生大规模的猎巫运动。此外，

第九章 巫术与迫害

还有两个重要原因。

第一，英国从未将女巫真正视为恶魔崇拜的成员。巫术在英格兰从未被当做异教来起诉。如前述，英格兰只有三部反对巫术的法令：1542年、1563年及1604年的三部法案（在第三部法案中，一些欧洲大陆思想的影响开始出现，如对掘尸行巫术者处以重罪，祈求、供奉邪灵也是重罪。虽然，还没有像欧洲或苏格兰那样极端反对巫术，但反对恶魔的观念已经开始影响到英国）。基斯·托马斯认为，巫术只是被作为"反社会的犯罪，不是异教的犯罪"。① 英格兰对巫术的审判集中在有害的行为，其他因素只出现在轰动性的臭名昭著的案件中。对被控有罪的女巫实施的死刑都是绞刑而非火刑——即她们的行为是犯罪但不是异教犯罪。

第二，英格兰的反巫术诉讼很少来自英格兰上层。没有证据表明政府支持、鼓励猎巫（1645年的猎巫将军霍普金斯的猎巫事件是个例外）。因此，英格兰的猎巫没有出现成百上千的案子，"不能用'大规模'这个词描述起诉的增长，起诉只是在个别村庄偶尔发生的，是特殊的和地方的条件造成的结果"。② 另外，"没有证据表明对'嫌犯'身体的折磨被官方允许过，除非涉及到叛国"。③ 在日常审判中不允许使用刑讯逼供（在霍普金斯进行审问时，他使用的办法是不让嫌犯睡觉、强迫他们在牢房里不停走动、极其粗鲁地使用浸水测试法④），这与欧洲及苏格兰形成鲜明对照，因此，没有刑讯逼供导致被折磨人供出大量共犯的名字。这点可以从英格兰法庭的巫术审判统计中得知，很多审叛都是针对下层的、个别受害者的起诉，这与其他类型的犯罪没有什么区别，法律的处理也显示出重要差异。英格兰对于巫术的审判与欧洲态度一样，只是程度

---

① Keith Thomas, *Religion and the Decline of Magic*, *Studies in Popular Beliefs in Sixteenth and Seventeenth - Century England*, Penguin Group, 1971, p. 445.

② Alan Macfarlane, *Witchcraft in Tudor and Stuart England*, *A Regional and Comparative Studies*, Routledge, 1970, p. 30.

③ Ibid., p. 20.

④ J. A. Sharp, *Early Modern England*, *A Social History*, *1550 - 1760*, Arnold, 1997, p. 318.

较轻。并且大多数案件都发生在埃塞克斯郡。

四 巫术审判的波动

巫术案件为什么又在16世纪80年代有所增加？托马斯和麦克法兰认为：第一，英格兰国教没有禁止巫术信仰，巫术信仰大行其道，但宗教却没有提供解咒的方式，还禁止人们诉诸宗教来消除诅咒，在这种情况下，利用法律进行诉讼、审判、最终处死巫师就成了唯一出路。第二，16世纪晚期到17世纪早期，伊丽莎白一世的《济贫法》还没实施。英国社会邻里关系紧张，经济严重恶化，穷人的地位越来越差，特别是老年人和寡妇等穷人无法度日，甚至他们的邻居也很拮据，不愿意提供慈善救济。但在基督教的概念下，拒绝施舍会使邻居心理不安，有负罪感，如果他们遭受不幸就会认为是自己不愿意救济所导致的报复，而将他人指控为巫师则能寻得心理的安宁，避免责任。

托马斯·舍尼曼（Thomas J. Schoeneman）曾建立了一个模型来说明16、17世纪西欧的巫术迫害。这个模型包括四个过程：第一，文化解体（Cultural Disorgazation）；第二，再定位和恶魔崇拜的发展（Reorientation and the Development of Demonology）；第三，猎巫（Witch Hunting）；第四，猎巫的衰落（Decline）。[①] 其中，文化解体包括：生态变迁（例如气候的变化）、自然灾难（例如瘟疫、饥荒、灾难性的暴风雨、洪水和地震）、战争以及经济、政治和思想原因引起的各种内部冲突。在12—18世纪，西欧正处于一个文化解体的阶段，在这个过程中，逐步发展了恶魔崇拜理论，16、17世纪的猎巫则是缓解文化解体过程产生的压力。猎巫作为缓解压力的方法有四大优点：第一，在一个充满不确定和恐惧的年代，猎巫是一种更加可见的、具体的行动；第二，它使人们相信，一切灾害

---

① Thomas J. Schoeneman, The Witch Hunt as a Culture Change Phenomenon, *Ethos*, Vol. 3, No. 4 (1975), pp. 536–539.

都不是因为个人的原因，而是因为他人的阴谋；第三，它通过一种更直接参与的方法来纾解人们普遍的敌意、愤怒，甚至是罪恶感；第四，猎巫可以让人摆脱令人不适应的、不能维持的关系，而不会产生罪恶感。①

但为何到17世纪20年代以后反对巫术的审判大规模减少？

第一，从17世纪20年代以后，一些治安法官和巡回法官在判决时，开始担心起诉巫术举证困难，他们对案件的必然性存疑。他们通常认为巫术是可能的，"但一个重要的问题是如何在法律上认定其所犯罪行？在审判巫术犯罪时，法官不愿意放弃关于证据的正常的坚持"。②法官很在意举证的问题，在审理巫术的案件中，通常的举证规则无法适用，这令法官深感困扰——特别是17世纪以后。律师也很担心这一点，不愿意接手这类案件，他们劝阻起诉。如果确要起诉，他们会要求额外的证据。第二，自17世纪以后，受过教育的人越来越不相信巫术的存在，他们越来越认为这只不过是歇斯底里的人对其邻居的臆想。认为被告并没有所谓的神秘力量，就算被告自称他们有这种能力也是骗人。"从1700年起，人们越来越少地强调上帝介入人们的日常生活，同样，恶魔也不再成为积极的力量，威胁开始减少。"③人们逐渐认识到牛顿的物理哲学：宇宙是上帝创造的，并遵循着不可改变的定律，法术不能改变上帝的自然定律。

五　妇女与巫术

在英格兰，绝大多数的巫术指控都是针对女性（埃塞克斯郡的

---

① Thomas J. Schoeneman, The Witch Hunt as a Culture Change Phenomenon, *Ethos*, Vol. 3, No. 4 (1975), p. 539.
② J. A. Sharp, *Early Modern England, A Social History, 1550 – 1760*, Arnold, 1997, p. 322.
③ Ibid..

情况是：共有291位被指控行巫术的人，其中23人是男性，① 男性所占的比例是7.9%），因此女性社会学家认为，打击女巫的运动是"打击妇女"（Woman – Hunting）的运动。但英国也不乏男性巫师，这表明，巫术不是女性的专利，但是与性别有很大的关系。

夏普教授认为：被认定为女巫的人一般是身处经济边缘之女性，多为贫穷的老妪，甚至是寡妇，有的还神志不清。② 巫术之所以与女性关系密切，部分是由于近代早期英国对妇女歧视的基本态度造成的。女性被认为是脆弱的、邪恶的，更容易用神秘力量对邻居复仇，更容易成为魔鬼的工具。③ 法术是弱者的工具。不过，对巫术的起诉并不简单，在父权体系下，法官通常是男人，他们要面对处在边缘的、好争吵的、成问题的妇女。夏普教授说，起诉都发生在农村的女性中，通常是由某些女性发起，这些女性自己觉得受到了巫术的威胁，并涉足辨认和指控女巫的案件中，"但涉及到女性巫术的案子发生在男权统治的社会，女性被指控后被带到由男性主持的法庭上"。④ 另外，陪审团也都是男性，他们听到这些案件后，通常都不相信，许多女性被告都被由男性组成的陪审团无罪释放。性别因素的确存在，但认为巫术迫害就是对女性的迫害，显然不成立。

陆启宏教授在《近代早期西欧的巫术与巫术迫害》一书中对此作了详细的研究。他说："女人一直在巫术中起着十分重要的作用。马塞尔·莫斯指出：女人只是因为她们的社会地位的特殊性才成了被大家相信的女巫，拥有各种力量。她们被认为在资质上不同于男人，天生具有各种特殊的力量：月经、神秘的性交与妊娠只是赋予

---

① Alan Macfarlane, *Witchcraft in Tudor and Stuart England*, *A Regional and Comparative Studies*, Routledge, 1970, p. 160.

② J. A. Sharp, *Early Modern England*, *A Social History*, *1550 – 1760*, Arnold, 1997, p. 320.

③ Alan Macfarlane, *Witchcraft in Tudor and Stuart England*, *A Regional and Comparative Studies*, Routledge, 1970, p. 161.

④ J. A. Sharp, *Early Modern England*, *A Social History*, *1550 – 1760*, Arnold, 1997, p. 320.

她们各种资质的符号。对女性来说,男性社会培养了各种强烈的社会情感,她们则从自己的角度尊重、甚至分享了它们。由此可见,她们的法律地位,特别是她们的宗教地位是不同于或低于男人的。但是,正是这一点把她们与巫术维系起来,而且,巫术给予了她们一个不同于她们在宗教中的地位。女人们总是产生各种有害的影响。在婆罗门教的古老文献中就有这样的说法:'女人就是死亡'。她就是不幸与巫术。"①

此外,陆启宏教授还就女性为何容易成为被搜捕的目标列出了三项主要的原因。②

一是女性的"邪恶特征"。从创世纪以来,女人就背负着容易受诱惑的罪名。夏娃被蛇诱惑,吞下禁果,此后就必将遭受生产的痛苦,由此基督教认为,女人容易被勾引;加上中世纪神学家的宣传——妇女在迷信、报复心、虚荣心、撒谎和无廉耻方面远胜于男人,因此,女性更容易接受巫术。

近代早期英国弥漫着一种"厌女症"。1602年,英格兰新教牧师威廉·帕金斯(William Perkins)③指出,女性是意志力较为薄弱的性别,比男性更容易受到魔鬼通过邪恶技艺产生的幻觉诱惑。他还引用希伯来谚语:"有更多的妇女就有更多的女巫。"④下面这个故事应该具有代表性。在故事中,魔鬼以一位小姐的模样出现,当三位男子和这位美貌的女子"翻云覆雨"之后,这位女子褪下裙子,他们"看到的是一具世上最恐怖、最丑陋、最难闻、最恶心的尸体";房屋消失了,只见满是粪便的废墟;最后,这三位男子先后在恐惧中死去。在故事结尾,作者指出:淫荡引发通奸,通奸引发乱伦,乱伦导致违背自然的罪孽,所以上帝会让人与魔鬼媾和。

---

① 陆启宏:《近代早期西欧的巫术与巫术迫害》,复旦大学出版社2009年版,第277—278页。
② 同上书,第278—285页。
③ 威廉·帕金斯(William Parkins),生于1558年,卒于1602年,是伊丽莎白一世最有影响的英国清教运动领导者,也是剑桥大学著名神学家。
④ William Perkins, *A Discourse on the Damned Art of Witchcraft*, Puritan Publications, 2012, p. 152.

在这里，我们其实还是可以看到男权主义根深蒂固的观念，他们责备女性勾引男性，但从来没有责备那些被勾引的男性。

二是社会上存在大量的老年妇女。陆启宏教授对为何经常是年老的寡妇被指控为女巫也做了解释。他说：这些寡妇独立生活，靠乞讨为生，是没有影响力的边缘群体，但人数众多。麦克法兰对英格兰埃塞克斯郡巫术案的研究表明："受到指控的女巫年龄经常在50—70 岁之间。"① 当然，也有学者指出，受到指控的女巫不只是上年纪的妇女，并不一定是寡妇。这些人没有其他手段，只能采取巫术作为报复的手段。

三是与女性从事的职业有关。有的学者认为，妇女参与接生、治疗等行业，并且大多数的巫术案件与疾病、死亡——特别是孩子的死亡相关，因此，女性更容易被指控为巫师。但笔者的问题是，早期的助产士主要由女性充当，她们要从主教那里取得执照，她们通常都是品行端庄的妇女，为何变成了杀婴的主要罪魁祸首？另外，近代早期英国真正称得上是医者的女性人数极少，只是一些有经验的妇女有时会给出治疗的建议。也许这部分人，还有那些没有执照的接生婆更容易受到指控。

总之，通过考察英格兰巫术审判的情况我们知道：第一，英格兰的情况与欧洲其他地方不同，没有大规模的猎巫运动，不像欧洲或苏格兰存在严重的宗教臆想（猎巫将军霍普金斯是一个例外）；第二，英格兰的反巫术起诉都是来自下层，其发生方式基本类似于托马斯和麦克法兰及夏普教授所言，只是个案问题，而且诉讼也不一定被受理；第三，这些案件的审判需要有法律支持，这些法律本身就是偶然的和象征性的，不然就不容易解释为何仅仅有三部反巫术的法律，并且执行的时间都不长；第四，起诉巫术是零星、偶尔发生的，每年都有的只发生在埃塞克斯郡，并且在 16 世纪晚期及

---

① Alan Macfarlane, *Witchcraft in Tudor and Stuart England, A Regional and Comparative Studies*, Routledge, 1970, p. 161.

以后没有明显的规律；第五，一些被认为是反社会的活动——性行为不检点和偷盗——并不会被认为是巫术，反之亦然；第六，英国没有出现猎巫高潮，自始至终教会和政府都没有猎巫，他们不认为巫师构成了严重的威胁，没有把巫师作为敌人。不过，猎巫的潜在可能一直存在，村庄的紧张情绪从未消失。17世纪和16世纪晚期最大的差异在于政府非但没有发起猎巫运动，反而开始压制对巫术的指控。因此，对于反巫术诉讼之兴起和衰落，最好的解释就是：法律先是赋予了人们诉讼权，之后又剥夺此权，人们不再能通过法律来解决这种私人纠纷，更不能通过巫术起诉置人于死地。"根据现有的文献，有确切记载的最后一次行刑发生在1682年，也可能有一位妇女在1685年被绞死，巡回法庭最后一次审判巫术的案件发生在1712年。"① 可以肯定的是，1736年，反巫术法令被废止。

但迫害的减轻并不意味着人们信仰的进步，在乡下，这种信仰持续的时间很长，一直沿续到20世纪早期。

---

① J. A. Sharp, *Early Modern England, A Social History, 1550 – 1760*, Arnold, 1997, p. 318.

第十章　婚姻与家庭

上一章，笔者讲述了近代早期英国社会对女性的偏见。由之，有人认为巫术审判是针对女性的性别战争。近代早期英国的女性在社会中大多处于从属地位——她们或者隶属于丈夫、父亲，或者隶属于主人。人们在谈论整个社会秩序时，根本不关注女人及孩子。当然，也有一部分妇女拥有社会地位，有些女人甚至地位很高——主要是出生在贵族家庭的妇女。但即使这样，性别的差异是显著的，性别观念也很根深蒂固，这是当时的社会状况。因此，女性的身份，更多被提及到的是女儿、妻子、母亲或者姐妹。不过，如果我们拓展"政治"一词的内涵，可以发现，女性在社会生活中也发挥了作用。

一　妇女在社会中的地位

与男性相比，妇女在社会中永远处于弱者的位置。这种关于妇女的特点以及她们在社会中的地位的观念，在欧洲一直持续了几个世纪。当时，人们普遍认为，女性不仅在体力上弱于男性，而且在智力上也弱于男性，且女性容易被情绪左右。[①] 当时，人们不认为女性的弱者地位是受教育不足或机会不平等造成的，反而认为是由女性生来所具有的弱者本质决定的。除此之外，对女性的偏见还有

---

① Sara Mendelson, Patricia Crawford, *Women in Early Modern England*, *1550-1720*, Oxford University Press, 2000, p. 18.

第十章　婚姻与家庭

理论、宗教和制度的支持。

第一，医学理论。

体液说认为，每个人身上都有血液、粘液、黄胆汁和黑胆汁四种体液。这四种体液调和，人就健康；不调和，人就生病。"这些体液被认为与四种元素相关——土、气、火、水——相应的代表四种品质：热、冷、湿、干。"① 这四种体液在不同人身上的比例是不一样的，因此，人们的行为方式也不同。并且，这四种体液在男人身体里和女人身体里的分布是不同的，因此女人更加感性，缺乏理性，比男人更加热情。

第二，宗教教导。

教会认为，根据《圣经》的教导（亚当、夏娃的故事）以及圣保罗的教导，妇女应该从属于男性。妇女在社会上的地位低于男人，在家里的地位也是要低于丈夫。人们在谈论妇女时，通常关注她在性行为上是否"贞洁"；而人们对于男人的评论，却通常不会在意他是否贞洁，人们更多注重他事业是否成功。因此，基斯·托马斯教授说：这是双重标准。②

官方的《关于婚姻状态的布道》也宣称：女性是弱小的生物，女性未被授予男性的力量和毅力，因此，她们容易焦躁不安、容易被脆弱的情感和情绪左右……所以丈夫必须忍受妻子的软弱。这篇布道词还强调，男女要和平相处，女人要承认男人的权威："让女人服从她们的丈夫就像让她们服从上帝一样，因为丈夫是妻子的'头'（Head），就像耶稣是教会的头一样"。③ 16 世纪晚期，著名的传教士威廉·帕金斯讲到：家中的男主人对家庭享有私人的、固有的管理权，这不是通过选举产生的，而是上帝的安排，是符合自

---

① Merry E. Wiesner, *Women and Gender in Early Modern Europe*, Cambridge University Press, 2000, p. 32.

② Keith Thomas, The Double Standard, *Journal of the History of Ideas*, Vol. 20, No. 2. (1959), pp. 195–216.

③ John Griffiths, *The Two Books of Homilies Appointed to be Read in Churches*, Oxford University Press, 1859, p. 505.

然的；家庭中的主妇为丈夫的管理提供帮助和支持。"他是（一直是）主要的统治者，而她只是合作者（Associate）"。①

第三，法律上的地位。

根据英国的法律（特别是财产法），财产归成年男性户主占有。而未婚女性——在法律用语中的词汇是"单独女性"（Femme Sole），可以拥有自己的财产，可以以自己的名字签署合约，可以独立进行经济活动。已婚妇女则要服从有关婚后的律条——在法律中已婚妇女的词汇是"在丈夫保护下的女性"（Femme Covert），其权利严重缩减：不能独立拥有动产（除非别人托付给她）——这种观念源于丈夫和妻子是一个人的传统理念——妻子结婚时带来的土地，丈夫拥有终生的收益权。家庭所有动产也都属于丈夫，妻子权利仅限于"嫁妆"，通常只有家庭财富的1/3，这笔财产在丈夫死后、妻子守寡时可以使用，但最后还是要留给继承者。

在这一时期，还没有女权运动，然而，关于性别关系的争论却很多，安德当（D. Underdown）认为：这一阶段有性别危机。他引证了许多事例，如"驯服泼妇"（Taming of the Shrew）、"审判女巫"等等，认为当时男性与女性的关系紧张。许多历史学家——如因葛安（M. Ingram）和麦金托什（M. K. McIntosh）都不同意他的观点，但当代学者以及其他一些历史学家认为，关于男女的两性关系，特别是在丈夫和妻子之间的关系问题上，理论和实践有很大的差距。每个家庭的情况都不一样，很难做出归纳判断。

二 妇女的公共和私人领域

近代早期英国政治史的传统研究认为，除了三位女性君主（玛丽一世、伊丽莎白一世、安妮女王）之外，近代早期英国妇女与政治无关。政治是男人的领域。当时，甚至有这样的说法："国王或

---

① William Perkins, *Christian Oeconomie: or, A Short Survey of the Right Manner of Erecting and Ordering a Familie According to the Scriptures*, London, 1609, p. 173.

议会对待女人不应该有任何不同意见,因为她们只能逞口舌之能,不能带来任何伤害。"① 对女子的轻蔑可见一斑。这些政治史研究学者虽然注意到了妇女参与政治的情况,但只是将妇女置于底层,作为男性政治参与的陪衬。

但如果我们拓展"政治"一词的内涵,就会发现,当时的妇女其实也参与到了政治之中。怀特森教授指出:近代早期英国教区是一个行政管理的政治舞台,也是协商分配、实践地方权力的场所。② 女性无疑参与了教区事务——如贵族妇女通过庇护制系统参与政治事务;平民妇女也参加因食物、公有权问题所引起的暴动、议会请愿和宗教抗议等活动。此外,考察妇女在英国内战中的举动以及在1660—1720年期间政治运动中的活动,都可以证明,妇女参与到了近代早期英国的政治生活,并行使了权力。

这里,我们所强调的16、17世纪的政治,主要是指当地的民意活动以及地方事务。当时的妇女经常在露天市场、面包店讨论当地的新闻,形成当地的公共观点,还可以对当地的行为不端的人产生影响——街头辱骂(Abuse in Street)、排斥(Ostracism),以及把某人排挤出邻里互助组织是经常使用的方法。如"1610年,在莱赛斯特郡(Leicestershire)的拉特克里夫(Ratcliffe)教堂院子里,6名女织工在一位村民婚礼当天,用柳树条编的花环'以非常亵渎的方式'羞辱新娘和新郎。因为柳树代表忠贞,显然这是新娘和新郎都缺少的品质。"③ 这些措施在制裁其他妇女的时候很有用,有时也对男人产生压力。她们的目的是为了维护教区的名声。如果她们自己的非正式的压力产生不了效果,她们会向教区官员施加压力,迫使他们采取行动。1620年,莱塞斯特郡的奥德比的牧师,

---

① Bernard Capp, *When Gossips Meet, Women, Family and Neighbourhood in Early Modern England*, Oxford University Press, 2003, p. 267.
② K. Wrightson, The Politicas of the Parish in Early Modern England, in P. Griffiths, A. Fox and D. Hindle (ed.), *The Experince of Authority in Early Modern England*, 1996, p. II and Chapter I.
③ Bernard Capp, *When Gossips Meet, Women, Family and Neighbourhood in Early Modern England*, Oxford University Press, 2003, p. 278.

代表当地住户写信给副主教，要求其惩罚一名叫爱丽丝·布劳菲尔德（Alice Blofeild）的女仆——因为她生下一名私生子，村民要求她进行公开忏悔。他们请求说："我们真的认为，这对我们城镇来说是一个大丑闻。"①

有很多妇女直接参加了政治行动——抗议和请愿。妇女在抗议圈地方面发挥了重要作用。在这些运动中，她们变劣势为优势，主动开展抗议活动。地方官员总是害怕骚乱会转化成公开叛乱（这在都铎王朝发生过），如果他们不能平息骚乱，他们的权威就会被削弱；而女性骚乱就不会带来这样的威胁，因为当时人们不能想象会有女性组织的叛乱，这也就使得地方官容易妥协；有时妇女故意证明她们的行为没有威胁，如 1642 年一群抗议者破坏了约克郡的圈地设施，她们带来蛋糕、啤酒，意欲表达她们没有谋反的意图。同样，妇女也会由于经济的窘迫而参加抗议活动，她们非常有组织地行动，并且当局不会认为她们是在谋反——因为当局根本不认为她们的行为具有政治性。1633—1634 年，伦敦妇女抗议肥皂垄断权，抱怨新的肥皂"洗得不白、没有香味、不如原来的肥皂耐用"。②当时，有一种广泛流传的错误观点：女性叛乱者不会受到法律的制裁，毫无疑问，这会鼓励女性参加抗议、请愿活动。

三 单身女性及寡妇

在近代早期英国（即使是今天），人们普遍认为，婚姻是常态；而独身是异态；女性只能由他们的婚姻地位定义，婚姻是对所有女性自然的期待。传统观念认为，女性结婚的必要性有二：其一是女性应当承担养育子女的责任；其二是女性要在婚姻关系中服从丈夫

---

① Bernard Capp, *When Gossips Meet*, *Women*, *Family and Neighbourhood in Early Modern England*, Oxford University Press, 2003, p. 272.
② Ibid. , p. 308.

的权威。① 1632 年,《关于妇女权力的法律决议》的作者毫不犹豫地说:所有的妇女"都是已婚的或即将结婚的"。② 里格利加教授认为:1541—1851 年,英格兰从未结婚者,其比例是 19%(包括男性和女性)。③ 传统历史学家也认为,所有的妇女都是要结婚的。他们把单身妇女归因于婚姻的失败。这些人被称为"剩女"(Spinster)或"老处女"(Old Maid),这些"称呼单身女人的术语反映了当时的社会态度"。④ 女性主义史学家则认为,婚姻是妇女受压迫的表现。并非所有的妇女都想结婚,许多妇女出于各种原因对婚姻持保留态度。主要原因有三个:

第一,经济原因。近代早期英国的社会等级十分森严,特别是在贵族阶层更是严格。青年男女在择偶观念上常常以对方家庭的经济实力为衡量标准,由此导致双方因过分注重婚姻中的门当户对而缩小择偶范围。在贵族乡绅家庭内部,无论是听从家长的包办婚姻还是自主择偶的婚姻,在社会地位和财产方面的对等是首要的考量内容,当事人的个人情感与生理需要是次要的因素。⑤ 通常,女性愿意嫁给比自己名望高的男性,而不愿意下嫁给比自己等级低的男性,由此便出现了大量适婚女孩因无法找到合适的伴侣而单身。

此外,嫁妆是影响女孩能否顺利出嫁的另一个重要经济因素。能否带来数目可观的嫁妆是许多男性挑选妻子时的重要考察内容。在贵族上层,双方家庭会为了女子的嫁妆讨价还价。婚姻关系影响着女性所拥有的财产权的多寡。作为独立的个体,单身女性拥有诸如财产继承、遗嘱订立等财产权。由于妻子在婚后将嫁妆等财产转移到丈夫名下,这意味着妻子在经济上失去了独立地位,"中等和

---

① Christine Peters, Single Women in Early Modern England: Attitudes and Expectations, *Continuity and Change*, Vol. 12, No. 3, 1997, p. 326.
② Ibid., p. 325.
③ E. A. Wrigley and Roger Schofield, *The Polpulation History of England, 1541 – 1871: A Reconstruction*, Cambridge University Press, 1981, p. 264.
④ Sara Mendelson and Patricia Crawford, *Women in Early Modern England*, Oxfor University Press, 1998, p. 177.
⑤ 许洁明:《十七世纪的英国社会》,中国社会科学出版社 2003 年版,第 117 页。

贫穷男人的寡妇依据《习惯法》，在丈夫死后享有其土地和财物的1/3"，这被称为"寡妇产"。因此，婚姻对女性而言，是一种损耗，很多女性继承人为了保住自己对大额财产的占有而拒绝结婚。

第二，宗教原因。对于上帝的虔诚信仰使得很多女天主教徒自愿保持单身。宗教改革后，英国确立了新教的主导地位。教会的态度是"与其欲火难耐，还不如结婚得好"。① 修道院的解散迫使许多修女还俗。但亨利八世的改革对教义改动不大，即使在伊丽莎白一世时期，英国国教也还保持了诸多天主教因素。虔诚的女天主教徒所秉持的婚姻观并不会随着政府的宗教改革而改变，依然有很大比例的女性自愿选择为上帝守贞。② 守贞的人数在逐年减少，但我们不能忽略女天主教教徒在与新教对抗的过程中，日益坚定的独身主义追求。

宗教改革后出现了各种教派。我们很难想象，在一对夫妻中，一个是天主教徒一个是新教徒。只有相同的信仰才是夫妻间结合的前提。在各种思想涤荡的近代早期英国，无论是新教徒、天主教徒还是清教徒，相同的宗教信仰成为影响人们择偶的重要因素，有时候甚至是首要因素。如清教徒修·马廷代尔（H. Martindale）变得越来越疯狂、不可控制，娶了一位天主教徒为妻，他的家族被震惊了。③ 人们倾向于在同一教派内部寻找伴侣，但这也无疑增加了寻找合适人选的难度，由此也就增加了结婚的困难。

第三，女性个人原因。除了各种外部原因，女性千差万别的自身状况也是导致女性独身的原因。除了外貌与性格等常见因素，疾病是长期被忽视的因素之一。因为妻子和母亲这些角色都预示着女性在婚后所承担起的家庭职责，许多有病或残疾的女性会无法承担

---

① Christine Peters, Single Women in Early Modern England: Attitudes and Expectations, *Continuity and Change*, 12 (3), 1997, p. 327.
② Laurel Amtower and Dorothea Kehler (eds), *The Single Woman in Medieval and Early Modern England: Her Life and Representation*, Arizona Center for Medieval & Renaissance Studies, 2003, pp. 45 – 46.
③ Keith Wrightson, *English Society, 1580 – 1680*, Routledge, 2003, p. 89.

这份重担。如伊丽莎白·司陶特（Elizabeth Stout）建议她的女儿不要结婚——她的健康状况欠佳，她知道婚后生活的重担。① 英国传统社会的模式，使得居住范围有限，因病待字闺中的女性的健康状况也会令所居教区众人皆知，这往往会让生病的女孩更难嫁出。

同时，这一时期寡妇的数量众多，学者很难估计出寡妇的具体人数，人口学家估计，在近代早期英国人口中，鳏夫的人数是寡妇的两倍。格雷戈里·金②计算得出：寡妇人口占总人口的 4.5%（鳏夫占 1.5%），寡妇的平均年龄在 60 岁以上，鳏夫的平均年龄是 56 岁。③

寡妇占人口很大比例，其原因是多方面的。首先，人的自然寿命使然。在结婚时，男子通常比女子年龄大，而且女性的生命预期也比男性要长，因此，许多年后自然会留下一大批寡妇。其次，男性对移民有偏好。英国在建立"日不落"帝国的时期，大量人口移民海外（主要是北美），而移民中男性占多数。根据里格利教授的计算：1541—1676 年，净移民比例约在 1‰ 到 2‰；最高年份发生在 1651 年，移民人数是 63076 人；1656 年，移民人数是 62195 人；④ 再次，再婚的比率不同。尽管鳏夫再婚的比率随年龄增长有适当下降，但是鳏夫更倾向于再婚。通常，他们选择与年轻女子再婚，这样就又留下很多寡妇。同时，寡妇比鳏夫再婚间隔期要长，前者通常是 9 个月，后者通常是 4 个月。⑤ 最后，非正常死亡使然。参加战争、叛乱、决斗这种事情经常发生在男人身上，这也是导致寡妇大量存在的原因。

---

① Sara Mendelson and Patricia Crawford, *Women in Early Modern England*, Oxford University Press, 1998, p. 168.
② 格雷戈里·金（Gregory King）是近代英国人口史研究的先驱之一，他利用纳税记录进行人口数量计算，在研究方法上较早地进行了有益探索。
③ Sara Mendelson and Patricia Crawford, *Women in Early Modern England*, Oxfor University Press, 1998, p. 174.
④ E. A. Wrigley and Roger Schofield, *The Polpulation History of England, 1541－1871: A Reconstruction*, Cambridge University Press, 1981, p. 219.
⑤ Sara Mendelson and Patricia Crawford, *Women in Early Modern England*, Oxford University Press, 1998, p. 182.

提起寡妇，人们就会想到老年妇女。但我们要知道，守寡可能发生在人生的任何时期。在失去丈夫支持以后，妻子很容易陷入贫困，也更容易受到怀疑。丈夫的死亡在很大程度上改变了妻子的生活。作为妻子，近代早期英国社会鼓励她们依赖丈夫，但一旦成为寡妇，她们不得不依靠自己和自己的家庭过活。富有之家的寡妇可以靠自己的"寡妇产"生活。有些寡妇在孩子和仆人的帮助下经营农场；在城里，手工业者的寡妇有时在学徒和仆人的帮助下继续经营家庭手工业。寡妇享有的社会地位与已婚妇女一样，拥有法律地位，可以进行经济活动。富有的寡妇往往会成为那些刚刚独立创业的男士所追逐的目标，而那些贫穷的寡妇只能自己带着孩子艰难度日，从事各种可能找到的工作，如纺织、编织。"一位伦敦的寡妇不得不请求教区官员，或者给她更多的救济，或者把她最小的孩子领走，这样她可以出去工作。"① 有些人为了生计不得不再嫁，有些人甚至出卖自己的肉体。

四 婚姻

婚姻是个人和社会的期许。威廉·帕金斯认为：婚姻是"两个人合法的结合，一个男人和一个女人结合成一个新的肉体"。② 上帝赞成婚姻关系有四个原因：生养后代、使教会永久、满足性欲（维持婚内合法的性行为）以及建立（无论富足还是贫困）互相帮助、互相安慰、彼此扶持的夫妻关系。正是由于这个原因，婚姻被认为是国家和教会生活的基础。③ 对近代早期英国婚姻关系的看法，史学家之间有着相对立的观点。著名的社会史专家劳伦斯·斯通认为：16、17世纪的婚姻是父母包办的，没有爱可言，是非常功利

---

① Sara Mendelson and Patricia Crawford, *Women in Early Modern England*, Oxford University Press, 1998, p. 179.

② T. F. Merrill (ed.), William Perkins, *1558 - 1602 English Puritans: His Pioneer Works on Casuistry*, The Hague, 1966, pp. 419 - 420.

③ Keith Wrightson, *English Society*, *1580 - 1680*, Routledge, 2003, p. 175.

的（男人对妻子及孩子没有爱）。他说："就16世纪、17世纪初所有社会阶层的家庭内情感关系而论，大致可以归纳为以下数点：有一种充满距离的、利用及顺从的普遍心理气氛；高死亡率使发展深度关系非常困难；婚姻是由父母与亲属基于经济及社会原因安排、很少征求子女的意见；亲子间亲密关系的证据不易被记录，但不是不可能被记录；夫妻间亲密情感的证据不清楚且稀少。"① 但大部分史学家认为，16至18世纪英国家庭的关系并不冷漠，这种关系更多依靠延伸到整个人生的互惠性联系和交换来维持。父母对孩子的支持既有物质形式的礼物赠予，如食品、衣物和钱款；也有非物质性的情感交流以及家族声誉、信息提供、人际关系等。

为何会产生这样不同的观点？斯通主要研究的是贵族的上层。在这个阶层中，婚姻都是父母包办的，家里人和律师对结婚的条件常常会讨价还价（例如土地、嫁妆、遗产），年轻人几乎没有发言权。因此，在贵族中存在着许多不幸福和失败的婚姻，因为这些人的婚姻经常涉及土地、财产的转移，有时还具有重大的社会和政治意义。

在富裕的贵族和乡绅之家，婚姻关系的缔结非常复杂。两家需要共同提供资金。男方需要提供居所和谋生手段，女方则要带来嫁妆——有时是动产、有时是金钱、有时甚至是土地。因为涉及到大笔资金的转移，所以大家都非常小心。家庭之间不断讨价还价，同时也会讨论遗嘱的订立——通常的作法是应保证妻子在丈夫死后靠所得的遗产也能活下去（如果她比丈夫活得长的话），并且这种安排也涉及到家里的其他兄弟姐妹。因此，结婚不是个人的选择，而是会涉及到多方利益。"父母的控制以及这种控制影响个人行为的复杂方式，对理解婚姻选择的各种影响至关重要。'好意'这个词经常出现，表明我们应该把父母的同意放在复杂的亲戚关系背景下理解——其中涉及到很多冲突及协商。"② "婚姻与其说是意味着与

---

① ［英］劳伦斯·斯通《英国的家庭、性与婚姻 1500—1800》，商务印书馆2011年版，第81页。
② Diana O'Hara, *Courtship and Constraint: Rethinking the Making of Marriage in Tudor England*, Manchester University Press, 2000, p. 31.

一个个体的亲密连结,还不如说是进入了一个由配偶亲属构成的新世界。'我是嫁给我先生的家族',沃里克女伯爵玛丽(Mary, Countess of Warwick)在17世纪初这样忆起,话中之意溢于言表。"① 因此,近代早期英国的家庭是一个多元权力结构,家庭与社会一样是有等级的,每个人都有自己的职责和权利,每个人的价值和贡献也不一样,都有一种利他主义,也不可避免地会产生矛盾和冲突。法律支持户主、家长,传统观念认同男性的权威,女主人在很多事情上也有发言权——如子女的婚事、执行丈夫遗产等。

处在社会较低阶层的妇女有更多的婚姻选择自由:她们的婚姻不涉及到太多的金钱;穷人通常结婚的年龄都比较晚,并且离开父母家比较早——通常是在结婚前的十年就离开了家,因此与家庭的关系并不紧密。年轻人仍旧受社会习俗的影响,也讲究门当户对,非常强调婚姻中社会地位的匹配。不管是年轻人自由恋爱还是父母或监护人的安排,婚姻的缔结也涉及到"多方同意"——即所有涉及方都要同意,如父母、近亲、兄弟姐妹。这些人有时通情达理,但有时却会横加干涉。父母非常希望子女能听从他们的意见。威廉·帕金斯向一位女士提出这样的建议:"你的婚姻不能由你自己决定,而是由你父母决定,(决定权)一部分属于你父亲,另一部分属于你母亲,第三部分属于亲戚。不要反抗,听从那些拥有你的人(的话)。"② 在这些人身上,家庭和朋友也经常发挥很重要的作用。感情的和实际的因素都促使年轻人寻求来自父母和朋友的帮助。如果家人和朋友不赞成,小两口可能就会遇到麻烦,最可能的结果是要离开故乡,私奔。③

除了社会阶层的区别,还有地区的差别。伦敦为各个阶层的妇

---

① [英]劳伦斯·斯通《英国的家庭、性与婚姻 1500—1800》,商务印书馆 2011 年版,第 60 页。

② Thomas Harper, *Matrimoniall Honour: the Mutuall Crowne and Comfort of Godly, Loyall and Chaste Marriage*, London, 1650, p. 303.

③ 英格兰和苏格兰边界的格雷特纳—格瑞(Gretna Green),是私奔情侣秘密结婚的首选之地。

第十章 婚姻与家庭

女提供了很大的选择自由。伦敦有着非常有利于女人的工作市场，比如女仆；海员的妻子可能几个月都要独立支撑家庭；商人的妻子有时需要参与酒馆的经营。在乡下，有农区（例如玉米的种植）和牧区（例如养羊、制造乳制品）的区别。安德当认为：在不同的生产模式下，妇女享受到的自由程度不一样，在畜牧区，妇女能享受到更多的自由，因为这里人们都分散居住，受到治安法官和乡绅的控制较小。

当时，人们认为，最好的婚姻选择是年龄、地位、财富大体相当的结合。与年龄相差太大的人结婚被认为是特别不明智的。1514年，法国路易十二（52岁）娶了玛丽·都铎（亨利八世18岁的妹妹）。路易十二在婚后3个月去世，人们认为他是在床上耗尽了精力（这个例子有点极端，但是人们在二婚的时候通常选择比他们年轻的伴侣，这显然是对男人而言）。德福郡的罗伯特·福斯（Robert Furse）死于1593年，他为孩子留下了选择妻子的建议：长相、财富和社会关系是重要的，但更重要的是教养、名誉、个人品行——例如冷静、智慧、温柔、谦虚、贞洁，能持家。①

如果缔结婚约，婚礼就会在教堂举行。通常牧师会问："是否有任何人知道因任何原因这对男女不能结为夫妻，请讲出来。"在都铎王朝时期，这样问的原因通常是因为其中一方之前与其他人订过婚，而不是近亲内不能结婚的规定。亨利八世娶了自己的寡嫂就是当时一个不光彩的例子，他后来与凯瑟琳离婚也是以此为借口。宗教改革之后，近亲内不能结婚的限制有所放松。

婚姻仪式最重要的一部分是双方的誓词，双方都许诺：要珍爱彼此、珍惜彼此，无论是贫穷还是富有，无论是健康还是疾病。妻子要服从丈夫，丈夫要把戒指戴在妻子左手的无名指上，并宣誓爱她终生，然后，牧师宣布他们结为夫妻，并祈求上帝祝福他们。

---

① http：//www.historyextra.com/feature/tudors/love－and－marriage－tudor－england visited on 12 September, 2017.

1501年，当阿瑟和凯瑟琳结婚时，举办了丰盛的宴会，然后是一周的欢庆活动。对大多数人来说——如果他们能负担得起——新婚夫妇或者父母（如果他们还活着）会举办婚宴和舞会。对那些不太富裕的夫妻，邻居或教区的人可能会送一些礼物——当时被称为"新娘啤酒"（Bride Ale）。在英格兰和威尔士北部，一直有一种习俗，由客人支付婚礼的娱乐活动开支，并且送给新人礼物帮他们安家。

五 家庭关系

在核心家庭中，家庭关系显然包括丈夫与妻子的关系以及父母与子女的关系，在当时社会中，还包括主人与仆人的关系。在这里，笔者只讨论丈夫与妻子的关系。

根据基督教的教义，夫妻关系是一种伙伴关系，丈夫是"头"（Head）。"根据最经常引用的经文，妻子最重要的是服从，对丈夫温柔体贴"[①]，即使妻子比丈夫聪明，服从也是第一要务。妻子不应该质疑、更不能抵制丈夫的命令。妻子要虚心接受丈夫的责备，不能争论；她也要容忍丈夫的缺点，并尽可能把其掩藏，更要平息他的怒气、接纳他的各种情绪。但现实情况跟理论的描述出入很大，我们应该更详尽地考察史料和传记才能对丈夫、妻子日常生活的实际角色、关系有所了解——而不是仅仅依赖道德学家、讽刺作家的描写。怀特森教授认为："我们不应该（把夫妻关系）描述的太阴暗。"[②] 丈夫也有职责——要保护、维护妻子，容忍她的虚弱。丈夫不仅应该是妻子的向导，而且应该是她的朋友。夫妻关系应该是互补的，妻子不应该仅仅是丈夫的"服从者"（Subordinate）和代理人（Deputie），而且应该是他的"伴侣"。帕金斯认为：丈夫和妻子是"伙伴"（Yokefellows），丈夫应该荣耀他们的妻子，甚至

[①] Ralph A. Houlbrooke, *The English Family, 1450–1700*, Longman, 1984, p.96.
[②] Keith Wrightson, *English Society, 1580–1680*, Routledge, 2003, p.99.

容忍她们的警告、听取她们的建议。约翰·菲茨赫伯特（John Fitzherbert）①认为：丈夫和妻子在家庭中的作用基本上是互补的。妻子主要负责家务和花园，但有时也会帮助丈夫在田里劳动。妻子有时也需要去磨房、或去集市做买卖。这就是为何当时的谚语说："丈夫很少在没有妻子的情况下会变得富裕。"一个好的妻子特别必要，好的妻子甚至比好的丈夫更重要。

我们目前能看到的史料证据是部分的，存在偏见的，这是因为：在社会阶层上，主要是关于中上等阶层的史料；在意识形态上，主要是教界人士特别是牧师的言论史料；在性别上，主要是男性留下的著作史料。但我们依靠日记填补了女性声音的空白，得出的基本结论是：私下里的确存在互补和友爱的夫妻关系，同时也有理论所说的男性主导、女性服从的公开画面。②

每个家庭的夫妻关系都不尽相同，夫妻之间总是要找到相处之道，但在不同时期夫妻关系有时也会有波动。1649年5月12日，亨利·纽卡姆（Henry Newcome）在他日记中记下了他第一年的婚姻生活，他经常跟妻子争吵，非常沮丧："我周日的学习受到极大的干扰，因为与我妻子的毫无意义的争吵，没有起因但争吵如此激烈，使我感到从未有过的痛苦。"③但两个月后，他又记下跟妻子无事可干，互相泼水玩耍。

斯通教授认为，近代早期英国家庭关系（不仅限于夫妻关系）十分冷漠。他说："尽管婚姻体制在16世纪末变得更神圣，且尽管道德学家越来越强调夫妇爱和父母爱的重要性，但家庭内权力关系却在教会和国家的鼓励下变得越来越威权化、父权化。此一家庭内独裁主义可见于年轻人间婚前关系（受到父母严格限制、操控）、

---

① John Fitzherbert 著有《农夫之书》（*The Book of Husbandry*）。该书对农夫妻子的职责有明确的要求。笔者检索到的最早的版本是1531年的，有时，此书作者被认为是 AnthonyFitzherbert，其实，真正作者是 Anthony Fitzherbert。

② Keith Wrightson, *English Society*, *1580-1680*, Routledge, 2003, p.100.

③ Richard Parkinson (ed.), *The Autobiography of Henry Newcome*, Printed for the Chetham Society, 1852, p.295.

夫妻关系（妻子服从原则被不断强调）及亲子关系（挫杀孩子的势气被认为是婴幼儿训练的主要目的）之中。"①麦克法兰教授虽然没有直接反驳斯通教授的观点，但他在其著作《1300—1840年英国的婚姻与爱》一书中，用了一章的篇幅讲述"浪漫的爱"。他说：在17世纪，广泛传播并被普遍接受的观点是，"上帝创造女人为男人的第二个自我，是一个补充的部分"②，这就意味着，没有女人的男人是不完整的，婚姻是把一个不完整的人变成一个完整的人。基督徒的婚姻基于爱，爱是婚姻的首要前提，爱居于夫妻关系的首位。

因此，我们可以确定地说，这一时期在家庭中的确存在爱。当时，威廉·古奇（William Gouge）认为：爱情就像胶水，可以把两个人粘合在一起。威廉·惠特利（William Whateley）说："爱是婚姻的生命和灵魂……男人必须爱他妻子超过世间万物……"③ 即使在宗教改革之前，英国也有类似的言论。如哈林顿（Harrington）的《给婚姻的建议》出版于1528年，他指出：丈夫与妻子的结合应该比父母与子女的关系更紧密，丈夫和妻子爱彼此应该超过他们爱自己的父母。④ 此外，在莎士比亚的著作、民歌、信件和日记中，我们都可以找到证据，证明真爱的存在——无论是在贵族阶层还是在手工业者阶层。

六 家庭功能

近代早期英国家庭的功能不同于今日。今天，我们大都认为：家庭是居住和消费的单位，是生育下一代、情感寄托的单位。但近

---

① ［英］劳伦斯·斯通《英国的家庭、性与婚姻1500—1800》，商务印书馆2011年版，第420页。

② Alan Macfarlane, *Marriage and Love in England, Modes of Reproduction, 1300-1800*, Basil Blackwell Ltd., 1986, p. 176.

③ Ibid., p. 181.

④ 当然，在《圣经》中也有这样的教导，《马修》第19章第5节写道："人要离开父母，与妻子连合，二人成为一体。"

代早期英国家庭功能更多，甚至是生产单位（农场或者手工作坊）。

贵族和乡绅的家庭规模很大，有时可以说是非常庞大。家庭不仅是保证他们声望和地位的机构，而且也是管理其下地产的权力机构，甚至是地方管理中心、地方政治权力中心。约克郡南部的庞蒂弗拉克特城堡（Pontefract Castle）是达西（Darcy）伯爵家庭所在地，1521年时，他的家中有80人，其中21人是乡绅，36人是约曼农，其他人是仆人。两年后的一份名单显示，有100名以上的男人在达西家服务，这些人中的一部分可能在1523年被他带到苏格兰。① 乡绅的家庭结构类似，只是规模较小；有时有约曼农、有时也只有一两名仆人。在城里，商人和手工业者家里可能会有学徒或短工。

当然，当时英国的大多数家庭是现代意义上的核心家庭——丈夫、妻子和孩子，很少与长辈或者其他亲戚住在一起（这一点反映了当时文化特点，任何新婚夫妻都必须组建独立家庭。因此，在男子获得一定经济能力之前没有办法结婚，这也就解释了当时英国初婚年龄较晚这一现象）。虽然家庭中没有有血缘关系的长辈或其他亲戚，但有仆人、学徒，这些人不是因为血缘关系而是因为契约关系居住在家庭。当时，大多数家庭都有学徒或者仆人。另外，当时的家庭观念与今天不同，当他们谈论家庭时，不是指有血缘关系的人，而是跟他们住在一起的人，这包括那些有契约关系的人。

16世纪，家庭的最主要任务是谋生。农业历史学家马克·欧文顿（Mark Overton）教授认为：16世纪，有80%的英格兰农场，其产品都是为了满足家庭的自给自足，只有一小部分用于交换，生存是每个家庭首先需要考虑的。欧文顿教授估算，当时拥有100英亩土地的约曼农，年收入也就在70镑左右；拥有10英亩的自耕农，年收入大约只有2.5镑。② 因此，当时人们生活并不丰裕，如

---

① R. B. Smith, *Land and Politics in the England of Henry VIII: the West Riding of Yorkshire, 1530–1546*, Oxford University Press, 1970, p. 137.

② Mark Overton, *Agricultural Revolution in England: The Transformation of the Agrarian Economy, 1500–1850*, Cambridge University Press, 1996, p. 20.

果遇到荒年就更艰苦。当时家庭的主要功能是生产，年轻人在这里学习各种技能。所有家人互相依赖，并且遵照父权制的组织，成年男子（丈夫）是一家之主，他们的权威受到法律的保护——因为只有他们才是家庭不动产以及大部分动产的拥有者。户主的职责包括维护家庭的生产、训练仆人和学徒。丈夫和妻子经常互相依赖、互相合作、互相支持，经营着他们的家庭农场或手工作坊。

当时，女主人的称谓是"家庭主妇"（Housewifery）但其职责跟今天的家庭主妇（Housewife）不一样：除了做家务，还要管理家庭日常消费，养猪、养鸡、养牛、种植亚麻、剪羊毛、纺织，割草、晒干草、挤奶、制作黄油、制作奶酪等等。农忙时，她还要到田间劳作，还要到集市出售农产品（鸡蛋、家禽、猪肉、谷物等）和购买家庭不能生产的必需品。① 城镇手工业者和小商贩家庭的女性基本不掌握手工技术，但她们也会帮丈夫烤面包、杀猪、挑水、买原料等等。诺里奇的一位妇女在为丈夫购买生产原料时跟人发生争执，在法庭上留下过记录。由此可知，当时女性的劳动不仅仅是今天意义上的做家务。玛丽·皮瑞尔（Mary Prior）在总结这一时期女性工作时，有精辟的论述："男性的工作是确定的（限于他们的手艺或行当）、有限的，他的一天有开始和结束。'女人有做不完的事'，即使她坐下来，她也要纺线、编织、缝补。"② 有时，丈夫死了，妻子不得不一个人支撑家庭的重任。但是，妻子并不能在所有的情况下协助丈夫——例如铁匠、海员的家庭，在这样的家庭里，她们经常从事一些其他的行业去赚钱，例如当护士、当助产士、做女佣、做织补工、做制帽工、或在街边做小贩，还有的人开小旅店。

女性除了这些工作外还要承担生育、养育孩子的职责。这一时期，人们的初婚年龄比较晚，通常在25—29岁。研究人口的历史学家在研究教区记录后为我们提供了人们结婚和子女受洗的细节：

---

① Anthony Fitzherbert, *The Book of Husbandry*, London, 1882, pp. 94 – 97.
② Mary Prior, *Women in English Society, 1500 – 1800*, Routledge, 2005, p. 78.

第十章 婚姻与家庭

通常，女性在婚后的 18 个月产下第一个孩子，之后，在其育龄时间内每隔 2—3 年产下一个孩子。据里格利教授计算，科里顿（Colyton）地区男女的初婚年龄是 27 岁。① 奇波拉教授认为，45 岁是女性生育年龄的尾声②，因此，妇女在成年后的 1/3 到 1/4 时间都在生孩子。当时并没有什么避孕措施，并且她们不仅要生育子女，还要抚养子女。正如 16 世纪中期的托马斯·图瑟（Thomas Tusser）所说："主妇的事情永远做不完，如果早上被浪费了，那么一天都忙不过来。"③ 在这种产能低下、劳动力密集的农业社会，妇女的地位不可或缺，她们撑起的不只是半边天。

总之，在近代早期英国，"家庭是一个核心机构，是生产和再生产单位……（并）体现出社会背景下的家庭文化（Culture of Household in Landscape）"。④ 家庭是社会历史延续和变化的基础。当时，人口死亡率比较高，特别是在瘟疫时期，瘟疫一旦袭击城市，人口会减少 20%—30%。如约克城在 1485—1550 年遭遇了 7 次鼠疫，许多家庭受到影响。除了瘟疫，还有其他疾病的侵袭，再加上医疗技术不发达，死亡率很高，很少有人能活到 60 岁。这些打击对富人和穷人是一样的，每个家庭都面临同样的风险。当时的社会条件影响了人们的心态，很多人更倾向于稳定、安全的选择，特别是经济决策（笔者认为这也是造成英国人性格保守的原因之一）。他们努力把风险降到最低，而不是追求机会最大化——因为人们首先要考虑生存的问题。

近代早期英国经济、人口、社会结构、文化的变化都影响到了家庭关系，有些威胁到家庭，有些却提供机会——如孩子教育。这

---

① E. A. Wrigley, *The Polpulation and History*, Cambridge University Press, London: Weidenfeld & Nicolsonm, 1969, pp. 86 – 87.

② Carlo M. Cipolla, *Before the Industrial Revolution: European Society and Economy, 1000 – 1700*, Routledge, 1976, p. 99.

③ Thomas Tusser, *Five Hundred Points of Good Husbandry*, London, 1812, p. 247.

④ David Rollison, *The Local Origins of Modern Society: Gloucestershire, 1500 – 1800*, Routledge, 1992, p. 81.

一时期的变化深刻影响了众多家庭及所有家庭成员。个人和家庭需要根据自己的家庭情况作出决策以应对社会变化、以迎合时代的变化。近代早期英国的家庭关系中不乏温情，在组建家庭时，不仅有社会阶层的不同特点，也有地域的不同特点。通常是：贵族之家子女的婚姻选择范围有限，下层民众则因为婚姻不涉及太多金钱的转移，择偶相对自由。近代早期英国家庭，除了具备今天家庭的所有功能外，还有一项重要的功能——生产功能。无论是贵族之家还是贫穷之家都是如此。女性在其中发挥了重要作用。

第十一章　科学革命

近代早期英国不仅经历了信仰的转变和经济的变革,在 17 世纪后半期,也经历了思想的变革——即我们所谓的"科学革命"。"这个历史性的革命是完全有理由的。当时需要这种革命。不仅仅是需要,而且在一个正常的发展过程中这是必不可少的。"①在近代早期英国历史上,随着对巫术审判的衰落,对"魔法"的信仰开始逐渐被科学所取代。正如怀特海教授指出的:"科学兴起的过程中有许多偶然因素是无需细谈的,诸如财富和闲暇时间的增加、大学的扩展、印刷术的发明、君士坦丁堡的陷落,哥白尼、瓦斯哥、达·伽马、哥伦布、望远镜等等都属于这一类。只要有适当的土壤、种子和气候,树林就可以生长起来。"②

20 世纪 60、70 年代之前,人们强调科学革命的发生是由于宗教改革以及资本主义发展,宗教改革释放了人们探索世界的热情,资本主义对科学革命的产生提出了实际的需求——如休·卡尼（Hugh Kearney）、查尔斯·韦伯斯特（Charles Webster）,但最近的史学家对于这种论断却越来越小心——如夏普教授。

一　科学革命之前的信仰体系

近代早期之前,英国乃至欧洲一直存在三种思想传统。

---

① ［英］怀特海:《科学与近代世界》,商务印书馆 1989 年版,第 17 页。
② 同上书,第 16 页。

第一种是"有机传统"（the Organic Tradition），主要以亚里士多德为代表。直到 16 世纪早期，英国乃至整个欧洲主要的科学思想体系都是被称为亚里士多德主义的一些概念所主导——特别是在大学。顾名思义，这种传统主要是亚里士多德的思想以及其他古代思想家的思想——如主导医学的盖伦的思想、主导天文学的托勒密的思想。这些思想不仅提供了科学观念，而且形成形而上学、伦理和逻辑的体系。亚里士多德的宇宙观是地球中心论：地球是宇宙的中心，太阳及行星围绕地球转。太阳和行星存在于一个单独的世界，其物质永存。在地球上，有不同的物质规律，所有地球的物质都是由四种元素构成的——重的物质土和水以及轻的物质气和火。物体倾向于朝着宇宙中的自然位置移动——不是根据重力原则移动，而是根据其构成的主要物质移动，因此，重的物体向下移动，而轻的物体（如烟）则向上移动。亚里士多德认为："自然是一个按逻辑组织的物体的舞台，这些物体都在运动和变化，以实现它们自身的目的。例如，一个重物之所以下落，是因为它的内部推动因素迫使它移动到其'自然位置'，以此来达到静止状态，其自然位置位于宇宙中心（即地心）。更高级的智慧推动着包含行星的固体透明天球来表现对神的爱，神是'不动的推动者'（the Unmoved Mover）。橡树的生长和变化是为了实现长成一颗橡树的目标。"[①]

第二种是"魔法"传统。这套思想体系与神秘主义、"魔法"传统有很大的关联。近代早期英国，宗教是解释人们如何看待自己和周围世界的重要方式。宗教和"魔法"之间有诸多不同，基本的不同是关于"控制"。人们可以通过祷告与上帝联系，但这种努力是恳求式的：上帝不能被控制，不能被强迫，因为上帝凌驾于人之上。而魔法主要是控制、使用神秘力量。[②] 换句话说，"魔法"可以供人使用，魔法师了解这些神秘的力量，并通过他们的理解来控

[①] ［美］弗兰克·萨克雷 和约翰·芬德林编著，《世界大历史：1571—1689》，新世界出版社 2014 年版，第 280 页。

[②] J. A. Sharpe, *Early Modern England, A Social History, 1550 – 1760*, Arnold, 1997, pp. 310 – 311.

制这种力量——这当然与控制自然现象有关。在时势艰难的近代早期英国,人们的物质财富不丰富、知识体系不健全、医疗体系不发达,人们希望可以得到帮助,可以使用某种力量来解除痛苦,或者说可以求得心理安慰。因此,近代早期英国的"魔法"是关于器物的,直接指向某些特定目的,这些目的可能是积极的改变——如点石成金,或是获得保护——如预防巫术的护身符。

这种"魔法"的传统在新柏拉图主义①那里找到了回应。到 16 世纪,有两种其他思想融入了新柏拉图主义:一是随着君士坦丁堡的陷落,欧洲学者越来越对古埃及赫尔墨斯·特利斯墨吉斯忒斯(Hermes Trismegistus)的手稿感兴趣,按照赫尔墨斯的看法是:世界充满了神秘力量和隐藏的讯息,这些隐藏的信息只能被几个选中的人解读。二是"犹太教的神秘哲学"(Cabbala)。这派学说认为,研究"犹太教的神秘哲学"可以揭露《旧约》中隐藏的私密,以及世界的秘密。在"魔法"传统或者说在新柏拉图主义影响下,近代早期英国出现了很多术士、占星师,有人认为,这些人是迷信的代表,但实际上,他们早期的实验对科学有一定的贡献。

第三是机械的传统。过去认为,宇宙是按机械理论运行的,正如梅森所说:"上帝是伟大的工程师。"② 因此,科学家假设宇宙就是一个伟大的机器,并努力探寻宇宙各部分的关系,这种传统发源于原子论。它强调用微观粒子(原子)的运动、碰撞和聚合等来解释自然界中的各种过程。原子论作为一种哲学,在近代早期英国从来没有广泛流行过。人们也许认为,16 世纪,由于机械使用的增

---

① 新柏拉图主义产生于公元 3 世纪,代表人物是普罗提诺(Potinus)。他认为,万物之源是"一"(The One),由之产生一系列"散发物"(Emanations):生命、精神、灵魂,最后是物质。精神就是柏拉图称为理念的一切形式和结构,是一个永恒的普遍本质。灵魂起源于纯粹思想,只要有理念或目的,它就力图实现自己,产生某种东西。它具有两个方面,一方面趋向纯粹思想,是一个拥有"观念"的灵魂;另一方面又趋向感官世界,是一个怀有欲望的灵魂。灵魂产生物质。物质的本身,没有形式、性质、权能,它是绝对的贫乏,是邪恶的基质,离上帝最远。

② Hugh Kearney, *Science and Change*, *1500-1700*, McGraw-Hill Book Company, 1971, p. 47.

加剧激了机械论的出现。但这一时期并没有发生像工业革命时期那样的突破，风车、帆船以及水泵是早就存在的。换言之，机械论在16世纪之前就被自然哲学家们知晓，那么为何到了16世纪，伽利略及其继承者把这种传统发扬光大了呢？

对此，可能的解释是，在这一时期，恢复了阿基米德的学说。阿基米德是古希腊的数学家，虽然，当时他设计的机器没有任何实际用途，但他沉迷于机械的分析——如对杠杆原理的分析。阿基米德的传统是机械工程的，不是神秘的、超自然的，不追寻宗教的意义。在16世纪前，没有太多人了解阿基米德手稿。1543年，尼古拉·塔尔塔利亚（Niccolo Tartaglia）用拉丁语出版了第一部阿基米德的著作，此后1575年，又有康曼迪诺（Commandino）的版本出现。[①] 阿基米德，以及从塔尔塔利亚一直到伽利略，奠定了数学方法的基础，数字不再像在柏拉图和新柏拉图主义一样拥有神秘的意义，从而为科学革命的诞生打下基础。

二 科学革命发生的社会背景

人们经常问一个问题，科学革命为何发生在17世纪后半期？一个通常的答案是：受宗教改革的影响，特别是清教的影响。因为科学革命和清教都代表进步运动，并且大体发生在同一历史时期。大量的科学著作都发表于1640年至复辟之间，许多著作也都是从清教徒和改革者的视角写的。坚持这一观点的史学家证明："英国科学书籍的出版被内战打断，但很快恢复，1648年以后达到前所未有的水平。"[②] 此外，阿方斯·德·康多勒（Alphonse de Candolle，出身于一个胡格诺之家）指出，从1666年至1866年，被选入巴黎科学院的92名外国人，大约有71人是新教徒，而16人是

[①] Hugh Kearney, *Science and Change*, *1500 – 1700*, McGraw – Hill Book Company, 1971, p. 47.

[②] Charles Webster, *The Great Instauration*, *Science*, *Medicine and Reform*, *1626 – 1660*, Gerald Duckworth & Co. Ltd, 1975, p. 485.

第十一章 科学革命

天主教徒，其余的 5 人或者是犹太人、或者情况不明。当时欧洲的人口（不包括法国）中有 1 亿 7 百万人是天主教徒，有 6 千 8 百万人是新教徒，因此，康多勒证明：按比例计算，新教徒被选进巴黎科学院的机会比天主教徒高 6 倍。[①] 莫顿（R. K. Merton）在分析了 17 世纪英国清教与科学之间的关系后，也肯定了康多勒的发现。

学者认为，在新教的派别中，英国清教徒为英国科学的发展做出了重大贡献。韦伯斯特教授认为：清教徒以勤奋工作的职业精神著称，他们的理念认为，应该把个人的能力有效地用于公共服务中，应该有效地探索人类和物质世界并以此荣耀上帝。清教徒的伦理使得他们成为勤奋的、心态开放的探索自然世界的一股力量。帕金斯、普勒斯顿（Preston）和埃姆斯（Ames）以及其他一些清教神学家，十分强调清教徒的使命，并把抽象的神学宣言与实际的科学调查关联起来。因此，韦伯斯特教授认为："17 世纪前半期，新教的价值是一种精确的义务，它按宗教的术语解释说明所有社会行为和思想兴趣。除非与宗教的信仰契合，没有任何一种行为被鼓励。每个人的思想和行为都被认为承载着个人的精神追求或预定的秩序。因此，如果没有宗教的含义，不可能从事形而上学的思考；不考虑是否有利于基督徒的世界，不可能从事任何实际的行动。"[②] 韦伯斯特教授说：我们有理由相信，清教徒更看重对自然的探索，不管我们是否考虑个人的启蒙或社会行为，以及个人得救的重要性，这点都不容怀疑。清教徒认为：上帝不仅拥有手工的智慧，创造了可以按理性体系解释的大厦，而且上帝也被认为是进化过程的设计师——在不久的将来可以使人类和自然进入新的完美阶段，由此，研究自然不仅提供了一种在知识上荣耀上帝的手段，而且提供了一种直接、合法地让社会各阶层受益的可能性。

此外，清教徒还提供了对现代科学发展非常重要的其他价值，

[①] Hugh Kearney, (ed.), *Origins of the Scientific Revolution*, Longmans, 1964, pp. 100 – 101.

[②] Charles Webster, *The Great Instauration*, *Science*, *Medicine and Reform*, *1626 – 1660*, Gerald Duckworth & Co. Ltd, 1975, p. 507.

如对传统智慧的批判精神，不受经院哲学束缚、热衷于知识启蒙的进步精神。"这种精神，不仅加速了科学的发展，扩大了其社会基础，而且有助于社会阶层之间思想的交流和协作。虽然，科学成就的取得主要靠精英阶层，但由于对手工劳动的重视，就会鼓励精英阶层参加实验操作，并从手工业者那里学习。"① 此外，英国内战非但没有打破科学的发展反而释放了科学发展的潜力。韦伯斯特说："不管是从保皇派的视角还是议会派的视角，内战的 20 年没有阻碍而是便利了科学的发展，特别是更年青的一代"。② 在 1640 年之前，大学的医学院很小，并且有职业上的限制，1640 年以后，这些医学院发展成更大、更严格意义上的研究中心。此外，科学的普及，也可以从英国内战后数学、化学、农学和医学书籍的大量出版得到证明。

韦伯的《新教伦理与资本主义精神》也论证了宗教改革之后新教伦理对资本主义精神的促进作用。类似地，有越来越多的证据表明，新教伦理对于现代科学的精神和科学革命也具有巨大的促进作用。正如伊安·巴伯所言："'新教伦理'也给了科学工作以类似的认可；对自然界的探究于是被认为具有内在的神奇魅力，有益于人类，并得到了上帝的鼓励。因为，通过这项事业，上帝的非凡技艺能得到展露，上帝合理的、有秩序的活动也能得到印证。"③

这些史学家认为，新教比天主教更接近科学的精神。其原因基于以下两点：首先，在宗教改革初期，改革者大力倡导，人们不需要教会神职人员的引导，基督徒自己可以通过阅读《圣经》理解上帝的话语；同样，近代早期的科学家也是挑战权威，用自己的实验、观察来解释世界。其次，许多科学家为了宗教的目的发展科学，这些人大部分是新教徒，主要是清教徒，他们强调"善功"的宗教职责，他们认为科学工作就是"善功"的一种。新教认为，内

---

① Charles Webster, *The Great Instauration, Science, Medicine and Reform, 1626 – 1660*, Gerald Duckworth & Co. Ltd, 1975, p. 507.

② Ibid., p. 511.

③ [美] 伊安·巴伯:《科学与宗教》，四川人民出版社 1993 年版，第 62 页。

第十一章 科学革命

心的信仰足以让人得救，其外部言行要与内心信仰一致，只有上帝的选民才能得救，选民的标志是信仰虔诚、工作努力、事业成功。清教神学家约翰·克顿（John Cotton）在 1654 年宣称：研究自然是一个积极的基督徒的职责，"研究自然及其过程，使用上帝的话语是上帝给予每个人的职责，从国王到臣民……"[①] 宗教改革体现的反权威主义以及反经验的个人主义与近代早期的科学精神一致，而"善功"得救的信仰又对科学活动有推动作用。因此，这些史学家认为，新教的态度与科学的追求是一致的，他们强调"是宗教的精神特质而不是神学"刺激了科学革命的发生。

但是，夏普教授指出了一些问题：第一是概念的问题，对于"清教徒"和"科学"两个名词，都不容易在 17 世纪的背景下定义，两个概念包含不同的、甚至是不可调和的因素。许多在空位时期发表的"科学"著作都是新教徒从大众的视角写的，都有"千禧年"的味道。第二，许多清教徒怀疑自然哲学——不仅是那些激进者。他们认为，大学是落后的特权和落伍知识的堡垒；并且，经过内战后的清洗，议会军和克伦威尔不太看重他们任命到大学的那些人的坚定的信仰，因此，许多清教徒的大学教师能保留他们的教职。如约翰·威尔金斯，他虽然是坚定的清教徒，但在复辟后飞黄腾达，在 1688 年成为柴郡主教。从中我们可以看出，很难在宗教信仰和科学起源之间做简单的关联。[②] 即使是韦伯斯特教授也认为：从现代科学的起源来看，清教徒在实验科学中发挥了重要的，但不是唯一重要的作用。从意识形态的视角看，科学共同体成分复杂，有天主教徒、国教徒、长老派、独立派，他们都有自己的偏见和嗜好，但都对解释自然做出了贡献。[③]

---

① Hugh Kearney, (ed.), *Origins of the Scientific Revolution*, Longmans, 1964, p. 103.
② J. A. Sharpe, *Early Modern England, A Social History, 1550 – 1760*, Arnold, 1997, p. 324.
③ Charles Webster, *The Great Instauration, Science, Medicine and Reform, 1626 – 1660*, Gerald Duckworth & Co. Ltd, 1975, pp. 496 – 497.

三　天才的世纪

在这里，笔者主要介绍在科学革命中涌现出的英国的天才科学家，暂且忽略那些灿若星辰的欧洲大陆的科学家。

第一位伟大的科学家是弗朗西斯·培根。在 1621 年之前，培根一直从政[①]，但他也投身科学、哲学及文学研究。在仕途失败后，他全心投入研究。他坚持认为，唯一合理的知识是从归纳推理中得来的知识。换句话说，要想真正理解某个事物，人们必须不停地观察和实验，积累数据，从数据得出符合逻辑的结论。培根对科学最大的贡献是他的方法论，他试图通过分析和确定科学的一般方法以及表明其应用方式，给予新科学运动以发展的动力和方向。培根还是一位哲学家。他从一开始就探索实验方法的各种可能性。1620 年，他的主要著作《学术的伟大复兴》出版了一部分（最详细的一部分是《新工具》）；他去世后，直到 1627 年才发表了著作《新大西岛》，该书预言了一个近似乌托邦的世界，在这个世界中，科学家一起协作，努力发现宇宙的奥秘，并因此使全人类都能取得巨大进步。

第二位伟大的人物是威廉·哈维。哈维曾在当时最著名的帕多瓦大学的医学院学习，1615 年成为内科学会的讲师，从 1618 年起，成为詹姆士一世的御医。1628 年，在《心血运动论》一书中，哈维引用了他从解剖学细心收集的数据，并得出一个结论：即心脏像一个泵，血液通过动脉和静脉循环。他与培根一样，证明了正确

---

① 培根的仕途之路：他于 1576 年从剑桥大学毕业，此后，他与英国驻法国大使一道，前往巴黎。在那儿，他担任英国驻法使馆的外交事务秘书，并在巴黎学习统计学和外交。1579 年，他因父亲病逝辞职回国。1588 年，他当选为下议院议员（利物浦议员）。他曾在伊丽莎白一世时期的宫中任"御用律师"（Queen Consel）一职。1618 年，他在詹姆士一世时期担任大法官（Lord Chancellor），并被授予维鲁拉姆男爵的称号，1621 年，他被晋封为圣阿尔本子爵。但也就是在这一年，他因国王受贿案而被判有罪，被判罚 4 万英镑的巨款，并被罢免一切官位，关进伦敦塔。但他只被关了几天就得到释放，罚金也被国王免除。

的科学方法的重要性，他的模式——探索身体的某个器官，为了解其他身体部分提供了先例，甚至对其他学科的科学研究都有启发意义。哈维的贡献使得英国的解剖学和生理学在17世纪中叶进入了一个黄金时期。

第三位伟大的人物是艾萨克·牛顿。他出生于1642年，是一位乡绅的儿子，后被送到剑桥大学读书。他非常聪颖，毕业后留校任教。他的最伟大的著作《自然哲学的数学原理》出版于1687年。在这本书中，牛顿将开普勒关于行星运动的思想与伽利略关于地球上的运动的思想相结合，指出这两种思想其实是同一套原理的不同组成部分，这套原理支配着地球上的运动和天体运动。牛顿用高等数学来阐述他的观点，揭示了万有引力定律。大约在同一时期，牛顿和德国人戈特弗里德·威廉·莱布尼茨各自独立发明了微积分。这时，整个宇宙似乎是一个巨大的但又能够用科学来解释的机器。1730年，也就是牛顿去世的3年后，英国诗人亚历山大·蒲白（Alexander Pope）写下了这样一句话："自然和自然法则隐藏在黑暗中。上帝说：'让牛顿出世吧！'于是一切豁然开朗。"①牛顿非常成功地将力的概念应用于力学和天文学，这鼓励人们将他提出的力的概念应用到其他科学领域。化学家将牛顿的引力理论设想为微观原子或原子团之间的化学反应的动因。在磁力和电学的理论中，牛顿的力学变得也非常重要。②

思维方法的转变不仅发生在自然科学领域，也影响到哲学领域。最著名的是约翰·洛克，他的代表作是两卷本的《政府论》。人们认为，正是洛克这本书引发了"光荣革命"，奠定了自由政治的基础。洛克不仅对政治研究感兴趣，还对认识论、哲学、教育和医学感兴趣，他的《人类理解论》（1690年出版）和《关于教育的思考》（1693年出版）甚至比《政府论》更受重视。在牛津大学，他对实验科学而不是传统的科目更感兴趣，对物理学的兴趣更

---

① [美]弗兰克·萨克雷 和约翰·芬德林编著，《世界大历史：1571—1689》，新世界出版社2014年版，第272页。
② 同上书，第283页。

是一直不减,他在物理学上的贡献为他赢得了比作为政治家更大的名声。他在荷兰及法国度过很长时间,生命的最后30年主要投身于认知论。他的知识理论——其中一个重要部分是驳斥先天性的知识——对笛卡尔的思想有非常重要的影响。

科学传播也反映在"政治算数"领域(用数字解释和政府相关事件的艺术——是基于社会调查的现代统计学的先驱)。如威廉·佩第投身于土地调查,相信更广泛的社会和经济统计研究可能服务于国家计划。约翰·格朗特(John Graunt)从1661年开始负责分析伦敦死亡登记表,成为创立现代概念——人口可以进行量化解释和分析——的先驱。格里高利·金也对人口统计做出过贡献。由此,科学可以被用于政府目的——最典型的是格林威治皇家观测台,这个观测台最初的目的是用于测量海洋上的经度,但后来成为天文观测的中心。1676年,约翰·弗拉姆斯蒂德(John Flamsteed)被任命为第一个皇家天文学家,在这里,他进行了20000次的观测,由于政府经费不足,他为了购买新设备,从他任职到1709年,他不得不教授了140名私人学生。[①]

科学的发展促进了"皇家学会"的产生。17世纪后半期,一群英国自然哲学家和物理学家——有时被称为"无形学院"(Invisible College)——经常聚会。[②] 1660年11月28日,在格雷汉姆学院(Gresham College),克里斯托弗·雷恩(Christopher Wren)做完讲座后,"博学学会"(Earned Society,皇家学会的前身)召开了第一次会议。随着一些著名科学家的加入——如罗伯特·波义耳、约翰·威尔金斯,他们很快获得皇家"特许状"。从1663年起,该学会被改名为"改进自然知识的伦敦皇家学会"。该学会的座右铭是"不信任何人之言"(拉丁文为Nullius in verba,英文为Take Nobody's Word For It),这表达了成员决心对抗权威、坚持所

[①] J. A. Sharpe, *Early Modern England, A Social History* 1550 – 1760, Arnold, 1997, p. 328.

[②] "无形学院"译名取自中文"大音希声,大象无形"之意,寓意此学院既无院墙之隔,又无身份之别,也无学科之分;只有自发、自由、平等、真诚的对话。

有的论断都求诸实验的决心。① "在英国，在整个18世纪，皇家学会的会员规模都很大，而且主要是业余会员，几乎所有的英国主要科学家都是它的会员。皇家学会的管理和财政独立于英国政府。18、19世纪的英国其他科学组织也都仿效皇家学会，但都属于私人资助的组织，它们的首要目的是促进各个科学领域之间的交流。在英国，直到20世纪以前，科学机构既不归政府管理，也不受政府资助，这几乎没有例外。"② 这些，极大地保留了英国学术的独立性，这种传统一直持续到今天。

四 科学革命的影响

在西方知识传统中，最重要的发展之一就是科学革命。科学革命是个人观察世界的方法的革命，换句话说，这场革命主要是认识论的革命——改变了人的思想。同时，它也是一场知识革命——人类知识革命。在这场科学革命中，科学家比文艺复兴时期的学者更重要，他们试图理解和解释人与自然之间的关系。诸如波兰天文学家哥白尼、法国哲学家笛卡尔和英国数学家牛顿，他们推翻了古典世界和中世纪的权威——不仅仅是教会的权威（即使在路德教改革开始之前，教会的权威已经受到挑战），而且是知识权威——由亚里士多德、托勒密和盖伦组成的三位一体的权威。新科学的革命者必须摆脱他们的知识遗产的局限。因此，16世纪和17世纪出现的科学革命是世界历史的分水岭。

赫伯特·巴特菲尔德爵士（Sir Herbert Butterfild）对科学革命的影响总结道："科学革命推翻了权威，不仅是中世纪的权威而且是古代世界的权威——它不仅终结了经院哲学而且破坏了亚里士多德的物理学。自从基督教兴起以来，历史上还没有任何可以与之比拟的划时代的事情发生，它使得文艺复兴和宗教改革相形见绌，这

---

① https://royalsociety.org/about-us/history，访问日期2017年9月28日。
② [美] 弗兰克·萨克雷 和约翰·芬德林编著，《世界大历史：1571—1689》，新世界出版社2014年版，第286页。

两者只是中世纪基督教世界内部的轮换。"① 休·卡尼写道："这是一次非凡的知识的飞跃，最终对西方人的思想和生活都产生了影响。科学革命创造的新传统在18、19世纪带来了千倍的回报。"② 显然，17世纪后半期，以牛顿和洛克为代表的自然科学和社会科学的发展既是从不稳定世界到稳定世界伟大转变的标志，也是成果。虽然牛顿的思想受到了新柏拉图主义的影响，但他的思想比约翰·迪（John Dee）③更加"现代"。在哲学和政治理论也有同样的转变，如在霍布斯的《利维坦》中充满了对于秩序和人的本性的焦虑，而在洛克的《政府论》这种忧虑减少。人们从担心世界会变得七零八落到相信在某种程度上可以建立稳定和团结的社会——文化上的和社会上的。18世纪早期受过良好教育的英国人开始相信他们可以更好地理解物质世界；理解更复杂的宇宙；可以与旧的传统决裂同时不会引发社会等级的震动。科学革命带来的这种思想的变化标志着近代早期最重要的转变，也标志着英国思想对世界独特的影响。从18世纪30年代起，伏尔泰开始在法语世界推广牛顿的学说，英国哲学家的思想也在欧洲获得重视。到18世纪中期，英国的思想成就与其经济及政治成就一样瞩目。

但我们也不宜过于夸大科学革命带来的影响。1712年英国进行了最后一次女巫审判，标志着科学与迷信的同步存在。"在民众中找到科学思想传播的证据比在精英阶层中找到'魔法'观念存在的证据更难。"④ 新科学在18世纪开始传播，当时还没有证据可以

---

① David C. Lindberg, Robert S. Westman, *Reappraisals of the Scientific Revolution*, Cambridge University Press, 1990, p. 1.

② Hugh Kearney, *Science and Change*, 1500–1700, McGraw–Hill Book Company, 1971, p. 12.

③ 约翰·迪（John Dee，1527–1608）是英国著名数学家、天文学家、占星学家、地理学家、神秘学家及伊丽莎白一世顾问。他把自己一生大部分时间献给炼金术、占卜、"魔法"及赫密斯哲学。他曾经20多岁就在巴黎大学授课，热衷于推广数学，成为一个受人尊重的天文学家。此外，他在英国海外探索方面也是一名专家，为很多人员提供训练。"大英帝国"一词就是他创造的，但他身上体现更多的是术士的色彩。

④ J. A. Sharpe, *Early Modern England, A Social History*, 1550–1760, Arnold, 1997, p. 330.

证明，科学革命的成就与实际技术进步的直接联系。格林威治皇家观测台是为了实际目的而建立，天文学的调查也和航海的实际用途结合，因此，整体来说，没有证据表明社会受益于从自然哲学到实践领域的转变。尽管有人认为17世纪晚期很多科学家的工作被充分应用，但对技术的影响有限。

此外，"尽管有了新的思想、方法和机构形式，但西方科学仍旧固守着传统。它几乎依然是男人的天下。女性无法得到有地位、有影响的职位，这一现象并非西欧基督教文明所独有。在犹太文化、伊斯兰文化、中国文化和其他许多文化中，对女性的偏见根深蒂固，从没有受到过挑战。大学的大门对女性禁闭，这种情况直到19世纪后期才有所改变。再加上疯狂的女巫迫害运动以及牧师们竭力消灭异教徒女性，在17世纪初，科学机构中的女性几乎比以往任何时候都少。事实的确如此，新的科学学会将继续严格地将女性拒之门外。罗马的猞猁学院要求它的成员禁欲。在创立之初及其后的日子里，伦敦皇家学会和巴黎科学院都完全是男性的天下。直到1979年，女性才首次当选巴黎科学院的候选正式成员（玛丽·居里赢得诺贝尔奖的科学成就在20世纪初还不足为她赢得会员资格）。直到1945年，女性才首次当选伦敦皇家学会的正式会员。从女性历史的角度来看，科学革命没有带来任何革命！"[①]

总之，17世纪后半期，英国及欧洲大陆发生了科学革命。科学革命打破了教会的权威以及中世纪的知识权威，改变了人们的思维方式。在此过程中，英国和欧洲大陆涌现出了一批天才人物，牛顿无疑是最重要的一位。关于科学革命兴起的原因，有的史学家认为，其与宗教改革和资本主义发展密切相关。但也有史学家挑战这一观点。科学革命的发生促进了英国教育的进步，促进了皇家学会及大学的建立，对英国文明的影响至关重要。

---

① ［美］弗兰克·萨克雷 和约翰·芬德林编著，《世界大历史：1571—1689》，新世界出版社2014年版，第287页。

第十二章 教育的进步

与科学革命同步发展的是英国的教育。我们知道，正规的学校教育只是教育的一部分，教育并不仅限于学校，也可以在教堂、家庭中进行。追溯一下历史，在中世纪的英格兰，人们根据自己的社会地位，通过各种途径接受教育、培训，所以说，当时的英格兰不是一个没有教育的社会，但中世纪英国的教育基本上是技术化和职业化的教育，只是针对某些特定的职业，主要为宗教服务。"直到15世纪晚期，大多数正规学校教育都是与天主教教会相关的，主要是为了培养教士，而不是俗人。"[1] 相对来说，中世纪的英国又是一个教育不足的社会，虽然存在一些教会学校——主要是一些信徒捐建的，为当地提供教育，但只有很少的孩子上过正规学校。如1509年，约翰·科利特（John Colet）捐建的圣保罗学校，管理权在俗人于中，为后来的慈善家提供了榜样。因此，中世纪学校教育显然不像人们想象的那样，只有神学教育，但显然是被限制在一定的范畴中。进入近代早期，这种情况开始逐渐改变。在这样的大背景下，普通民众的读写能力如何？当时有多少人能识文断字？文化水平如何？正规学校是否增加？初等教育和高等教育是否得到发展？是否发生了"教育革命"？这些问题越来越引起学术界的关注。

---

[1] David Cressy, *Education in Tudor and Stuart England*, Edward Arnold, 1975, p. 3.

第十二章 教育的进步

一 读写能力的衡量及调查

学术界对近代早期英国大众的读写能力充满争议。而如何衡量读写能力是一个方法论的问题。劳伦斯·斯通用"保命篇"来评测民众的读写能力——这个词在第八章《犯罪与刑罚》一章中曾出现。如果犯罪的教士可以背诵《诗篇》的第51章第1节,那么他就可以免于被绞死。这就是所谓的"免除死刑"篇章。但即使他们得到赦免,拇指上也会被打上烙印,以确保他们在第二次犯罪的时候不能再获得赦免。有学者认为,其实,这很难确切地证明或驳斥这种背诵能力与读写能力有关。斯通认为,如果罪犯可以背诵诗篇,那他就一定能读《圣经》,因此,他一定具有读写能力。但他查阅了大量的法庭记录,统计了有多少罪犯是通过背诵"免罪诗"而免于被绞死的,他得出的数字是47%①,即詹姆士一世时期,有47%的罪犯是具备读写能力的。这是一个相当高的比例。

这里有个问题:人们可以根据记忆背诵《圣经》中的章节,这并不一定能证明他有读写能力。在许多宗教仪式中,经常要求人们背下来一些篇章——例如结婚时的誓词,《教义问答书》(the Catechism)。背诵在口口相传的文化中是一个很好的技能,"詹姆士一世时期的清教徒约翰·布鲁恩(John Bruen)有个仆人,他既不能读也不能写,但可以记住全部《圣经》经文,可以说出每个句子来自哪一章。他系有一条很长的皮带,足够缠他两圈,他在上面打很多节,他回家后用这种办法可以重复牧师完整的布道。② 由此看来,能背诵"保命篇"并不是衡量一个人是否有读写能力的准确办法。

---

① Lawrence Stone, The Educational Revolution in England, 1560—1640, *Past and Present*, 28 (1964), p. 43.
② K. Thomas, The Meaning of Literacy in Early Modern England, in G. Baumann (ed.), *The Written Word: Literacy in Transition*, Clarendon Press, 1986, p. 108.

1980年，大卫·科雷西（David Cressy）提出了一个新的方法来考察读写能力。他认为，考察教会法庭的证词、誓词、遗嘱和请愿书可以了解当时人的读写能力。他还建议考察1642年的《新教誓词》(*the Protestant Oath*)——这是一个为了维护英格兰教会、反对罗马教皇威胁所必须进行的宣誓。这份誓词是当地社会的一个剖面——也可以被认为是那个时代最早的调查。科雷西所感兴趣的是：谁可以在上面签自己的名字，而谁不能，只能画一个十字代替。他的调查结果为我们揭露出了一些有趣的现象。1642年，在英国内战初期，大量新教徒被要求在拥护新教的誓言上签名，通过研究幸存下来的一些宣誓文件，科雷西发现，在签写文件的成年人中，有70%的男性和90%的女性不会写自己的名字。到乔治一世时，文盲的比例下降到男性55%和女性75%。① 此外，他还考察出如下结果：

首先，地区之间有很大的不同。在1641—1644年的一份统计表中，我们可以看到：当时，在伦敦有78%的人可以签名，而在萨福克郡只有55%的人可以签名，到了埃塞克斯郡只有37%的人可以签名。令人奇怪的是，科雷西发现，西南部的文盲率比较高，康沃尔郡只有28%的人可以签字；北部的文盲率也比较高，德比郡只有26%的人可以签字（详见图12-1）。② 在这个结果中，有很多反常的情况：即使在一个郡，读写能力也有很大的变化。在亨廷顿郡的一些村庄中，有些教区，如康宁顿（Conington），只有7%的文盲率，而在霍姆（Holme）教区，文盲率高达80%。③ 他的调查也表明，教区牧师十分重要——那些决定建立学校或捐赠学校的教区，经常是那

---

① D. Cressy, *Literacy and the Social Order: Reading and Writing in Tudor and Stuart England*, Cambridge University Press, 2006, p. 176.

② D. Cressy, *Literacy and the Social Order: Reading and Writing in Tudor and Stuart England*, Cambridge University Press, 2006, p. 73. 数字来自此页4-1，此表显示，伦敦地区，在抗议、誓言和契约等各种文件的签署中划十字的人的比例是22%，也就是说，不会写自己名字的人的比例是22%，由此计算，在伦敦有78%的人可以签名。其他各郡的计算方法相同。

③ D. Cressy, *Literacy and the Social Order: Reading and Writing in Tudor and Stuart England*, Cambridge University Press, 2006, p. 196.

些有很强宗教信仰的清教徒教区，那里的人非常支持教育的发展。

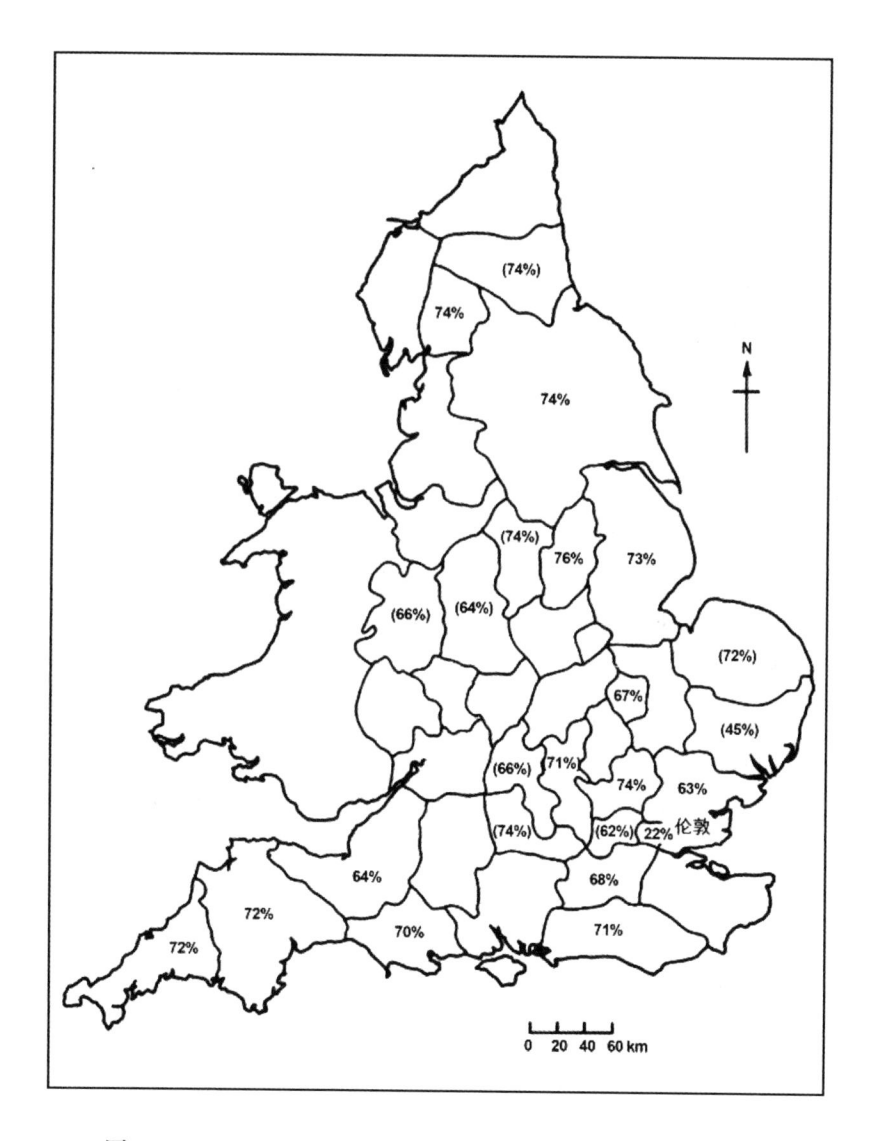

图 12-1　1641—1644 年英格兰文盲率：不能签字的男性比例①

注：抽样少于 500 人的比例用括号标出。

---

① D. Cressy, *Literacy and the Social Order: Reading and Writing in Tudor and Stuart England*, Cambridge University Press, 2006, p. 74.

其次，性别之间有很大的不同。在科雷西的抽样调查中，1574—1688年埃塞克斯主教区的女性文盲率是84%，1561—1631年达拉姆主教区的文盲率是98%，1580—1700年伦敦主教区（伦敦城和米德塞克斯）女性文盲率是76%。① 这些数字可能夸大了女性的文盲率。有些女性可能学会阅读，但不会书写。但无论如何，女性在教育中处于劣势地位是无疑的，即使是同一阶层的女性也比男性的读写能力差。到了16世纪后期，贵族阶层已经广泛认识到，女性贵族应该学习阅读、写字、唱歌、演奏乐器、舞蹈、缝补，甚至还要学一点法语。这种教育是通过私人进行的，女孩子不会被送到学校——因为大家认为，学校可能会危及她们的贞洁，她们会呆在家里由母亲安排女教师或家庭牧师授课。17世纪早期，伦敦建立了一些女子寄宿学校，但费用极高。这些贵族女性接受的教育被限制在一定范围之内——尽管还有个别女性接受了比较完整的教育，如露西·哈钦森（Lucy Hutchinson）记载，她的父亲认为，年轻女性没有理由不像男子那样接受同样的教育，当时有这样见识的人并不多。

最后，读写能力按社会阶层分层。1580—1700年，诺维奇郡的调查表明，几乎所有的乡绅都能签字，能读写的乡绅比例是98%；能读写的约曼农（也包括富裕的农夫）比例是65%；只有过半（56%）的小商人和手工业者可以签字；再往下，只有21%的农夫和15%的出卖体力者可以签字。② 科雷西的数字也表明，读写能力与社会经济地位及性别紧密相关。无论是在乡村还是在城镇，读写能力的社会分层情况明显，越往下层会签字的比例越低，劳工则完全不会签名。

科雷西的研究表明，在社会精英中不存在文盲，在社会中间阶层——包括商人、手工业者——文盲也在减少，到17世纪，这

---

① D. Cressy, *Literacy and the Social Order: Reading and Writing in Tudor and Stuart England*, Cambridge University Press, 2006, pp. 120 – 121.

② D. Cressy, Educational Opportunity in Tudor and Stuart England, *History of Educationn Quarterly*, Vol. 16, No. 3, 1976, p. 314.

个阶层中有很大一部分人都会阅读和写字。对农民和劳工来说，变化则很少。教育机会对穷人有限是由于下面几个原因决定的：首先，是由于家庭的经济状况决定的。富裕的家庭才能供得起年轻的孩子上学，而贫穷家庭的孩子只能努力糊口，没有机会上学。其次，死亡率是另一个因素。父母早亡是一个普遍现象。例如，威尔士边陲的埃文斯有一个男孩，他6岁时丧父，被迫退学，当时他还没有学会写字。在科雷西的研究采样中，有1/8的孩子在7岁之前丧父。

总体而言，在这一时期，城市居民或者男性的读写能力较高；而乡下居民或者女性的读写能力较差。

科雷西的著作发表之后，学术界围绕如何定义"读写能力"又展开了争论。玛格丽特·斯布福特（Margaret Spufford）重新定义了"读写能力"的概念，她令人信服地指出，通过签字来判断一个人是否具有读写能力是不准确的，科雷西的调查提供了一个不准确的结果，并且严重低估了有能力读但没能力写的人数的比例。与科雷西不同，斯布福特采用了质量的测量方法（而不是数量的测量方法），考察了地方学校所提供的非正式的、零星的教学。她还考察了初等教育的模式，证明穷人家的孩子经常有几年的基础教育，在某种程度上学会了读书，但在他们开始学习写字之前的8—9岁就去劳作了。托马斯教授也提出，读书本身也是一个不确定的技能——有些人可以读印刷体，但却不能读手写体；有些人可以读某些手写体，但却不能读另外一些手写体。①当时，学术圈常用的语言是拉丁文，某些人不能读拉丁文，但并不能说他们不能读英文。

斯布福特证明，近代早期英国的初等学校普遍增加。在调查了剑桥郡南部的87个村子以及那些由主教发给证书的老师之后，她发现：在1578—1624年之间有23个较大的村庄和小城镇一直有学

---

① K. Thomas, The Meaning of Literacy in Early Modern England, in G. Baumann (ed.), *The Written Word: Literacy in Transition*, Clarendon Press, 1986, p. 100.

校；在1600年前后，有9个村庄一直有校舍和教师，8个村庄持续雇用老师，但没有固定校舍；另外有47个村庄只是阶段性地雇用老师，只有22个村庄根本没有老师——通常都是在很小的村庄，即使在这些地方，当地的牧师也会为孩子提供一点教育。① 穷人家的孩子通常在家里有几年的基本教育，一般是在6—7岁之间在上学之前学习读书。但是，这跟每个人的情况，以及每家的经济情况相关。如果家里的经济情况变差，很多孩子就不得不出去做工。因此，有可能很多人可以读书，但不见得会写字。

二 教育革命？

史学家除了争论大众读写能力是否提高以外，还围绕这一时期是否发生过教育革命也展开了争论。1964年，劳伦斯·斯通教授提出，1560—1640年英国发生了教育革命，并且，这种革命发生在社会的各个教育阶层——基础教育阶层和高等教育阶层。他的观点建立在以下几个证据上：一是，教育机构开始增加，特别是学校的数目和教师的人数增加。他引用了乔丹教授的数字："1480年，至多有34所学校向世俗人士开放；但到1660年，捐建了305所学校，还有105所已经开建，因此共有410所新学校，主要是文法学校。到了17世纪中期，每4400人中就有一所学校，大约12英里之内就有一所学校。"② 二是，有越来越多的遗产被捐赠给"小学校"（Petty School）——一种免费的小学，当地的孩子可以在那里学习识文断字，教师通常是当地的牧师，其收入微薄。三是，17世纪早期进入高等教育机构——大学和法律学院（Inns of Court）

---

① Margaret Spufford, *Contrasting Communities: English Villages in the Sixteenth and Seventeenth*, Cambridge University Press, 1974, pp. 183 – 187.
② W. K. Jordan, *Philanthropy in England, 1480 – 1660*, Routledge, 1959, pp. 279 – 191.

的年轻人比以往更多，这种情况直到19世纪晚期才又出现。①因此，斯通教授认为，这一阶段英国发生了教育革命。还有证据指出，保皇派威廉·卡文迪什（William Cavendish）写信给流放的查理二世说：每个织工和女仆手中都有一本英文《圣经》。②如果没有发生教育革命，这种情况不会发生。

但是，这种变化影响有多广？从很多方面看，这种论断是合理的，但不可避免的也有局限性。在考察不同社会阶层和性别差异时这种局限性表现得很明显。也就是说，我们不能认为，这一时期在所有社会阶层都发生了教育革命。因为，此时教育机会的扩大主要限于社会的上层：四大法律学院的学生主要来自乡绅以上家庭。"中殿法学院提供了最有价值的证据。在1570—1639年的70年里，在3879个可以弄清身份的入学新生中，不到2%是资产阶级；3%（后来增加到10%）来自法律家庭和上层教士家庭；其他的人都被记录为乡绅。"③造成这种现象的原因很明显：受教育的成本非常昂贵，来自底层的孩子如果有贵人相助，为他们支付学费的话，有时可以上大学。有时，聪明的孩子会被当地神职人员或贵族发现，资助他们求学并取得学位。还有一种可能，就是穷人的孩子给贵族学生当仆人，这样的学生被称作"工读生"（Servitor or Sizar）。有趣的是，那些贫穷学生都能毕业，相反，他们服侍的贵族学生却表现不佳。但不可否认的是，大学及四大法律学院完全被社会上层垄断。

文法学校的情况差不多，学生主要来自贵族和乡绅家庭，其他学生来自神职人员、专门职业者及手工业者家庭，还有一些来自约曼农家庭。限制孩子上学的主要原因是学费及住宿费。我们可以读

---

① Lawrence Stone, The Educational Revolution in England, 1560-1640, *Past and Present*, No. 28 (1964), pp. 41-80; Literacy and Education in England 1640-1900, *Past and Present*, 42 (1): (1969), pp. 69-139.

② David Cressy, *Literacy and the Social Order: Reading and Writing in Tudor and Stuart England*, Cambridge University Press, 1980, p. 45.

③ Lawrence Stone, The Educational Revolution in England, 1560-1640, *Past and Present*, No. 28 (1964), p. 58.

到克尔彻斯特的免费文法学校的文献,这要归功于威廉·杜加尔德(William Dugard),他从1637至1642年担任这所学校的校长,这个学校17世纪的入学登记簿被保留得非常完整。他给每一位入学学生做了记录,不仅有名字,而且有他们父母的头衔和社会地位,以及他们的年龄、居住地、入学日期以及入学所付费用。在杜加尔德任职的5年里,有165名学生进入克尔彻斯特文法学校,他们中只有18人是免费学生。在这些少量的免费学生中,有1名绅士的孩子和2名律师的孩子。[①] "其余学生的学费是10.25先令。每个人以各种各样的形式为蜡烛和炉火出资,总共需要为入学支付2先令6便士到10先令不等的费用。如果他们想要上杜加尔德额外提供的书写课,则需要额外支付20先令。"[②]

"小学校"则更加开放,它吸收了越来越多的农村孩子。上学需要买书、纸和笔,这对一些家庭也是负担。另外,还有孩子上学的渴望与家里劳动力的需求有矛盾。小孩通常在5、6岁上学而到7岁就退学了,因为7岁的时候他们就能为家庭经济提供帮助,在很多情况下他们在适龄教育的时候要被迫开始劳作。

大多数保留下来的文献都是文法学校和大学的记录。这一时期,文法学校的确增加,这些学校主要接收中上等阶层的孩子。并没有证据表明,基础教育在同一时期以同样的速度发展,大部分穷人其实是被排除在所谓的"教育革命"之外的。史料表明,正规教育机会分层严重——即只有贵族子弟才能入学,穷人家的孩子只能接受最基本的教育。"各个层级的教育,从获得基本的读写能力和接受正规的中学教育,到进入大学,特权阶层的孩子取得进步是以非特权的同龄人为代价的。"[③]

此外,斯通提出的另外一个证据是,这一时期人们拥有的书籍增加。其实,这也不能作为直接证据。有人买书就是为了装饰,从

[①] D. Cressy, Educational Opportunity in Tudor and Stuart England, *History of Educationn Quarterly*, Vol. 16, No. 3, 1976, p.310.
[②] Ibid., pp.310–311.
[③] Ibid., pp.302–303.

来不是为了阅读。即使《圣经》也不总是被用于宗教的目的。著名的清教徒牧师理查德·巴克斯特（Richard Baxter）抱怨，在内战时期，士兵拿《圣经》用来当子弹，厚厚的《圣经》比薄薄的笑话集更能满足这种需求。

那么，是什么促进了这场"教育革命"呢？

三 促进教育发展的因素

有两个原因促进了这场"教育革命"。

第一，是文艺复兴时期的人文主义的促动。人文主义主要影响了社会的精英阶层。16世纪的人文主义不是我们通常所认为的理性和世俗社会的道德，其确切的含义是指一种新学问（Newlearning）——其产生于15世纪，到16世纪早期开始席卷欧洲。在教育层面，人文主义包括学习古代语言，如拉丁语、越来越受重视的希腊语、有时还有希伯来语以及用这些文字写成的哲学、文学和历史著作。推行这种"新学问"的人包括伊拉斯谟、约翰·科利特和托马斯·莫尔。这些学者希望完整地还原古代经典著作，并让更多的人了解这些著作。他们认为，推行古典教育及基督教道德可以在公民间实现道德复苏、为社会创造良好秩序与和谐气氛。"随着文艺复兴思想的传播，贵族开始表现得博学起来。有学问的人服务王室和国家成为一种时尚。"[①] 这也是培养品德高尚的王公贵族和有责任心和臣民的一种方法，这基本是一种人文主义理想。在某种意义上，他们尝试回归到贵族受教育这一理念上。这种理念在罗马帝国时期存在，但在中世纪后期，大部分英国贵族都是军事贵族，不通文墨，人文主义学者希望他们也成为学者，像古代的那些伟人一样，能文能武。这种理念影响了王室。亨利八世的秘书之一托马斯·埃利奥特爵士（Sir Thomas Elyot）在《统治者》一著中提出了一个理想的教育模型。他认为：儿童应该在7岁开始学习拉丁语；

---

① David Cressy, *Education in Tudor and Stuart England*, Edward Arnold, 1975, p. 5.

7—14 岁开始阅读拉丁文著作并开始学习希腊文[①]；14—17 岁应该开始学习逻辑学、修辞学、历史和诗歌；17—21 岁开始涉猎哲学和伦理，特别是柏拉图的作品——这些都是人文主义学者所特别推崇的；到 21 岁就应该学习法律。同时，儿童要接受身体训练，如骑术、运动、军事、艺术和舞蹈（舞蹈被认为是优雅礼仪必须的）。[②] 罗杰·阿斯坎姆（Roger Ascham）在 1570 年写了《教师》一书，其灵感源于与威廉·塞西尔的谈话。他与王室关系密切，并认为此书主要针对的是"在绅士和贵族家里接受私人教育的年轻人"[③]，他们应该探讨古典的学问和完备的宗教。因此，复兴人文主义是一个针对社会精英阶层的模型。

第二，是宗教改革。新教改革家认为，学习和虔诚的宗教信仰应该齐头并进。新教改革的胜利为教育提供了很大优势。首先是因为新教改革家希望教士能获得更好的教育，他们应该不仅能主持圣礼，还能承担传授知识的责任，应该成为在神学上有觉悟的新教的传道者、教育者。其次是新教相信教育对于救赎平民大众有着重要意义。不像在中世纪，天主教基本是一种"视觉的文化"（Iconographic culture），而新教是一种以理性为中心（Iogo-centric culture）的文化。在宗教改革后，所有新教领袖都坚持认为，每个人都应该能读《圣经》，应该能直接领悟上帝的话语。即使是被流放的耶稣会士领袖罗伯特·珀森斯（Robert Persons），也希望英格兰每个教士都能"至少教会孩子读写、算账以及了解基督徒的教义"。[④] 在理论上，宗教教义的内向化需要信徒具备读

[①] Thomas Elyot, *The Boke Named the Gouernour*, London, 1883, pp. 32 – 35, 113 – 117.

[②] Ibid., pp. 32 – 35, pp. 233 – 238.

[③] Roger Ascham, *The Scholemaster or Plaine and Perfite Way of Teachyng Children, to Vnderstand, Write, and Speake, the Latin Tong but Specially Purposed for the Priuate Brynging vp of Youth in Ientlemen and Noble Mens Houses, and Commodious also for all such, as Haue Forgot the Latin Tonge . . .* , London, 1570.

[④] K. Thomas, The Meaning of Literacy in Early Modern England, in G. Baumann (ed.), *The Written Word: Literacy in Transition*, Clarendon Press, 1986, p. 111.

写能力。"宗教改革改变了教育的组织和方向。"① 新教强调"教义问答"② 的重要性，如果穷人不能读书，他们非常有可能不了解新教的信仰，因此，穷人必须提高阅读能力、掌握经文，至少在理想情况下必须如此。所以，出于宗教目的，他们强调学校教育和基础的读写能力，而这从某种意义上把接受教育的渴望从社会精英阶层扩展到大众层面。因此，复兴人文主义也是一个跟社会关联更广阔的教育理想的模型。

当时的教育涉及到两个文化要素：人文主义者希望培养品德高尚的统治者，新教希望培养受过良好教育的牧师。两者共同推动了正规教育的发展，并共同推动社会和文化的变革。并且，在这一时期，政府开始影响学校教育的内容和组织，规定了"黎力语法"〔(Lily's Grammer)，由圣保罗学校第一任校长威廉·黎力 (William Lily) 制定的拉丁语法③〕为全国标准教材。这套语法一直是都铎王朝和斯图亚特王朝的核心课程。并且自 1555 年（玛丽一世时）开始，要求所有教师应取得执照（由当地主教颁发）。当时，玛丽一世是想用控制教师执照的办法，来控制新教思想的传播，但这种规定在伊丽莎白一世继续有效。1559 年王室法令，1571 年和 1604 年教会法令，1581 年、1604 年及 1662 年议会法案，都重申这一体系，并对无视或违反者加以惩罚。除了 1646—1660 年期间的间断，这一政策持续到斯图亚特王朝末期。④ 这有效地保证了教师质量——只有那些人品好、有学问的人才能获得教师执照。

第三，是政府管理的需求以及社会教化的需求。16 世纪 30 年代，在都铎王朝革命之后，政府的管理和外交事务日益复杂，大量的通信、文告、记录需要专门人才。此时，读写能力的提高

---

① David Cressy, *Education in Tudor and Stuart England*, Edward Arnold, 1975, p. 6.
② 教义问答或教理问答，是新教传统特色，是一种通过书写文字来进行的宗教教导。
③ David Cressy, *Education in Tudor and Stuart England*, Edward Arnold, 1975, p. 81.
④ Ibid., p. 8.

主要是由于实际用途的需要所推动的,如店主、粮商、矿主、农场主都发现,如果他们能读写会更加方便他们经营、管理自己的生意。贸易的扩张也增加了对商业文员的需求。经济原因也可以解释为何城市的识字率高于乡村,商人的比例高于劳工、男人的比例高于女人。

　　第四,是王室的希望。王室希望教育可以解决都铎王朝因人口增加、经济发展、宗教改革所带来的社会问题。托马斯·克伦威尔在1536年起草的王室法令中,对大众教育这一激进理念给予了某些支持,认为全国的牧师应为所有儿童安排宗教性的主日学。他的想法没有得到推行,但显然,克伦威尔的兴趣既非机会平等也不是推进才智,更多是为了防止大众制造事端。他们认为,普及教育被设想为一种社会控制手段,而不是社会解放。其目标在于消灭扰乱社会的"懒惰和闲散",并为某种稳定的"职业"训练人民的好品行。①同时,在亨利八世时期,所有教区被要求摆放英文《圣经》,这样,"不仅他的臣民可以读到上帝的话语,而且他们也能学习遵从上帝的命令,服从他们至上的君主和最高权威……各从其业,不要心怀不满或嫉妒"。②

四　高等教育的发展

　　高等教育是否也发生过"教育革命"?就像劳伦斯·斯通和柯蒂斯(Curtis)认为的那样?革命的概念可能涉及到具体的数量——大学的数量、学生的数量,当然也涉及到质量——高等教育背后的治学理念、大学生活和教学的组织等等。大学有两个快速发展时期,一个始于1560年,到1583年代达到高峰;另一个始于1604年,中间有一

---

① D. Cressy, Educational Opportunity in Tudor and Stuart England, *History of Educationn Quarterly*, Vol. 16, No. 3, 1976, p. 303.
② K. Thomas, The Meaning of Literacy in Early Modern England, in G. Baumann (ed.), *The Written Word: Literacy in Transition*, Clarendon Press, 1986, p. 118.

个平静期，到17世纪30年代中期达到高峰。① 当时，英国有两所著名的大学：牛津大学和剑桥大学。从1544年开始，剑桥大学的入学记录开始保留，牛津大学的入学记录从1571年开始保留。这一时期，这两所大学都有很多新的学院建立。在牛津大学：1517年建立了基督学院；1554年建立了三一学院；1555年建立了圣约翰学院；1571年建立了耶稣学院；1612年建立了瓦德汉学院（Wadham）。② 学生人数也有显著增加，1580—1589年牛津大学的入学人数是3220人，到1630—1639年增加到4179人。③ 但是，这些数字是基于入学考试的记录，所以并不完整，可能被低估了。

在斯图亚特复辟以后，随着大学数量的增加，师生关系也有所改变。中世纪的学生一般住在旅馆或者宿舍里，几乎与老师没有任何直接的接触。新的大学既是为学生也是为老师建立的，他们之间的关系更加亲密，同时，他们在督导时间、讨论课和讲座时间可以有更多接触。此外，正规的科目仍旧是传统的，集中在亚里士多德的语法、逻辑、修辞和道德以及自然哲学。但在实践中，好的老师会补充一些当代语言和历史，以及天文学、物理学、数学知识，包括使用一些现代的设备。课程主要靠"顾客"的需求决定：教师主要教授学生和学生父母感兴趣的科目。

高等教育的发展有几个结果。一是培养了受过高等教育的治安法官、议员（见表12-1）。1625—1640年，在萨默赛特郡108个治安法官中，有74%的人都上过大学或者法律学院。④ 二是到1640年，教士已经成为研究性质的职业（即使在基层教区也如此，不像在法国和西班牙，或中世纪的英国），许多教界人员成为了文法学校和小学的教师，这也有助于教育向下层的传播。

---

① Lawrence Stone, The Educational Revolution in England, 1560–1640, *Past and Present*, No. 28 (1964), pp. 50–51.

② Ken Powell and Chris Cook, *English Historical Facts*, 1485–1603, Macmillan Press Ltd, 1977, pp. 144–145.

③ Lawrence Stone, The Educational Revolution in England, 1560–1640, *Past and Present*, No. 28 (1964), p. 60.

④ Ibid., p. 64.

1563—1642 年议员的教育背景[①]

日期	总人数	大学		法学院		两者都参加		参加其中之一	
		人数	比例	人数	比例	人数	比例	人数	比例
1563	420	110	26%	108	26%			160	38%
1584	460	145	32%	164	36%	90	54%	219	48%
1593	462	161	35%	197	43%	106	54%	252	55%
1640—1642	552	276	50%	306	55%	196	64%	386	70%

五 教育发展带来的结果

第一个结果就是，社会精英阶层，特别是贵族，受到了良好教育，同时，大学的教学内容和方法也有所改变。16 世纪见证了教育的转变，之前贵族只在家中接受私人教师的培养，从这时起他们可以开始上学，特别是在文法学校，然后会到牛津大学和剑桥大学学习。16 世纪中期，一些社会精英在完成大学学业后还会继续到四大律师学院进修（与牛津大学、剑桥大学类似，但专注于法律领域，有时被称为英国第三大学），而且这种现象成为一种潮流。

同时，师生关系也有变化。在大学，许多贵族子弟都要住在学校，他们是可以与教授同桌用餐的学生（Fellow Commoners），而不是在楼下的餐厅与众多平民学生为伍。他们取得的学位也很特殊，他们中大多数人是跟着自己的导师学习，导师由学生的家长从某些学院聘请，负责监督他们的学业，培养他们的品德，并由家长直接支付报酬，这是牛津大学、剑桥大学导师制的起源。当时，很多贵族学生甚至睡在导师家里。有别于大学的一般课程，在牛津大学和剑桥大学，除了取得学位必须的修辞学、逻辑学和哲学，导师通常为他们学生设立更加现代化的课程，包括历史、文学、地理、现代哲学和现代神学等。一些导师会为学生准备特别的阅读内容。为了

---

① Lawrence Stone, The Educational Revolution in England, 1560 – 1640, *Past and Present*, No. 28 (1964), p. 63.

帮助学生理解，有些导师还对关键引文进行注解，并让学生背诵一些摘自经典著作的引文，以便他们在日常对话中可以使用。

从17世纪早期的一位剑桥大学的学生留下的日记，我们可以得知当时剑桥大学教育的情况。1617—1619年，西蒙斯·埃文斯（Simonds Ewes）是剑桥大学圣约翰学院的学生。在那里，他跟导师学习逻辑学、伦理学、道德哲学及历史。他的导师是理查德·霍尔兹沃斯（Richard Holdsworth）——一位清教徒牧师，埃文斯参加了剑桥大学的一些讲座，练习用英文和拉丁文写作，他加入了剑桥大学附近的教会，跟导师讨论现代神学，他学习加尔文神学，他在日记中写道："我经常跟其他学院的有识之士及自己学院的青年才俊进行交流。"[1] 这符合贵族家长的希望，他们希望恰当的教育能把他们的孩子培养得有学问、更加体面——正如人文主义思想家希望的那样。埃文斯的导师霍尔兹沃斯在描写学生父亲的希望时写道："他的父亲不希望他成为一位学者，只希望增加他的学识、使其变得虔诚。"[2] 四大法律学院没有根据学生的愿望调整课程，学生没有得到特别照顾，没有导师制度，学生需要阅读法律方面的书籍，到法庭观摩各种诉讼，参加学院的正规学习，并学习申辩案件（类似模拟听证会）。英国普通法的复杂程度让人望而生畏，法律史教授赫姆霍尔兹曾这样评价："那是一堆松散的、令人费解的琐碎条文，没有任何简化或系统的阐述。"[3] 埃文斯完成剑桥大学的学习后，到法律学院进行了两年的深造，他说那两年是自己人生中最郁闷的日子。

第二个结果就是，神职人员的文化水平提高。当时的大学主要还是神职人员的教育中心，有50%左右的大学生不是贵族，他们

---

[1] James Richard Halliwell, *The Autobiography and Correspondence During the Reigns of James I*, Vol. 1, London, 1845, p. 121.

[2] Rab Houston, *Literacy in Early Modern Europe: Culture and Education, 1500 – 1800*, Routledge, 2002, p. 86.

[3] R. H. Helmholz, *Natural Law in Court: A History of Legal Theory in Practice*, Harvard University Press, 2015, p. 85.

大多数来自牧师家庭或"平民家庭"（Plebian Families），他们通常要读完大学，然后取得学士或硕士学位。他们的人数不断增加，而且越来越多牧师子女的入学，也使得教区牧师的教育水平有了普遍提高。到1630年，英国很多地区都有大量大学毕业的神职人员。在伍斯特郡，1580年，只有23%的神职人员从大学毕业；到1620年，这一比例增加到52%；到1648年，这一比例增加到84%。①

第三个结果就是，教学质量提高。16世纪80年代，获得主教任命的校长只有27%的人受过大学教育，到17世纪30年代增加到59%。②此外，教育方法、教育目标以及课程改革都成为专职教师们讨论的话题。荣格·阿斯克姆（Roger Ascham）在16世纪70年代写下的《校长》一书具有开创性，后来，理查德·马卡斯特（Richard Mulcaster）出版了《学校的目的》，约翰·布林斯利（John·Brinsley）出版了《为学习辩护》。③

第四个结果就是，学校增加、普通公民上学机会增加。16世纪和17世纪早期是学校建立的黄金时期，许多新学校建立，最显著的是受捐助的文法学校的增加。在英国城市中，很多重要学校都被命名为"爱德华六世学校"。在爱德华六世在位的短短几年里，有27所学校建立。"这些在解散修道院以后建立起来的新学校比中世纪晚期的学校有很多优点。原来教学安排不连贯、管理混乱、服从于宗教的目的，现在转变为世俗人士捐赠的、管理有序的、为那些准备成为学徒或进入大学的男孩预备的学校。"④ 这些学校经常是接受捐助建立的，捐建人包括商人、神职人员、以及地方贵族。"1558—1603年，至少有136种新的基金加入到英格兰文法学校的捐建中。捐赠人主要是贵族、教士和商人。尼古拉·培根爵士在萨福克的波特斯德尔（Botesdale）捐建了文法学校；大主教格林德尔

---

① Stewart A. Dippel, *The Professionalization of the English Church from 1560 to 1700*, Edwin Mellen Press, 1999, p. 231.
② David Cressy, *Education in Tudor and Stuart England*, Edward Arnold, 1975, p. 10.
③ Ibid., pp. 18–26.
④ Ibid., p. 7.

（Grindal）在昆伯兰捐建了圣比斯（St. Bees）学校；呢绒商彼得·布伦戴尔（Peter Blundell）在德文郡的泰沃顿（Tiverton）捐建了文法学校。"[1]牛津大学、剑桥大学的入学率从16世纪前半期的每年300人增加到16世纪后半期的每年700人。经过16世纪90年代短暂的下降，到17世纪20、30年代增加到每年1000人。[2]

通常，捐建的文法学校会提供多样化的学校教育：包括古典语言课程（作为大学预科课程），也有其他课程，包括"母语课程"——用英文授课的课程，还常常有基础科目——如阅读、写作、算数。除了捐建的文法学校，还有"小学校"（兴起和衰落都取决于是否有教师），这类学校在英国国内越来越普及。"小学校"主要教授基础的读写知识，通常还有一点算数的技能。到17世纪，英国大多数郡县都有一所文法学校和若干"小学校"，并且这些"小学校"在村庄越来越多，主要由神职人员主持。17世纪见证了学校的持续增加，在詹姆士一世时有83所文法学校建立，在查理一世时有59所文法学校建立，查理二世时期有80所文法学校建立。[3]

总之，这些教育变化的意义重大，在社会精英中，教育的发展推动了统治阶级文化统一的进程。这种推进是通过创造一个高标准的教育格局来完成的，许多贵族参与其中，同时，他们很多人也接受了他们倡导的教育。这些人经历着同化的过程，他们通过古典文化的学习，同化了他们的文化标准和价值观念。他们属于同一个文化世界，这种文化世界建立在经典著作、《圣经》以及某些形式的新教神学理论和法律基础之上。同样，神职人员层面的教育转变也相当重要。到1640年，大多数教区都有一些可以称之为"智者"（Resident Intellectual）的人。这个发展很可能使得大学的文化价值观渗透到乡村，而这将通过神职人员与教区民众之间的交流实现。

---

[1] David Cressy, *Education in Tudor and Stuart England*, Edward Arnold, 1975, p. 8.
[2] Ibid., p. 9.
[3] Ibid., p. 10.

对于较低的社会阶层，文化转变的成就似乎小得多，但如果一种界限被突破，在每个教区至少会有一些会读写的平民，当然一些是中等阶级，甚至一些是更下层的人士，读写能力更频繁地在生活中派上用场，如写遗嘱等。

精英文化向下层辐射，小册子、日历可以帮助人们接触到精英人士日常的一些话题和想法。"各处都有印刷的书籍，无论是在外省还是伦敦：1585 年，一位什鲁兹伯利的书商有 2500 册书的存货（500 种不同的书名）。"① "《圣经》和其他宗教方面的书籍大量出版，在 17 世纪 60 年代，每年出售 400000 本年历。"② 小册子的销量很好，而且为精英社会和平民搭建了一座桥梁。塞缪尔·佩皮斯（Samuel Pepys）是一位海军大臣，他喜欢收集小册子。这种书，在普通的图形、符号和一般信息方面对穷人、富人有着同样重要的影响。因此，我们认为，无论这一时期是否发生了"教育革命"，这些教育的变革都成为一个对过去的重要突破，无论有多少局限，无论怎样被阶层和性别因素限制，它们还是为社会和文化的发展创造了无限的可能性。16 世纪后期到 17 世纪之间，教育逐渐发生的重大改变，这是近代史上伟大的变革之一。

---

① K. Thomas, The Meaning of Literacy in Early Modern England, in G. Baumann (ed.), *The Written Word: Literacy in Transition*, Clarendon Press, 1986, p. 110.

② Bernard Capp, *Astrology and the Popular Press*, *English Almanacs, 1500 – 1800*, Cornell University Press, 1979, p. 44.

第十三章　疾病与健康

近代早期英国发生过"科学革命""教育革命",但百姓的健康并没有实质改善。17世纪中期,英国男性的预期寿命大约是35岁,到1850年大约是40岁,1890年提高到44岁。[1] 死亡率高于出生率是当时的特点。各个年龄群体、各种职业和社会阶层的人都知道,他们类似朝圣之旅的生命历程一直伴随着疾病的侵袭。生病是生命中重要的一部分,死亡也并不遥远。人们周日去教堂,感受着大量的死亡证据:坟墓中埋葬着他们的祖父母、父母(有时是父亲或者母亲)、早逝的兄弟姐妹,甚至是他们自己的孩子。年轻的孩子可能穿着过世的兄弟姐妹的衣服,新生儿继承夭折孩子的名字也很普遍。"人们用比结婚和洗礼更隆重的方式庆祝葬礼,新的世俗的文化也对死亡也赋予了更重要的意义,而不仅仅是报纸上的讣告栏。"[2]

一　对疾病的认识

疾病和死亡在近代早期英国人的头脑中挥之不去。关于这一点,我们可以从历史上的布道、宗教安慰的著作中,通过检索个人

---

[1] Roy Porter, *Disease, Medicine and Society in England, 1550–1860*, Cambridge University Press, 1995, pp. 59–60.

[2] Ibid., p. 17.

在书本、杂志、信件、日记中的记载得到印证。① 信件和日记揭示了诸多现象,一些作者经常记下社区中的死亡。疾病是一个恒久的主题——日记者经常记下其本人、其家人和朋友生病的情况。并且,这些文献为更广阔的"疾病文化"提供了一个窗口,揭示了关于生命意义和死亡的信念;疾病的原因和目的;预防和治愈;关于身体和灵魂、肉体与精神的关系。"塞缪尔·佩皮斯和清教徒理查德·巴克斯特记载了当时个人对疾病的看法,这些看法反映当时的社会状况。对疾病的治疗、对死亡的预测、对患者的安慰,在一个大众文化口口相传的时代,个人的经验很重要。"② 在讲道坛上、在《圣经》和类似的宗教著作中,疾病与健康都是经常出现的主题。在一些健康照料的手册中更是如此。

对于都铎王朝和斯图亚特王朝的人来说——甚至对维多利亚时期的人也是一样——"他们不认为疾病是外部的侵袭,而是一个重要的生命事件,贯穿人的一生:精神的、道德的、身体的、生命过程的;过去的、现在的、未来的"。③ 这种观点部分源于人们对疾病的认识。人们认为,健康就是机体有秩序的工作,疾病是其不平衡的迹象。为了保持健康,人们需要坚持健康的饮食、运动、呼吸清新的空气、保证充足的睡眠等等。因此,基于近代早期英国人对疾病的认识,人们与其说关注治疗不如说更关注保健。

如果,从生理学和心理学来讲,保持健康主要是过一种平衡的、有规律的、适度的生活。为何人们还会生病、死亡呢?人们普遍接受的几种说法如下:

首先,恶劣的环境是疾病的罪魁祸首。在《论空气、水和所在》一文中,希波克拉底指出:"谁若想准确地研究医学,谁就应

---

① 这样的材料从社会学上讲当然没有代表性——因为它只记录了少数人的思想,也就是说,在一个大部分人是文盲的社会中,具备读写能力的人的思想不具代表性(至少在18世纪之前,来自妇女的第一手资料是欠缺的,这样的文献也没有反应儿童的想法)。

② Roy Porter, *Disease, Medicine and Society in England, 1550 – 1860*, Cambridge University Press, 1995, p. 18.

③ Ibid., p. 19.

该这样去做：第一，考虑一年的四季，它们会产生什么影响，因为四季是不同的，而且变化很大。第二，考虑冷风和热风，各地共同的和某一地区特有的因素都在考虑之列。第三，我们也必须考虑水的性质，因为水的味道和重量是不同的，因此它们的性质也有很大的差别。第四，当一个人进入一个陌生的城邦，他应该考察该城邦的位置，他处于什么样的季风中以及日出情况；因为太阳在北还是南，日出还是日落，影响是不一样的。"[1] 自古希腊开始，人们通常认为，过度拥挤、没有新鲜空气的城市是传染病的源头，那些住在沼泽地或河口地区的人经常患疟疾。人们认为，那里的土壤及水散发着有毒的气体。埃塞克斯郡、肯特郡和苏塞克斯郡600个教区以上的死亡率指数表明，与近代早期英国其他地方相比沼泽区的死亡率非常高。粗略的估计是平均死亡率超过50‰；婴儿的死亡率超过250‰，或300‰。在许多湿地，至少在这两个世纪，一些教区的死亡率一直高于出生率。[2]

其次，人们普遍认为，疾病可能是巫师的符咒或者邪恶力量导致的。17世纪中叶以后，人们逐渐不再相信巫术、魔力或魔法的作用。把疾病归结为恶魔作祟，并通过神奇的方法可以治愈的认识，逐渐只限于社会的底层、乡下人。但是奇迹医疗（Magical Treatments）的残留——例如把一个患咳嗽的孩子在驴身体下过一下——一直持续到19世纪。把疾病归罪于恶魔的观点一直被某些基督教派别所接受。18世纪，约翰·卫斯理（John Wesley——卫理宗的建立者），认为疯癫是由于邪恶的力量引起的。

再次，人类的堕落被广泛认为是生病、痛苦和死亡的原因。由于人类的原罪，亚当和夏娃被逐出伊甸园，他们把疾病和死亡带到人间，这是对他们违背上帝意志的惩罚。《圣经》警告妇女，由于

---

[1] Hippocrates, *On Airs, Waters, and Places*, in *Great Books of the Western World*, William Benton, 1980, p. 9.

[2] Mary J. Dobson, Contours of Death: Disease, Mortality and the Environment in Early Modern Engalnd, *Heath Transition Review*, Vol. 2 Supplementary Issue, 1992, p. 81.

这种堕落,"所以你要承受生产的痛苦"。① 17 世纪,新教徒相信,世界已经很古老,并将快速地腐朽:瘟疫、传染病、疾病、饥馑、灾荒和战争被广泛解释成世界末日的前兆。因此,疾病是长时段的死亡过程的象征,是对死亡的提醒,死亡本身也是从这种痛苦中的解脱。"在临终的病床前,天主教和新教之间有很大的不同。例如,天主教要为临终的人涂圣油,并且让其忏悔,新教则认为奇迹的时代已经过去。但这两种宗教都坚持,牧师或者教士应该掌管死亡,而医生在看到没有任何希望可以救治病人的情况下离开。"② 因此,当时死亡是一种宗教行为而不是医学行为。

这样的观点对于理解疾病和死亡的意义重大。但是,这并没有解释人们的困惑:为何是"我"生病?今天,大多数人认为疾病是人生的插曲,我们很少感觉需要对此赋予特殊的含义。在几个世纪之前,生命风雨飘摇,死亡经常会出现在生命的某个阶段。在这种情况下,疾病的每个阶段都需要仔细检查其更深意义上的预示和含义。正如当时的日记家们记下的疾病与道德、精神及宗教信息,疾病经常被解读为自然的公正在起作用。因此,乱交者会患性病,无所事事的人会精神抑郁,父母的罪会影响到他们的孩子。即使是不信神的塞缪尔·皮普斯(Samuel Pepys——英国日志作家)也把其生病归结为乱性的惩罚。③

疾病被认为是上帝的"手指"。上帝使用疾病有更高的目的。可能会是对不信神的人的打击,正如《旧约》中讲到的埃及人遭遇的瘟疫。鼠疫被解释成一种"矫正",是神的愤怒的一种提醒,是警告邪恶的人改正他们的行为方式。当虔诚的理查德·巴克斯特生病,因而避免了被卷入不愉快的生意,他认为是上帝之手挽救了他。17 世纪中期,埃塞克斯郡的若瑟兰·拉尔夫(Revd Ralph)认

---

① 《圣经》:《创世纪》,第 3 章,第 16 节。
② Andrew Wear, *Medicine in Society*, *Historical Essays*, Cambridge University Press, 1992, p. 124.
③ Roy Porter, *Disease, Medicine and Society in England, 1550 – 1860*, Cambridge University Press, 1995, pp. 21 – 22.

为，被蜜蜂蛰了以后的刺痛可以用蜂蜜来缓解，正是上帝的慈爱的表现，也就是说，上帝给那些值得怜悯的痛苦供应现成的治疗方法。① 这样，身体的疼痛被认为是神的预先的警告——在地狱的精神折磨会更痛苦。

因此，疾病被认为是上帝对人类揭示其旨意的方法中的一个。但是，认为疾病是神意的认识，并没有取代疾病也有自然原因的认识，以及需要医学的治疗的认识（如奥利弗·克伦威尔对其部下说的："相信上帝，但同时保持你的火药干燥"②）。很少有人认为医学和上帝冲突，虽然一些苏格兰的加尔文教徒，认为免疫预防水痘是一种不虔诚的作法；认为得水痘是上帝的旨意，预防它是邪恶的。但是这样的宗教宿命论在17世纪的英格兰很少见到。

二 疾病的自我治疗

近代早期英国医疗文化集中在个体，人们关注上帝对人的态度，而不是关注有组织的、有机构的医学。这对人们采取措施对抗疾病有重要的含义。

当时的日记和信件表明，生病者非常注意发现疾病的原因，并且努力采取措施避免它。谨慎的作法是：注意饮食、保暖（这是皮普斯特别关注的）、锻炼。一些有钱人可以去水疗的地方，如巴斯（Bath）和巴克斯顿（Buxton）洗澡、饮用矿物质水。许多人经常吃补品、节食；让当地的理发师兼外科医生给自己放血——这些都是自己保持健康的方法。18、19世纪，强身健体和涤清身体有了更多的方法，包括健身、冷水浴、素食和禁酒。在近代早期英国，预防重于医疗，顺应自然比相信医生更重要，并成为主导百姓医学的主要特点。

更重要的是，保持身体适度的平衡。身体不要太热、太冷、太

---

① Roy Porter, *Disease, Medicine and Society in England, 1550–1860*, Cambridge University Press, 1995, p. 22.

② Ibid..

湿或者太干；就反过来又依赖维持身体运转的关键流体（技术上叫体液）的平衡——例如血液或者粘液。疾病是身体平衡被破坏的结果。如果太热或者太干，就会导致发烧；如果太冷或者太湿就会感冒；如果血液少，身体缺乏营养，就会憔悴；如果血液过多，例如吃太多的红肉和喝太多葡萄酒，一个人的血液会沸腾，会冲上脑子，"血热"的人容易中风。疾病主要被看作是个人的、内部的，由于人的生活方式不当引起的"紊乱"。因此，"紊乱"（生病）可以通过恢复失去的平衡来矫正，草药、放血或者甚至是冷水浴可以降温，而丰富的食物和红肉会治愈"贫血"。更重要的是，如果注意"身体"的各个方面或生活方式，人们就会不生病。①

　　从小的不适到发烧和大病，疾病的发作是与个人的机体和习性有关的。这种认识颠倒了今天的"医生依赖"（或者说今天的认识颠倒了近代早期的理念）：你的生命不是在医生的手里，而是在你自己的手里。这样的观念在当时治疗医学并不发达的时代是有意义的，当时医生的治愈能力是极其有限的。这也与流行的"自然的治愈力量"的观念是吻合的，这也是大多数人认为疾病应该自我治疗、自我控制的共识。也就是说，在近代早期英国，人们接受这样的事实：即医生不是奇迹制造者，人们的健康最终是要自己负责的。这种观念有非常重要的后果，决定了人们在生病的时候应该采取什么措施。

　　一些症状通常都有相应的解释，这些解释被记录下来。1663年，塞缪尔·皮普斯（Samuel Pepys）患病：胃痛和发烧，他对于引起疾病的原因很困惑，认为是血液失调。"但是为何会这样，我并不知道，除非是由于我吃了大量的酸黄瓜。"② 面对这样的局面，有一个解释才能让人放心，它会减轻人们的焦虑，但也会有助于生病的人作一个决定：是否需要找一名专业的医生？现在，只要人们感觉生病了或不舒服就会去看医生。但在近代早期很少有人——除

---

① Roy Porter, *Disease, Medicine and Society in England, 1550 – 1860*, Cambridge University Press, 1995, pp. 19 – 20.
② Ibid., p. 23.

非是某些总怀疑自己生病的患者——生病了就去看医生，即使病得很重的时候。没有人认为医生垄断医学实践。没有医生认为患者首先自我治疗会侵犯他的权威，这样做也不会使医生动怒。

人们思考自己的症状，进行自我诊断。他们也经常会自己制药。一些储备丰富的人家里有自己的"药房"，有一些自制的通便药、催吐剂、止痛药、甘露酒、退烧药等等。至少到 18 世纪中期的时候，一些家庭通常都会储备从商店买来的、或者某个医生自制的药品，如"詹姆士的药粉""乔治的阿司匹林"等等。人们也可以买到拿来就用的药箱。朋友、家庭成员、"女巫"（Wise Woman）、牧师、乡绅都是可以寻求诊疗建议的人。当时的很多信件都有对疾病提供治疗方案的内容。配方书或健康手册里充斥着治愈疾病的各种土法——从鸡眼到癌症。

当然，自我医疗是一个普遍的现象。几个世纪前的病人可能更依靠自己，而不是像我们今天这样依赖医生。医生确定没有很多的技巧。受过教育的人士合情合理地认为——不像今天——他们与医生讲同样的语言，与医生一样，对医学有同样的理解。并且，当时没有需要医生处方才能得到的药物（所有药物都可以获得）。直到 19 世纪，所有的药品——即使是危险的鸦片——都可以从柜台购买。

三　自我保健

近代早期英国人对医学职业的怀疑一直存在。大众的箴言更进一步巩固了这种不信任（"一位医生为另外一位医生创造工作"），也正应了那句话，"医生医治自己"。在小说中，医生被描绘为"泔水先生"或"臭菌医生"。著名的威廉·贺佳斯（William Hogarth）把医生描述为"送葬者公司"。[①] 许多人会同意 1739 年伊丽

[①] Roy Porter, *Disease, Medicine and Society in England, 1550–1860*, Cambridge University Press, 1995, p. 25.

莎白·蒙塔古（Elizabeth Montagu）写道的："我吃下药剂师开的大量的药品。我除了看到更多的病人，没有其他的了。我学会了忍受虚弱，不去信任医生有技术可以治愈我。我努力研读哲学，学会更加睿智，当我不能更快乐的时候，我会更加放松，满足于不能被修复的、忍受那不能够被矫正的身体。有能力的人不会做得更多，有智慧的人也不会做得很多。"①

这也许揭示了，直到17世纪末，医生并不经常出现在生命中最重要的两个时刻：出生和死亡。传统的分娩是"只有女人出现"的场合，由女性助产士、女性朋友或女性邻居帮忙，除非在紧急的情况下才需要医生的帮助。临终的病床也类似，人道的医生会告诉患者，他们将离世，给他们时间让他们处理自己的未竟事务，告诉他们，医生不能再为他做任何抢救，然后会退下，把最后的几个小时留给家人，也许是神父。在传统的医学中——在加护病房出现之前——患者和医生会共同合作——没有过分的紧张，因为每个人都了解医学有限的力量。②

因此，近代早期，每个人都明白自己的健康自己负责，即使生病，他们的首选也不是看医生：一是当时医生人数有限，二是他们收费昂贵。正如罗伊·波特教授（Roy Porter）指出的：当时的医疗顾问以家庭成员、邻居、牧师以及他们的妻子为主，他们都可能免费给予患者建议。行医者，例如久病成医的患者、江湖医生、药剂师、占星术士等等，他们的收费都很低。当时，医疗行业的特点是治疗基本在家中进行，并且任何人都可以参与。

正是由于这种特点，自己采取草药治疗疾病具有更重要的意义——特别是对那些穷人来说。16世纪中期，安德鲁·布尔德（Andrew Boorde）把他的书《健康祈祷书》向百姓传授，目的是可以让这些百姓稍微掌握一点医学知识，使他们悲惨的生活稍微好过一点。威廉·布林（William Bullin）和许多其他人在伊丽莎白时期

---

① Roy Porter, *Disease, Medicine and Society in England, 1550 – 1860*, Cambridge University Press, 1995, pp. 25 – 26.

② Ibid., p. 26.

为穷人写医书——这些医书正规的医生都不屑一顾。1580年蒂莫西·布赖特（Timothy Bright）说：人们应该倾向于家庭自制的，简单的药物，而不是购买药剂师从国外进口的药物。其后，许多人也表达了同样的观点，包括乔治·赫伯特（George Herbert）。这种观点在那时已经成为一种受人尊重的传统。诺亚·比格斯（Noah Biggs）和库帕尔都劝说他的同胞们，要依赖自己土地上生产出来的草药，而不是依赖从国外进口的药物。他说："上帝让我相信，在英国生病可以在英国找到治疗办法。"他强调节制饮食、完全咀嚼食物，并加以适度的运动、规律的睡眠、适度的性生活、洗冷水澡等，这些都是有助于身体健康的。① 许多正直的医生希望通过这种帮助，让穷人自助，避免许多穷人因为看不起医生或者缺乏自救的知识而死亡。

17世纪英国著名的内科医生、药学家尼古拉斯·库帕尔（Nicolas Culpeper）倡导廉价药物——他认为这些药可以在当地采集，穷人可以自己配草药。他相信，上帝不仅为人类创造了食物而且为不同的疾病创造了相应的治疗方法。他在《内科医生学校》一书中写道："地球是万物的母亲，不仅因为它创造了万物，而且为万物准备了养分。"② 他还说："动物们也具有了解药物的本能，如果他们生病了，他们会自己找药吃，造物主给我们人类的更多。"在库帕尔的自传中这样写道："对穷人，我只开便宜并且有益健康的药，只是让他们的身体消化药物，而不是他们的钱包，不让穷人到东印度去买药，而让他们在自家的花园中采药。"③

此外，库帕尔还一生致力于把医疗书籍从拉丁文翻译成英文。库帕尔认为，医学不应该由一些收入高的人来垄断，每个人都应该是他自己的医生，应该用翻译成英文的书籍来帮助普通人掌握医学

---

① Christopher Hill, *Change and Continuity in Seventeenth – Century England*, Yale University Press, 1974, p. 173.

② Andrew Wear, *Medicine in Society*, *Historical Essays*, Cambridge University Press, 1992, p. 128.

③ Ibid., pp. 127 – 128.

知识，例如草药的知识、饮食、运动、睡觉、性生活等应有的规律。1651年，他在所翻译的《医生指南》（A Physical Diretory）一书的序言中写道："我看到那些患病的英国人向我走来，他们说他们的院子里有许多可能会治愈他们草药，但他们不知道如何使用，他们请求我来帮助他们。因为医生是那样的傲慢、粗暴、贪婪……我看到古人向我走来，为了上帝的荣耀而帮助我们治愈疾病，我看到小孩子渴望我用他们的母语向他们传播医学知识。"①他写道："我不会放弃，我要把一切必须的，有助于医疗行业发展的书都翻译成英文。"他又说："医学的书籍用母语印刷不会给医生们带来任何损失……试图把一些简单的医术用人们不熟悉的语言隐藏起来，情况就完全不一样了。"他指责内科医生说："难道你们认为知识的时代还没有到来吗？或者人们就应该永远无知吗？即使是这样（这根本不可能），难道你们就不会像其他人一样死亡吗？死后不会在上帝面前接受审判吗？"②

当时，人都了解乡村的环境更适宜居住，那里有新鲜的空气、清洁的水源，而城市则拥挤杂乱、脏水横流、臭气熏天——特别是伦敦。约翰·格朗特（John Graunt）认识到了这一点，他的《对于死亡率的自然和政治观察》是第一本研究人口统计学的书。格朗特讨论了伦敦与乡下这种不平衡的原因。他说："育龄的妇女在伦敦比乡下少。"他本来也认为伦敦不如乡下健康，虽然那些身体适应的人可能会住在伦敦更长一点时间（指那些在伦敦住过一段时间以后，适应那里情况的人）。他说：虽然住久了的人可能适应了伦敦的环境，但新去的人还有孩子还是不适应，因为那里烟雾、臭味和不流动的空气让人无法忍受。因此伦敦还是不如乡下健康，生病的人都去乡下疗养，老年人也选择到乡下养老。格朗特还提到了人们的压力及他们呼吸的空气："我认为一个城市随着人口的增加会变得越来越不利于健康，伦敦现在比以前更不健康了，一是由于人口

---

① Nicholas Culpeper, A Physical Directory, or, A Translation of the Dispensatory Made by the Colledge Physitians of London, London, 1651, p. III – IV.
② Ibid., p. II.

的增加，二是由于60年前，伦敦几乎不烧煤，而现在煤被普遍使用"。① 纽卡斯尔是更不利于健康的城市。伦敦的烟雾令人无法忍受，不是让人感到不舒服，而是让人窒息。托马斯·肖特（Thomas Short）也是格朗特同时代的人，他也认为：人口密度过高会造成不健康的环境。他说：在拥挤的城市中的情况是，密集的房屋、狭窄的街道、狭小的窗户、更多的人口、不健康的环境，我们研究的几座城市都是这样。②

但当时的情况是，如果一个地方在经济上吸引人，那么那里不健康的因素就会被忽视，这对英格兰大多数富裕地区（例如伦敦）来说都适用。尽管人们恐惧瘟疫，尽管人们了解伦敦患病和死亡的高风险，人们还是从健康的乡下涌进伦敦，使得这个城市不断膨胀。即使在今天也一样，健康的风险不足以改变人们的意愿——如果那里有吸引人的经济机会和向上流动的引力。

四 对待死亡的态度

生命中最重要的两件事情：出生和死亡，今天已经被完全医疗化了，但在近代早期英国，还是宗教人士和俗人控制着这一过程。死亡在16世纪以及17世纪前半期还不是一种医学行为。死亡经常发生，特别是在瘟疫爆发的年份，死亡的过程是社会生活的一部分。家人和朋友聚集在一起给临终的人鼓励——当邪灵的引诱最大的时候，当天使和魔鬼在争夺死者的灵魂的时候（这当然是天主教的看法）。为了帮助死者，中世纪以来，就出版了一些关于死亡艺术的书籍。由于基督教在布道中持续的宣扬：人死后会升入天堂。因此人们能够平静地接受死亡，大多数人死得平和、安详，他们表现得平静、理性、坚韧、信仰、宽容，平静地接受死亡、升入天

---

① Andrew Wear, *Medicine in Society*, *Historical Essays*, Cambridge University Press, 1992, p.130.
② Thomas Short, *New Observation on City*, *Town and Country Bill of Mortality*, London, 1750, p.65.

堂。这些行为给了后人以希望,认为逝者升入了天堂。公众意义上和宗教意义上的死亡远远不同于今天医学上的死亡。

对死亡的宗教意义的强调,在17世纪后半期开始削弱。英国国教徒杰里米·泰勒(Jeremy Taylor)认为,天使和魔鬼对人的灵魂的争斗贯穿人的一生,不是只在临终者的床前才这样的。① 由于启蒙的思想强调现世的生活,因此人们对于来世的观念越来越怀疑。至少对于上层社会来说,死亡的宗教性含义削弱,但在16世纪的时候,死亡更多地被认为是宗教意义上的行为。到18世纪开始,人们开始认为死亡是一种医学行为。

总之,"疾病是人类共同的、普遍的、恒久的生物性经验之一。疾病不仅是人类生活和生命中无法割舍的一部分,其存灭与盛衰,更与人类社会的发展、文明的变迁,有着紧密而复杂的互动关系"。② 瑞典病理学家福尔克·汉森(Folke Henschen)曾宣称:"人类的历史即其疾病的历史。"③近代早期英国对疾病的看法以及态度反应了当时医疗条件有限、医生人数有限的社会现实。在这种背景下发展起来的顺势疗法以及自我医疗也是那个时代的产物,同时,人们见惯了生老病死,对死亡也坦然面对。但我们也要知道,"时至今日,疾病亦然困扰着无数的个人和群体。人类不仅随时随地在'感知'疾病,也在'制造'疾病;不仅在'界定'(Frame)疾病,也在'建构'(Construct)疾病"。④

---

① Andrew Wear, *Medicine in Society*, *Historical Essays*, Cambridge University Press, 1992, p. 188.
② 林富士:《疾病的历史》,聊经出版事业公司2011年版,第8页。
③ Folke Henschen, *The History and Geography of Disease*, trans. by Joan Tate, Delacorte Press, 1966, p. 25.
④ 林富士:《疾病的历史》,联经出版事业公司2011年版,第3页。

第十四章　医疗行业的发展

近代早期英国经历了人类对经济资源过度的压力带来的庄稼欠收、经常性的匮乏和慢性营养不良。在这一背景下，各种热病和传染病（包括天花）——最可怕的是鼠疫——一再打击英国，阻止了都铎王朝前期人口的增加趋势。罗伊·波特教授指出：在斯图亚特早期，生命的预期是35岁。婴儿和孩子特别容易受到侵袭。例如，塞缪尔·佩皮斯有10个兄弟姐妹，只有2个活到成年。① 许多因素造成人类容易受疾病侵袭——贫穷、匮乏、劳累、连续怀孕（当时没有现代意义上的避孕措施）、不卫生及过度拥挤的生活条件。

一　医者②

在风雨飘摇的时代，近代早期英国人生病后向谁求助呢？

自中世纪以来，在理论上，医疗从业者可分为三个等级：内科医生、外科医生和药剂师。人们通常说："内科医学""外科技术"和"药剂师生意"。③ 内科医生具有最高权威，居于医疗行业等级之首。其次是外科医生，外科在当时还被看作是一种手艺活，被认

---

① Roy Porter, *Disease, Medicine and Society in England, 1550–1860*, Cambridge University Press, 1995, p. 7.

② 这里说的医者不仅包括内科医生、外科医生和药剂师，还包括那些提供治疗的人士，有可能是江湖术士，也有可能是家庭中的主妇，他们不是真正意义上的医生，所以用医者指代所有人。

③ M. Jeanne Peterson, *The Medical Profession in Mid-Victorian London*, California University Press, 1978, p. 12.

为是体力劳动,而不是智力劳动。① 药剂师属于最底层,被认为是商人而不是医疗从业者。他们的协会是从零售商协会中分离出来的。

第一,内科医生。近代早期英国富裕的城市居民可以接触到医者金字塔的顶层——内科医生,他们的工作是问诊,预测疾病可能的发展,给出治疗方案和药物(然后药剂师负责配药),并且探视病人、提供建议。内科医生被认为是社会和医疗界的精英。他们拥有大学文凭,对药物有深刻的了解。在诊断病人时,人们看重的是他们的言谈举止而不是他们的技术。②

亨利八世在1518年为内科医生学会颁布特许状。在1523年的一项议会法案中,内科医生学会最早的成员被授予了一些针对一般从业者的管制权。学会的管理人员有权对伦敦城及周边7英里范围内的从业者行使判决权,这些地方的医疗从业人员只有得到其认可才能从业。通过授权正规内科医生管理其他从业者,英国政府规定了正规治疗方法和药物使用标准,供其他所有从业者学习。这样一个新的标准在以前的英格兰法律中从未有过。内科学会的成员只能作为一名纯粹的内科医生,检查患者、诊断疾病、开出药方,药剂师负责根据药方配药。当时,只有牛津大学和剑桥大学毕业的学生才可以获得内科医生学会成员的资格。特殊的教育背景、牛津大学或剑桥大学共同的生活经历、学院的成员资格,使得伦敦的内科医生成为一个独特的社会群体。他们凭借所拥有的特许状维持着内科医生与其他行医者的区别。并且,他们为了自己的利益严格限制人数的扩大。内科医生学会的成员主要居住在伦敦,服务于王室和贵族。所有这些使皇家内科医生学会成为最有势利、地位最高的医生组织。

第二,外科医生。外科医学的显著特点是,它涉及到切割、手

---

① M. Jeanne Peterson, *The Medical Profession in Mid – Victorian London*, California University Press, 1978, p. 9.

② Anne Digby, *Making a Medical Living: Doctors and Patients in the English Market for Medicine, 1720 – 1911*, Cambridge University Press, 1994, p. 170.

术等处理人体外部的不适，例如烫伤、枪伤、刀伤等。① 许多外科手术即使在发明麻醉剂之后仍旧要求速度、灵巧、力气和专门技术。因此，外科当时被看作是一种手艺活，被认为是体力劳动，而不是智力劳动。② 外科医生被看作是一种匠人，与理发师处于同等地位。他是手工匠人而不掌握科学，他们用"手"而不是"脑"工作。因为，外科和理发都是关于刀子的艺术，外科医生行会和理发师行会一度属于同一个行会，建于1540年，直到1745年两个行会才分开。除此之外，外科医生与内科医生最重要的区别是他们接受的教育方式不同。不像内科医生，外科医生不接受大学教育，与传统的手艺人一样，外科医生通过学徒学习他们的技艺，学徒期限通常是7年。他们的训练是实践性的、技术性的，而不像内科医生一样是理论的或经典的，因此他们的社会地位不能与内科医生相提并论。

第三，药剂师。药剂师的地位最低，药剂师协会处于整个医疗行业的第三等级。1617年以前，药剂师是伦敦杂货商行会的一部分，这一年他们获得皇家特许状，成立药剂师协会。他们的权力和功能与其他行会一样，由他们的特许状所限定。他们负责在伦敦供应、配制、销售药品。那时，他们不是医疗从业者，而是药商。他们负责根据内科医生的处方为患者配药。药剂师是内科医生的下属，内科医生开方，药剂师配药。自然地，两者之间有许多矛盾：药剂师比内科医生更了解药物，因此经常自己开方（患者对此满意，因为他们避免了内科医生高昂的费用）。在伦敦，这种矛盾导致内科医生学会和药剂师协会（建立于1617年，在法律上服从内科医生学会的监督）之间的冲突和法律诉讼。整个17世纪，内科医生学会努力坚持其自己的权力。但是，伦敦之外，这样的划界争论却很少，因为只有不同等级的医生混合在一起，并且彼此摩擦时

---

① Andrew Wear, *Medicine in Society*, *Historical Essays*, Cambridge University Press, 1992, p. 93.
② M. Jeanne Peterson, *The Medical Profession in Mid–Victorian London*, California University Press, 1978, p. 9.

才会有这样的问题。例如在诺维奇，内科医生和外科医生被组织在一个行会中。在更小的城镇、村庄，通常在某一特定区域只有一个开业者，他会提供各种治疗——不管他受过什么样的训练也不管他有什么样的头衔。18世纪，外科医生兼药剂师是对乡下或小城镇医生更普遍的称呼（不管其是否受过任何一种训练），表明医生负责所有科目，不仅只是在名称上，其实，他已经是全科医生或家庭医生。

我们不知道在都铎王朝和斯图亚特王朝有多少受过训练的医生在行医。据韦伯斯特（Charles Webster）和佩玲（Magaret Pelling）教授统计：莎士比亚时期的伦敦，大约有50名内科医生，100名外科医生，100名药剂师以及250名"非正规"医生，没有关于助产士及护士的人数。其他外省情况类似，1550—1600年，诺维奇郡大约有100名活跃的医生（其名字已可知）①，乡村地区的医疗服务肯定不如城里完备。也许下面的记载有象征意义：拉尔夫·若瑟兰（Ralph Josselin）是埃塞克斯郡郊区的牧师，他在1643—1683年写有非常详细的日记，他几乎从没有叫过医生，虽然他自己和家人经常承受各种小病的折磨。②也就是说，当时很多人自己为自己看病，吃一些治疗头疼脑热的药物。到近代晚期，统计资料逐渐健全：1783年，全国有3623名外科医生兼药剂师、外科医生和药剂师，511名内科医生；1851年的人口统计，列举的内科医生2328人，外科医生兼药剂师有15163人；1861年内科医生有2385人，外科医生兼药剂师12030人。③ 18世纪，人数可能更多，虽然我们不应该臆断，但都铎王朝和斯图亚特王朝医生人数确实短缺。

虽然都铎王朝和斯图亚特王朝医生人数有限，但也从来不缺少

---

① Roy Porter, *Disease, Medicine and Society in England, 1550–1860*, Cambridge University Press, 1995, p. 13.

② Roy Porter, (ed.), *Patients and Practitioners: Lay Perceptions of Medicine in Pre–Industrial Society*, Cambridge University Press, pp. 107–116.

③ Anne Digby: *Making a Medical Living: Doctors and Patients in the English Market for Medicine, 1720–1911*, Cambridge University Press, 1994, p. 170.

其他"医者"照顾病患。在这些"江湖医生"和"非正规"医生中有人是全职的，有人只是一段时间行医；有些人是为赚钱，也有人是出于热心；有些人有行医执照，有些人没有；大多数人被默认，少部分人遭到迫害。被认可的"医生"中包括有执照的助产士（都是女性）。助产士需要从当地主教那里取得执照，主教在原则上需要证明这位女士的人品。她们参与接生，人们更多看重的是她们良好的道德、宗教的虔诚而不是医学的技巧，因为助产士很容易被怀疑参与溺死私生子（虽然没有很多证据怀疑她们行巫术）。传统助产士的能力在历史上一直有争论。男性助产士——或者说产科医生——在18世纪的上流社会取代了女性助产士，那些传统的"祖母助产士"代表无知、愚蠢。但是，最近的研究表明，很多女性助产士有文化，来自受人尊敬的家庭。她们应该可以处置正常的接生，但她们缺少处置不常见的、难产的专业知识、实践和设备。

二 医疗技术的有限性

我们在《犯罪与刑罚》一章提到过，近代早期英国医疗条件有限，因此一些伤人罪最终变成杀人罪——当时医疗条件简陋、医疗技术低下，治愈能力有限。在实验室医学发展起来之前，即便是对那些付得起钱的人来说，"学术医学"的理论也仍旧是古典医学，其权威仍旧依赖希波克拉底和盖伦的医学。医学重视通过饮食、锻炼和有节制的生活对健康进行调节，医学的发展也是基于对临床观察和数个世纪的经验的积累，但它对抗疾病的力量自古代以来没有取得什么进步。其诊疗的重点在于把有毒的物质从身体排出——通过通便、发汗、催吐和放血恢复身体的"平衡"，巩固身体正常的状态。有的医生遵循盖伦的理论，认为放血不但更有效，甚至可能是唯一有效的办法。至于药物治疗在盖伦医学体系中也很重要，却明显不及放血疗法。有学者认为其原因是：根据体液病理学说治疗疾病需要控制四种体液的平衡，而当时的药物因为难以精确地控制而常常是危险的。放血疗法则相对来说更加方便和易于控制。① 为了这些目的，各种药物都可能被用到。简单草药经常掺杂"糖浆"，并与一些制剂混合。一些化学的、矿物的和金属的成分，例如锑和水银——被用于16世纪的性病治疗上。帕拉塞尔苏斯（Paracelsus）认为，人生病是由于外部的原因，不是由于身体内部失衡，他使用很多化学药物治疗疾病，这在当时是超前的。但内科医生和药剂师开出的这些药方很少"起作用"，也就是说没有起到抗菌素的作用——即无法消灭引起人们死于白喉、肺结核、伤寒和许多其他传染病的微生物。在近代早期英国，这些细菌还不被人所知。

17世纪的医生缺少生物学的、化学的研究。早期的药理学没有发明任何"奇迹药物"，甚至也没有找到有效的止痛药。帕拉塞尔苏斯提出用水银作为一种特效药治疗梅毒。② 梅毒是19世纪末期传到欧洲的一种新的灾难，可能来自新大陆。水银被证明是有效的——虽然会引起极度的不适。药学没有取得任何显著的进步。"耶稣会士的树皮"（Bark，或者秘鲁人的树皮，金鸡纳树皮，奎宁的来源）在一些地方——如罗姆尼，用于治疗疟疾是非常有效的；但在17世纪后期之前几乎没有被使用过。鸦片也是一样，是有效的止痛药，对于治疗腹泻和平喘是非常有效的。

传统的外科也不被看好。外科医生从事"外部医学"：处理伤口、处理脱臼、治疗烫伤、拔牙、放血。当时，人们还不理解无菌及消毒的重要性，因此一些惯常的治疗，如果用脏手或用污染的用具操作都是危险的。著名的外科医生约翰·亨特（John Hunter）不赞成轻易给病人进行手术，他说："你们可能会认为我的想法有些超前，但我的实践总是先于我的理论的……我如果认为自己遇到这

---

① James Longrigg, Galen on Bloodletting: A Study of the Origins, Development and Validity of His Opinions, with a Translation of the Three Works by Galen, *The Classical Review*, New Series, Vol. 38, No. 1 (1988), p. 21.

② Roy Porter, *Disease, Medicine and Society in England, 1550 – 1860*, Cambridge University Press, 1995, p. 7.

第十四章 医疗行业的发展

种情况不能手术,那么我也会劝我的病人不要进行手术。"[1] 外科医生也负责接骨。在所有的工作都是人力操作的时代,骨折是非常普遍的灾祸,当时骑马在泥泞的路上旅行或穿越乡村意味着受伤的几率很高。但是经验告诉我们,几乎最简单的骨折都会导致伤口腐烂或骨头坏死。因此,当面临腿或胳膊"复杂的"结构之时,外科医生通常会选择为伤者截肢——这也是非常危险的,在麻醉术没发明之前,对患者来说是噩梦。

但是,不像外科医生,17世纪的前辈们几乎不进行内脏的手术(太危险、太痛苦)。心脏的不适,肝脏、大脑、胃的疾病不能由外科医生手术治疗,而是用药物治疗。一些勇敢的家伙,例如佩皮斯(Pepys),要求对其膀胱结石做手术而不是忍受一生的剧烈疼痛——他是一个日记作家,他未受损伤地活下来,所以,今天我们能读到他的日记。但内科手术在19世纪中期、在引进消毒和麻醉技术前是不可行的。偶尔,医生会切开奄奄一息的分娩的妇女的肚子,取出不能顺产的婴儿,但没有记录表明,18世纪末之前任何英国妇女能从剖腹产中存活。[2] 总之,外科医生习惯切开的是死人的尸体——为了验尸或解剖学的原因;但在英国,解剖长期以来都很少。

我们可以看到,在近代早期英国,医学不能有效治愈疾病、解除痛苦。今天,当我们生病时,我们有足够的理由相信,我们期望医学治愈我们,或至少减轻我们的痛苦。近代早期英国不是这样,这并不是说,人们总是对医生绝望或蔑视他的药物。也并不是所有对抗疾病的措施都没有希望。正如斯莱克(Slack)的研究表明:人们也经常采取一些富有成效的措施——17世纪比16世纪更成功——制止传染病的传播:限制旅行或贸易;受到感染的家庭被严格限制在自己家中;家中的动物被杀死;受污染的物品用蒸馏的方法消毒,还有我们在《瘟疫与饥荒》一章中讲到的隔离措施。这种

---

[1] Wendy Moore, *The Knife Man*, Bentam Books, 2005, p. 14.
[2] Roy Porter, *Disease, Medicine and Society in England, 1550 – 1860*, Cambridge University Press, 1995, pp. 8 – 9.

中央的和地方政府的隔离措施在某些方面有效。1631年，托马斯·温特沃斯（Thomas Wentworth）（北方委员会的主席）为保护约克采取的严格的措施——隔离城市、拆毁城市外郊区穷人聚居的肮脏的小屋——也许解释了为何约克能逃过劫难，而其他城市，例如布里斯托尔和赫尔都受到了侵袭。有效的举措是行政的和警察的，而不是医学的——由此，在某些方面预示了许多19世纪卫生改革者的要求，政治家而不是医生应该对公众的健康负责。但是，尽管有这些努力，很明显，近代医学对很容易在一年之内夺取一个村庄1/10人口的传染病，造成1/3新生儿、幼儿和5岁以下孩子丧命的肠胃病没有真正的治疗措施。300年前，传染病和原发性疾病经常带来死亡。① 因此，这一时期，如果说医学有任何积极的效果也是基于经验的，而不是医学革命性的进步。这也是上一章讲到的，人们对医生、医学没有太多的预期，他们认同医疗技术的有限性，更多强调的是顺势疗法以及预防医学。

三 对医疗行业的批评

近代早期英国，除了医疗技术的有限，内科医生、外科医生、药剂师在百姓中的名声也不佳。按著名医疗史专家小理查德·史密斯的说法："18世纪是医疗行业的黄金时代。"② 其标志之一是医生（其实这里的医生主要指药剂师，而不是居于医疗行业上层的内科医生）收入大大增加。当时，一些外科医生都兼为药剂师，或者让他的学徒或助手经营效益可观的药房。18世纪，伦敦的一些外科医生（包括外省的医生）都利用医疗行业的混乱，经营医药行业。比如，理查德·史密斯。1797年他开业的时候，在他诊所的前门上写着"外科医生——史密斯"，但在后门上写着"史密斯——外

---

① Roy Porter, *Disease, Medicine and Society in England, 1550–1860*, Cambridge University Press, 1995, pp. 9–10.

② Irvine Loudon, *Medical Care and General Practitioner, 1750–1850*, Clarendon Press, 1986, p. 72.

科医生、药剂师"。其药房的生意特别兴隆。到1803年，他已经是一位著名的外科医生了。他搬了家，从门上摘下了药剂师的牌子，但是还继续经营药房。布里斯托尔的阿兰德先生是一位外科医生，他比史密斯年长，自视清高，不接受外科医生以外的任何称号。然而，事实上，他不仅看病，更以经营药房的生意而闻名。他以他的学徒的名义卖药，并且假装说这是给年轻人的额外的津贴，但事实是，每一先令都进了他的腰包。阿兰德最终被一位患者告上法庭，原因是他为患者切掉结石收费100镑，另外卖给患者药物80镑。法庭判决阿兰德或者承认自己是药剂师，因此就有权卖药；或者被处罚80镑。虽然他自视清高（那个时代，人们认为药剂师地位低下），但贪欲使得他承认自己是药剂师。

外科医生之所以热衷于兼任药剂师或者兼营药店，主要是他们可以凭此获得暴利。当时人们说："药剂师的商店有非常好的商业前景，因为开业资金少，债务负担低，但商业利润可观。""在一个商业化的时代里，药剂师的利润不可思议地高。"1747年，R·坎贝尔在《伦敦的商人》一书中写道："药剂师……的利润是令人难以置信的，达到500％。"①同年，《各行业概述》一书的作者阿农（Anon）写道："（药剂师）这个行业很热门，特别是在乡村，药剂师都很富有。"②布里斯托尔的威廉·布罗德瑞普（William Broderip）是18世纪末19世纪初的开业医生，他开业不久就发迹了：拥有一辆马车和一位马车夫，一间陈列室，许多藏画和质地高档的家具及一处乡间寓所。③

牟取暴利的主要手段是提高药品价格。一些瓶装药品的价格在1740—1750年间是1先令到1先令6便士左右，而到18世纪后期涨到2先令6便士到3先令，将近一倍。药剂师通常把大包的药物拆成小包来卖，以提高价格。因此，不论是以合剂、单剂、汤剂、

---

① Irvine Loudon：*Medical Care and General Practitioner*, 1750 – 1850, Clarendon Press, 1986, p. 68.
② Ibid., p. 68.
③ Ibid., p. 71.

片剂、丸剂、糖浆或粉剂配制的药物，通常都会以小剂量的形式配发给病人。单剂量的药品是常见的形式，药片通常以一打、两打的形式，更多的时候是以半打的形式配制。富人用的药通常还要加上糖衣或蜂蜜，因此要额外收钱。1787 年，贝德福郡的一位穷人写道："该地的药剂师收费如此之高，穷人都害怕找药剂师。因为他知道，即使他的病好了，他要还清药剂师的债可能需要好几年"。① 理查德·史密斯（Richard Smith）描述：某地每年春天和秋天都有好多人失血（Lost Blood），需要治疗两到三周。虽然换一种廉价的药物和治疗方法，病人可能会很快痊愈，但医生通常开出的药方都很昂贵：苦树皮汤、番茄叶溶剂、杏仁乳剂、盐性混合剂、鹿角汤。当时是 1.5 盎司药收费 15—18 便士。粉剂主要是大黄和痛风石，一包 12 袋，价值 4 先令。相比于当时人们的收入和物价水平，药品价格都很高。如果卖给贵族，售价更高。若加上一两滴肉桂汁，则更要收费 6—7 先令。② 并且，当时医生习惯给病危的病人用麝香（当然是对能负担的起的患者），麝香的利润更是高得惊人。布里斯托尔的威廉·布罗德瑞普（William Broderip）医生，居然让一位患者每天吃 12 剂药，价值 18 先令。冬天的时候，他的助手每天都要工作到夜里 12 点。咳嗽、伤风，以及其他的小病，使得他每天要诊断 40 多个病人，平均每天都能卖出 12 镑的药。在流感流行期间，布罗德瑞普每天都得出诊 70 位病人，他的学徒必须每天配置一桶盐性混合剂，然后从桶里舀出注入瓶里。克里甫顿的格瑞利（Greely）一家去外地时，就从他的药店带了 200 多剂补药以及不同用途的 1000 多种丸药。此外，布罗德瑞普还为一位患者供药 3 年，所得利润高达 350 镑。③ 以高价售出如此多的药，其获利之大，可想而知。

当时，整个社会都知道，医生、药剂师卖药能获取暴利。亚当

---

① Irvine Loudon: *Medical Care and General Practitioner*, 1750 – 1850, Clarendon Press, 1986, p. 67.
② Ibid., p. 69 – 70.
③ Ibid., p. 70 – 71.

第十四章 医疗行业的发展

·斯密是站在药剂师一边的,我们可以从《国富论》中的一段话,看出药剂师的收入有多高,以及在社会上的名声之坏:"药剂师的利润一语,已成为非常过分得利的代名词。""虽以十倍的利润出售,但这利润,一般地说,也许只是他的合理工资。"① 还有人这样谴责他们:"药剂师头上总是有洗刷不掉的耻辱,并且一直是这样。"他们的过分谋利,导致患者与医生和药剂师之间的关系紧张,有时甚至会闹上法庭。詹姆斯·汉德利(James Hanley)是伦敦的外科医生、药剂师,他在 1829 年的 7 月到 9 月间,曾经为汉森家看病 7 周,总共开药 12 次,出诊 15 次;药费 2 镑 10 先令,出诊费 4 镑 10 先令 6 便士。这是一个非常大的数目。汉森先生(他是一位律师)拒绝付出诊费,汉德利提出诉讼,结果胜诉,获得全部的出诊费。当时的法官坦特登(Tenterden)勋爵说:"如果一位医生想保持自己的职业操守,不开大量的、无用的药,而又不收取出诊费,他如何获得自己的报酬呢?"他本意是支持医生获得出诊费,但该案结束后,医生除了收取出诊费,还更加大胆地在处方上开出大量无用的药品。这种做法在当时受到人们普遍谴责,但却持续了很长时间。②

当然,也不是所有的医生都不择手段地赚钱,很多人依旧坚持自己的职业操守。近代早期英国医生约翰·贝尔(John Bell)说:我们的职业就是坚持最纯粹济世、慈善之风,应该想病人之所想,切身感受病人的疾苦。"③ 在 18 世纪的伦敦,贵格派的医生福瑟吉尔(Fothergill)和赖特萨姆(Lettsom)由于免费接诊患者而著称,"许多贫穷的患者每天早上都会来到他们家门前排队"。④ 在各省,也有许多医生行此义举:医生伊拉斯莫·达尔文(Erasmus Darwin)

---

① [英]亚当·斯密:《国民财富的性质和原因的研究》,商务印书馆 1997 年版,第 104 页。
② Irvine Loudon, *Medical Care and General Practitioner*, 1750–1850, Clarendon Press, 1986, p. 250–251.
③ John Bell, *Letters on Professional Character and Manners*, Edinburgh, 1801, p. 41.
④ Anne Digby, *Making a Medical Living: Doctors and Patients in the English Market for Medicine*, 1720–1911, Cambridge University Press, 1994, p. 250.

在利奇菲尔德，理查德·威尔克斯（Richard Wilkes）和他的同事在伍尔弗汉普顿，都免费为穷人看病。格拉斯（Grass）医生为穷苦病人看病分文不取。当被患者问及原因时，他回答说："你的康复就是我最好的报酬。"①

那么，在近代早期英国，患者与医生之间的关系怎样呢？

四　医患关系

在近代之前英国的医患关系中，患者处于主导地位。当时，能看得起医生的都是贵族或者富人，因此可以说，是贵族或者富人处于医患关系的主导地位，当时的医患关系是一种"恩惠制度"（Patronage）。富有的患者不仅要求自己的疾病得到治疗，而且也要求医生对他们的态度非常友好。他们出钱购买医生的服务，因此是患者，而不是医生决定了治疗的过程。患者要求被治愈，这就要求医生不能对自己的诊断有疑惑，他们需要迅速作出诊断，治疗只能根据部分的证据或者纯粹的观察。医生面对富有的、有权势的、挑剔的、所知不多的患者，被迫处于一种服侍或者安慰的角色。② 17世纪末，摩莱尔（Moliere）在他的著作《自以为有病的人》一书中讥讽这种"恩惠制度"，他写道：迪尔法里斯（Diafoirus）在法庭上被问到是否想让他自己的儿子当医生，迪尔法里斯回答道："坦率地说，我从未发现在富人之中行医的乐趣。我的经验是在百姓中行医更加有收获。在普通百姓中行医，不用那样精确，你不必向任何人解释你的做法，你可以按照已有的实践方法治疗，你不用担心会发生什么意外。富人最大的毛病就是一旦他们生病，会要求

---

① Anne Digby, *Making a Medical Living: Doctors and Patients in the English Market for Medicine, 1720–1911*, Cambridge University Press, 1994, p. 251.

② S. W. F. Holloway, Medical Education in England, 1830–1858: A Sociological Analysis, *History*, 1964, vol. 49, pp. 301–302.

你立即治愈他们。"① 中世纪，富有的患者在接受治疗之前，往往与医生签订合约，约定他们希望达到的效果，以及付给医生的钱数。

我们可以从一份1316年医生与患者签署的合同来观察当时的医患关系。"致所有这份公共档案的读者：我们宣布博学的加瓦尼·德·益格里（Giovanni de Anglio）医生开始治疗贵族波塞路西欧（Bertholucio）的疾病，加瓦尼医生要进行如下的治疗以获得50弗罗林金币：加瓦尼医生要治愈波塞路西欧的疾病，在此过程中需要的水、药物及混合物，加瓦尼医生要自己出钱购买，在其后的40天内，波塞路西欧要逐渐康复，达到如下效果：能部分地移动他的腿、脚、手，能用治愈的这只手穿衣、穿鞋，用被治愈的手洗另一只手。这些效果必须在40天之前实现。在达到这样的效果后，波塞路西欧应该支付加瓦尼医生总报酬50金币中的25金币，并且支付已经使用的和还需要使用的药物费用。加瓦尼医生承诺治疗，并且治愈波塞路西欧，使他患病的一侧与健康的一侧同样健康，一旦他康复，波塞路西欧应立即支付双方商谈好的价钱的另一部分，即另外的25金币。桑特·马瑞·马桥洛（Santa Maria Maggiore）牧师见证了这一契约的签订，在治愈波塞路西欧的前提下收到50金币。"② 我们可以看到，这像是一种商品买卖行为。如果治疗达不到约定的效果，医生不仅得不到治疗费，而且还会面临官司。毫不奇怪，我们今天看到的这类资料都来自法律诉讼。经常有患者起诉医生的非法行医或者欺骗。而医生会反过来起诉患者不遵守信用，不按时付款。

在这种情况下，患者的主导权被最大化了，以技术为生的医生的权威被最小化。事实上，当时，技术的好坏并不是评价一个医生好坏的标准。医生，首先被要求是一名绅士，要被他服务的那个患

---

① Ivan Waddington, The Role of the Hospital in the Development of Modern Medicine: A Sociological Analysis, *Sociology*, 1973, Vol. 7, p. 213.
② Gianna Pomata, *Contracting a Cure: Patients, Healers and the Law in Early Modern Bologna*, John Hopkins University Press, 1998, p. 27.

者的圈子（也就是一个富人的圈子）接受，优雅的作风要比他的技术高超更重要。当时人认为："一名内科医生应当具有绅士的品质，这种品质只有具有文学修养的人才能具有。一名从事医学的人，一定得必备人文知识，如果他不能够做一番历史的或哲学的演讲，那都是对他职业的玷污。"①

显然，这种情况是不利于医学的基本研究和革新的。首先，人们不是按照技术水平来评价医生的，因而医生也就没有动力去进行科研。因此，18 世纪之前，医生地位的提高不是因为他做了哪项研究发现，而是看他在相应的社会圈子里交到了什么样的朋友。其次，研究是一个长期的过程，需要研究者有"悬疑的诊断"（Suspended Judgment）和"小心的求证"（Proceed With Caution）的过程。而 18 世纪之前的医生面临患者的要求是立即治愈，而这一点通常是不可能做到的。面对这样的情况，大多数医生都选择依附于一名富人。因此，18 世纪之前医学的一个显著特点就是医生要熟悉患者可能会患的各种疾病，也就是说他们必须是一名全科医生。最后，这一点也许是构成创新的最重要的障碍——富有的患者不愿意被当成供试验新的、有时甚至是有危险的新技术的试验品，而患者拥有最终的否决权，这种情况严重阻碍了医学技术的进步和革新。只有到 18、19 世纪，随着医院的兴起，医生的主导地位在医疗技术和新的仪器设备的支持下才确立，同时，患者——消费者的权利被极大弱化，直到今天。

五　18—19 世纪医院的兴起

中世纪医院只是穷人居住的地方，中上等阶层的人从来不到医院接受治疗，他们都能雇得起医生在家中接受诊治。在评价英国的医院时，亚伯—史密斯（Brian Abel - Smith）写道："一些人本来

---

① Bernice Hamilton, The Medical Professions in the Eighteenth Century, *Economic History Review*, Series 2, Vol. 4, No. 2, p. 147.

第十四章 医疗行业的发展

没有致命疾病的，但他们住院以后就会感染上。"① 我们都记得，南丁格尔的一句著名的话："医院首先要做到的是不能对患者造成伤害。"② 很显然，当时的医院并不是患者经过仔细考虑后选择的地方。医院收留着一些无家可归的、无钱看病的、无人照料的人。因此，这些医院还不是真正的医疗机构。在这种情况下，人们对医院望而却步。因为人们认为："医院是通往死亡之门"③，患者本来是由于一种疾病住院，但会被传染其他疾病，从而导致死亡。在医院，某一种疾病的实际死亡率——特别是在一些拥挤的大城市的医院——比院外就诊的同一种疾病的死亡率高很多。"④

近代早期英国人通常认为，疾病是个体的问题，只有置于这个人的背景下才能理解，所以患者应该在自己的家中接受治疗。"他们相信，使人能够从疾病中康复的唯一场所是社会生活的自然环境，即家庭。在家里，病人给国家造成的负担被减少到最低限度，而且可以避免人为的并发症，即避免疾病自行扩散和像在医院那样发生畸变。"⑤ 但在18—19世纪，人们越来越认为，疾病不是个人整体的感受，疾病被看作是器官的病变，后来被认为是组织和细胞发生的病变。因此，患者在哪里接受诊断和治疗不再那么重要。

同时，随着麻醉技术、消毒技术、X射线，特别是外科手术技术的发展以及护理工作的改善，人们改变了对医院的印象，医院获得了人们的认可。⑥ 人们不再认为医院是通往地狱之门，而是一个能治愈疾病的机构，到医院就诊的人开始增多，这也刺激了医院的建立。

---

① Brian Abel-Smith, *The Hospitals, 1800-1948, A Study in Social Administration in England and Wales*, Heinemann, 1964, p. 1.
② Florence Nightingale, *Notes on Hospitals*, Longman, 1863, p. iii.
③ 关于医院是否是"通往死亡之门"是有争论的。有人认为医院在接收患者时已经排除了一些不可治愈者，如传染病人、怀孕妇女等等，所以治愈率应该比较高。
④ Andrew Wear, *Medicine in Society, Historical Essay*, Cambridge University Press, 1992, p. 211.
⑤ [法] 米歇尔·福柯：《临川医学的诞生》，译林出版社2001年版，第43页。
⑥ Keir Waddinton, *Charity and the London Hospitals, 1850-1898*, The Boydell Press, 2000, p. 12.

在新的医学院,"人们在那里学习的不是过去老师自以为懂的东西,而是那种向一切人开放、体现在日常实践中的真理:'实践、操作将与理论教训结合起来;学生将在化学实验、尸体解剖、外科手术和仪器操作中实践。少读,多看、多做。'他们将在实践中和在病床边学习:他们不必学习无用的生理学,而是学习实实在在的'治疗技术'"。① 新的解剖—临床医学取代了原来的分类医学,新医学的中心不是教室的讲座,而是在医院进行临床实习,只有在医院才能获得真正的知识。临床成为医学新观念和新实践的诞生地,这是以前没有过的现象。在住院患者身上试验新药也有了很大的进步。这些患者被视作试验最适合的人选。因为这些穷人,他们不能抱怨,从他们身上获得的经验可以用来治疗富有的患者。"对于富人来说,向住院的穷人提供帮助就有了实际的功利:为住院穷人的治疗支付了钱财,富人因此而有可能更好地认识自己身上也可能患上的疾病;对穷人行善,就会转化成能够应用于富人的知识:'慈善捐款将能缓解穷人的病痛,由此获得的智慧将有助于富人的保健。是啊,慈善的富人们,慷慨的人们,人们所帮助的躺在床上的病人正在体验着不久也会侵袭你们的疾病;他也许会痊愈,也许会丧生;但是不管是那种情况,他的遭遇会启发你们的医师,挽救你们的生命。'"②

"在医院中,医生有机会重复观察疾病的症状和发展过程,一次的治愈可以再次被重复,可以用在另一位患者的身上。医院中的同事也会羡慕那些在治疗上取得成效的人,相应而来的是这些出色的医生收入的提高。因此,在医院,可以刺激那些勇于创新的医生大胆试验,尝试新的治疗方法、观察结果。"③

19世纪,外科技术的发展超出了人们的想象。以前,私人医生很少进行手术,如前面谈到的18世纪伦敦最著名的外科医生约翰·亨特不轻易给患者做手术,因为当时麻醉技术还没有发明,患

---

① [法]米歇尔·福柯:《临川医学的诞生》,译林出版社2001年版,第78页。
② 同上书,第94页。
③ William H. McNeill, *Plagues and Peoples*, Anchor Books, 1976, pp. 237–238.

者接受手术极其痛苦。而随着麻醉技术在19世纪40年代的发明，手术开始增多。从19世纪50、60年代开始，人们尽最大的努力清洁医院，努力降低传染率。1867年，约瑟夫·李斯特发表了关于消毒的著作——《论外科手术中的消毒原则》。到了19世纪80年代，消毒，或者至少是强调卫生与消毒受到普遍接受。到了19世纪90年代，无菌和消毒在大多数医院被接受。随着麻醉和消毒技术的发明，外科医生可以进行更大胆、更多的手术，外科医生在医院中的地位变得日益重要。除此之外，外科的发展也刺激了医院中患者的增加，因为外科医生需要在医院为患者做手术，而不是在家中。逐渐的，一种治疗体系建立起来，这使得医院成为医疗照顾的中心。其他医学科学的发展也更加提高了医院的地位：从19世纪50年代开始，医院建立了化验室进行化学分析；伦琴在19世纪80年代中期发明了X射线。如果患者需要这样的检查，不论他属于哪一个阶级，都要到医院就诊，这种检查是家中无法完成的。所有这些因素使得公众对医院的态度发生了变化，人们不再认为医院只是接收那些流浪者的机构，不再是一个死亡率极高的所在，而是救死扶伤的中心，越来越多的患者到医院寻求诊治，刺激了越来越多的医院建立。

总之，近代早期英国从事医疗行业的不仅有内科医生、外科医生及药剂师，还有大量江湖游医、术士。前者是正规的医生，他们之间有等级界限——这种等级的区分在伦敦要明显高于其他外省；后者属于"另类"医者，他们鱼龙混杂，活跃在医疗市场。近代早期英国医疗技术有限，医生饱受诟病，但也有很多医生坚持了人道主义精神，很好地保留了医疗行业中"义"的传统，遏制了"利"的追求。直到近代晚期，随着医院兴起和医疗技术的进步，医院才成为救死扶伤的机构。随着医院的兴起，原来以患者为中心的医患关系转变为以医生为中心的医患关系，直到今天。

第十五章　疯癫及疯人院

在医院兴起的过程中，疯人院也开始大量兴建。在众多的疾病中，近代早期英国人不能理解和治愈的就是疯癫。在西方文化历史中，有很多疯者的形象，如犹太—基督教传统的圣书中充满了由于魔鬼附身和神的不快而引发疯癫的故事。从所罗门（以色列的第一个国王，因为没有执行上帝奴役亚玛力部落的所有男人、女人、孩子以及他们所有动物的命令而被耶和华弄疯）到"灵魂不纯洁的"加大拉人［那些发狂的、赤裸的、暴力的人身上所附的鬼（邪灵）都被基督赶出，进入猪群，冲过悬崖，掉到海里淹死了］①，其中最著名的可能是尼布甲尼撒二世，他太过于骄傲，不虔诚地鼓吹"自身力量的伟大"，上帝受够了，把他弄疯，让他"像牛一样吃草，身上沾满天堂的露珠，直到他的头发长得像鹰的羽毛，他的指甲像鸟的爪子"。②

近代早期英国社会显然也有大量的疯者。③ 他们的社会处境如何？人们如何认识这种社会现象？是否如16世纪法官雷纳德·斯科特（Leonard Scott）所认为的，"女巫"实际上是疯者？她们只是受到了欺骗才自以为具有超自然之力？

---

① 《圣经》，《马太福音》，第8章，第28—32节。
② Andrew Scull, Madness and Meaning, Paris Review, April 22nd, 2015. https：//www.theparisreview.org/blog/2015/04/22/madness-and-meaning/.
③ 为了避免使用被"污名化"的"疯子"一词，笔者这里使用一个中性词"疯者"，以表示对这些人的尊重。

第十五章　疯癫及疯人院

一　对疯癫的认识

对疯癫的认识和治疗是一个历史的话题。西方医学从古希腊开始就对疯癫的原因、诊断、治疗提出了自己的理论。古典的体液说认为，黄色的胆汁和黑色的胆汁是造成狂躁和忧郁的原因。在古罗马时期，医生认为：强烈的感情容易导致身体的不适。罗马人还指出，应该用人道的方式对待患疯癫疾病的人，并且应该减轻对这些人犯罪行为的惩罚。①

中世纪时期，人们认为疯癫是一种邪恶、被魔鬼附体，很多疯者被送上"疯人船"被驱逐出自己的城镇或村庄。一位名叫玛格丽特·凯佩（Margaret Kepel）的女士在她 1420 年的口述自传中，用一种与今人截然不同的字眼形容自己（她其实是患上现在所说的产后抑郁症）：着了魔，鬼上身，中了邪；而她认为自己能够康复的原因则是：上帝恩典、福音庇佑、十字架驱邪、耶稣显灵等。②

直到 18 世纪早期，英国民众仍旧认为："疯者丧失了理性——这是人类的本质——因此也就失去了要求被像人一样对待的理由"。③ 疯者是一类特殊的生物，他们形同狗彘，不是人类，必须被监禁起来，用残忍和恐吓（的手段）约束。④ 当时的人们接受"存在之链"（Great Chain of Being）的观念。此观点认为，创造物的一层与另外一层没有绝对的断裂，有一种中间形式存在。也就是说，疯者是介于人类与猿之间的物种，他们处于动物的边缘，不受严寒、饥饿的影响。

---

① Craighead, W. Edward *The Corsini Encyclopedia of Psychology and Behavioral Science*, John Wiley and Sons, 2002, p. 941.
② Porter, R. (ed.), *The Faber Book of Madness*, Faber and Faber, 1991, pp. 165 – 167.
③ Andrew T. Scull, Moral Treatment Reconsidered: Some Sociological Comments on an Episode in the History of British Psychiatry, *Psychological Medicine*, 1979, No. 9, p. 423.
④ Anne Digby, Changes in the Asylum: the Case of York, 1777 – 1815, *The Economic History Review*, Volume 36, Issue 2, 1983, p. 220.

二 疯者的处境

在中世纪之前,在英国,疯者并没有被限制在专门为他们设计的特殊机构中。这并不是说,在近代之前没有疯者。从古代开始,法律体系就对疯者提供了特殊的关照——如帮助他们订立遗嘱、帮助他们照料自己的财产、签订合同等等。但在那个时代,对疯者的照顾主要由家庭负责。古典时代和中世纪留下来的资料都证明当时的疯者主要由家庭照顾。

详细地研究17、18世纪英国乡村的一些社区,我们会发现,直到近代早期,家庭在教区《济贫法》的帮助下仍旧负责照顾那些患精神疾病的家人和亲属,这些病人可能呆在家中,也许是在地窖或马棚里,有时有佣人照顾。这种情况持续了好几个世纪。例如,人们后来发现一位妇女被藏在阁楼上,就是很好的证明(也许我们还记得《简·爱》中的描述)。疯者通常会被认为是家庭的耻辱。因为人们通常会认为,疯癫是家庭遗传的基因或者是一个家庭邪恶的象征。家庭看护是保守秘密的最好的方式。由于资料有限,现在我们无法知道在以前的几个世纪中,到底有多少疯者被限制在家里。

近代早期英国,疯癫开始被"制度化"。英国最早的疯人院伯利恒,那里收留的疯者缺衣少被,食不果腹,更不要说卫生条件了。这种情况在福柯的论述中得到了印证,他说:"在古典时期,它所表现的是这样一个事实,即疯者不是病人。"实际上,兽性使疯者免于人身上脆弱、不稳定、不健康因素的伤害。疯癫时的那种顽强的兽性,以及从鲁莽的野兽借来的愚钝,使疯者能够忍受饥饿、高温、寒冷和疼痛。直至18世纪末,一般人都认为,疯者能够承受生活中不可想像的苦难。他们不需要保护,不需要保暖御寒。1811年,图克参观(英国)南部的一个感化院时看到,单人囚室,仅在门上有很小的栅窗让阳光投射进来。囚室中的妇女均赤身裸体。当时,"气温很低。头天晚间温度计的读数是零下18度。

其中，有一名妇女躺在疏稀的麦草上，身上没有盖任何东西"。①那些可怜的疯者还被当成动物一样，被关押、展览。"迟至1815年，据一份提交给（英国）议会下院的报告说，伯利恒医院在每个星期日展览疯者，参观费为一便士。展览收入每年高达近四百镑。这就是说，每年参观者多达九万六千人次。"②

现在，大多数史学家认为，英国并没有发生法国那样的"大禁闭"，但疯者在近代开始被送到疯人院却是不争的事实。关于疯者被送到疯人院的原因，史学家有不同的观点。福柯认为："在最一般的情况下，禁闭是出于避免丑闻的愿望。"③甚至到18世纪晚期，马尔塞布（Malesherbes）还认为：禁闭是家庭设法避免耻辱的一种权利。斯考本教授（Scull）认为：关押和禁闭是由于经济原因，是由于变化了的经济环境使得家庭更加难以照看没有工作、也没有工作能力的家庭成员。也就是说，穷人几乎没有多余的收入来养活自己，更不用说他们那些没有行为能力的亲属了。一旦家庭无法再继续看护患者，富有的疯者被送进私人疯人院、贫穷的疯者则被送到习艺所、公立疯人院等地。迪格比（Anne Digby）教授认为："疯人院作为照顾疯者的一个特殊机构的兴起，被认为是对18世纪后期社会的、经济的和文化的变化的一个反应。这包括传统社区或家庭照顾的不足，以及对这些随着资本主义的出现而出现的'问题人口'的态度的改变。"④

近代疯人院的经营者不需要任何医疗训练，不需要任何特殊培训，所需要的无非是最初的资金和病房。并且，疯人院没有特殊的病房要求，小规模的疯人院通常就是普通的住房，经过简单的改造而成。大规模的疯人院通常是由买来的、旧的、有时是废弃的乡村

---

① ［法］福柯：《疯癫与文明：理性时代的疯癫史》，生活·读书·新知三联出版社2003年版，第67页。

② 同上书，第62页。

③ 同上书，第61页。

④ Anne Digby, Changes in the Asylum: the Case of York, 1777-1815, *The Economic History Review*, 1983, Volume 36, Issue 2, pp. 218-219.

住房或者庄园改造而成。由于准入门槛低，这一行业鱼目混珠。这也是为何当时存在大量疯人院的原因——因为规模不一样，有的疯人院只有3—5个患者，有的疯人院有十几个患者。①

在这一时期，疯人院医患的比例也不一样。贪婪的疯人院经营者为了利润最大化，尽量减少医护人员的人数，缩减患者的开销。增加疯癫患者而不雇用更多的医护人员是最省钱的办法。托马斯·阿诺德［（Thomas Arnold），18世纪英国莱斯特疯人院的经营者，也是一名医生］的说法，印证了对疯者采用锁链和脚镣是出于经济的原因，他说："锁链，除非在对待贫穷的病人时，是不应该被使用的。因为穷人的经济原因，他们无力支付不使用锁链的看护费用。"② 当时，最大的丑闻就是发生在收容流浪疯者的疯人院中——既包括公立的，也包括私立的。特别是那些收容穷人的私立疯人院，为了盈利开始大规模经营。疯人院能收容的疯者的人数越多，利润也就越大。这也鼓励了机械化的管理。在威廉·沃伯顿（William Warburton）开设的疯人院里，为了避免麻烦和节省开支，在医护人员周末休息的时候，患者从周六下午到周一早上就被锁链锁在他们床边。最臭名昭著的事情都出现在那些收留贫穷疯者和"较下等"的付费疯者的机构里。那里非常拥挤，空气不流通，狭小房间里挤满了苍白的、半裸的、坐在污秽的稻草丛中的疯者。

疯人院是19世纪的改革家所描绘的让人们痛恨的地方，漠不关心、残忍、鞭打、监禁、穿紧身衣等手段却被说成是为了治疗。一些疯人院中的患者发表的抗议证明了这些指控。③ "最早的疯人院的规定与其说是照顾疯者的，还不如说主要是为了保护公众

---

① 关于疯人院的兴起可参阅赵秀荣《19世纪英国私立疯人院繁荣原因初探》，《首都师范大学学报》，2012年第4期。
② W. H. McMenemey, A Note on James Parkinson as a Reformer of the Lunacy Acts, *Proceedings of the Royal Society of Medicine*, 1995, Vol. 48, No. 8, p. 593.
③ Roy Porter, Madness and its Institute, in *Medicine in Society, Historical Essays*, Cambridge University Press, 1992, pp. 288 – 289.

的。"①"许久以前使用的诊疗技术，如放血、排气、呕吐、洗冷水澡等等还在使用。"②所有"治疗"实践都在由惊惧和残忍构成的恐惧体系下实行。这就是近代早期疯人院中疯者的境遇：残忍、冷酷、疯者生不如死。疯者人数持续增加，"1844 年，英格兰威尔士疯者的总人数（既包括富人也包括穷人，既包括在疯人院中也包括在其他地方的人数）是 20893 人。并且这一数字在 19 世纪后半期稳定增长，特别是贫穷疯者的人数"。③

三 疯人院

近代早期英国的私立疯人院的历史并不容易被追溯。一个家庭如果把自己家里的疯者送进私立的疯人院，肯定希望对此保密（特别是对其是否真的疯癫还有疑问的时候——例如，有的时候，家长会把不服管教的子女送进疯人院，有时丈夫会把妻子送进疯人院）。因此，毫不奇怪，这种类型的疯人院不会接待任何访客，也不愿意留下任何可以被追踪的记录。

我们发现，关于近代早期英国疯人院的文献非常少，但是，很清楚，这种类型的疯人院在 17 世纪之前就已经在英国存在。例如，我们知道一些开设疯人院的人有自己的设施来收治疯癫病人。埃克塞特的乔治·乔司（Geogre Trosse）在 17 世纪 50 年代发疯的时候，他的朋友带他到萨摩塞特格拉斯顿堡（Glastonbury）的一位医生那里；他非常暴力，以致他的朋友不得不把他捆在马背上带来。这位医生以治疗疯癫病人闻名。

米歇尔·福柯认为，现代城市国家和民族国家的出现是造成对

---

① Anne Digby, *Madness, Mortality and Medicine, A Study of the York Retreat, 1796-1914*, Cambridge University Press, 1985, p. 3.
② Roy Porter, Madness and its Institute, *Medicine in Society, Historical Essays*, Cambridge University Press, 1992, p. 289.
③ William Parry-Jones, *The Trade in Lunacy, A Study of Private Madhouse in England in the Eighteenth and Nineteenth Century*, Routledge, 2006, p. 13.

疯者禁闭的一个重要原因。专制主义的出现——特别是路易十四的继位，在整个欧洲开始了"大禁闭时代"。福柯认为：社会中所有支持非理性的因素都面临被禁闭的危险，其存在是法律、秩序的耻辱。流浪汉、无家可归者、罪犯、妓女等等构成了这支非理性大军的主力。但他们的象征符号却是疯癫病人和白痴。在17世纪60年代，大约有6000令人讨厌的人——包括疯癫病人——被禁闭在巴黎总医院里。不久，巴黎其他各省的省会也建立了类似的医院。福柯说："在全欧洲，至少在最初，禁闭都有相同的意义。它是应付17世纪波及整个西方世界的经济危机所采取的措施中的一项。这场危机导致了工资锐减、失业、通货膨胀……甚至在西欧国家中最为疏远的英国也面临着同样的问题。"① 他认为：禁闭疯者，同时还有其他对社会造成危险的人，与其说是治疗政策还不如说是一项国家法律和一项警察措施。

但罗伊·波特教授提出：英格兰的情况不能与"大禁闭"相比。他认为：不能否认，福柯所说的"非理性之人"（特别是那些制造混乱和危险的阶级）在英国和法国都存在。但英国对制造混乱和麻烦之人的限制和禁闭却开始得很晚。"像英国这样一个人口多且城市人口密集的国家，并没有实行福柯所说的'大禁闭'。""1800年左右，英国当时全国人口大约为1000万，疯人院中被看管的疯者不到5000人，还有同样多的人被关进济贫院和监狱中。直到1808年才通过议会法案，允许用公共财产建立疯人院；直到1845年——在福柯所说的'大禁闭'之后的两个世纪——在英国建立这样的疯人院才成为一种义务。换句话说，事实上，英国的统治者认为，疯者或丧失理智的人，对社会秩序没有什么太大的威胁。"②

笔者完全同意波特教授的观点，实际上，英国疯人院的兴起并

---

① ［法］米歇尔·福柯：《疯癫与文明：理性时代的疯癫史》，生活·读书·新知三联书店1999年版，第45页。
② Andrew Wear, *Medicine in Society*, *Historical Essays*, Cambridge University Press, 1992, p. 283.

不是政府的行为，而是商品社会迅速发展诞生的一种服务业。由于资本主义和商业社会的出现，破坏了原来家庭照顾疯者的模式。一种基于金钱的、竞争的经济关系打破了原来上层和下层之间的社会纽带，城市化、工业化改变了原来乡村平静的、等级制的生活和纽带（这原本是有助于贫穷家庭照顾贫穷疯者的）。在新的城市中，人们被卷进大机器生产，城市生活节奏快、房价高，家庭无力负担一个不生产的成员，因此，把疯癫的家人留在家中不再实际。疯者的家属逐渐接受了疯人院这一制度化的方式，愿意把他们的亲属或家人送进疯人院。这些疯人院在自由的市场经济条件下运作，当时，人们称此为"疯癫的生意"（Lunacy Trade）。因此，在19世纪的英国，疯人院的增加不是政府想加强社会控制，而是在一个各种服务都是由金钱支付的社会中，需求刺激了供应。一些私立疯人院还大张旗鼓地在报纸上作广告，这就是一个很好的说明。①

四 约克静修所道德疗法的尝试

近代早期英国医学界对疯癫没有有效的治疗方法。疯人院充满了暴力，但18世纪兴起的约克静修所似乎提供了一条不一样的"治疗"思路。约克静修所是18世纪贵格派教徒在约克郡开设的一所私立疯人院，那里率先放弃了对疯者残忍的监禁、鞭笞、穿紧身衣等强制措施，而采用了道德疗法。② 道德疗法"被认为是一种基于良善原则之上、持续的温和及慈爱，这是影响疯癫患者唯一理性的方式"。③ "从广义上来讲，静修所及其他地方实施的道德疗法更

---

① William LI Parry-Jones, *The Trade in Lunacy*, *A Study of Private Madhouse in England in the Eighteenth and Nineteenth Century*, Routledge & Kegan Paul limited, 1972, p.102.

② 这里的道德疗法不涉及用道德手段感化被认为是疯癫的酗酒者、手淫者及吸鸦片者。

③ Anne Digby, *Madness, Morality and Medicine*, *A Study of the York Retreat*, *1796-1914*, Cambridge University Press, 1985, p.33.

多关注的是疯癫理性的和情感的原因,而不是机体的原因"。① 用爱心善待精神失常的患者,通过鼓励患者自我约束,而不是给患者用穿紧身衣、鞭笞、冷水浴或放血等外部手段达到治愈的目的。②"道德疗法,从根本上来说是寻求鼓励自治而非强迫、压制……理解静修所道德疗法实施的历史和哲学思潮,仁善才是关键。"③ 约克静修所是疯癫治疗史上重要的一章,史学家对其褒贬不一。

至少,在原则上,早期的静修所试图为贵格派教徒建立一个更温和、更合适的治疗体系。④ 道德疗法成功的关键,主要是其聚焦于疯癫者的道德情感(moral sense)和道德感受(moral sensibility)。静修所的医护人员认为,只有情感的治疗方法才能治疗情感疾病,理性对此无能为力。这与我们今天所熟悉的精神治疗的交谈式疗法不一样。它以仁爱为核心,相信仁爱会使医护人员努力去寻找疯者的善良天性,努力通过仁善的方式跟疯者沟通。

道德疗法的首要目标就是鼓励病人自我尊重,在此基础上逐渐建立病人的自控能力。"对尊重的渴望被认为是一种强大的力量……如果加以适当的鼓励,会使许多疯者克服病态的习惯。"⑤"病人自己能感受到自尊带来的后果,他们被劝说用理性控制自己的脾气达到自尊。一旦他放任自己的脾气将会削弱他所得到的尊敬式的治疗,或者降低自己在同伴和医护人员眼中的形象。"⑥一方面,从贵格教立场来说,静修所的建立者威廉·图克(William Tuke)确信仁善、博爱具有治疗的作用;另一方面,身体的舒适和良好的生活环境又能有效引起病人的精神回应和内心平静。这与当

---

① W. F. Bynum, Roy Porter and Michael Shepherd, *The Anatomy of Madness: Essays in the History of Psychiatry*, Vol. 2, Tavistock Publications Ltd. 1958, p. 53.

② Anne Digby, *Madness, Morality and Medicine, A Study of the York Retreat, 1796 - 1914*, Cambridge University Press, 1985, p. 33.

③ Louis C. Charland, Benevolent Theory: Moral Treatment at the York Retreat, *History of Psychiatry*, Vol. 18, No. 1, 2007, p. 63.

④ Samuel Tuke, *Description of the Retreat, An Institution near York for Insane Persons of the Society of Friends*, York, 1813, p. 22.

⑤ Ibid., p. 157.

⑥ Ibid., p. 159.

第十五章 疯癫及疯人院

时所推崇的强迫治疗实践极其不同。当然,也有史学家认为,图克只不过是用一种限制取代了另一种限制。

静修所是按家庭的模式建立的,疯者相当于孩子,医护人员相当于父亲。图克自己就把静修所中的医护人员和病人称为一个家庭。① 对静修所早期的观察也为威廉的做法提供了支持。他认为:提供一个友好亲切的家庭式的环境有助于确保病人舒适、促进恢复。与贵格教的实践一致,静修所中的工作人员和病人都是朋友。这一点,我们从其名字就可以看出。贵格派又叫教友派(Society of Friends),贵格派成员之间充满亲密的氛围。特别是静修所的第一任主管是乔治·杰普森(Geogre Jepson),他个头非常大,意志坚决、充满热情,把静修所管理的井井有条。1806 年,杰普森与护理员凯瑟琳·阿伦(Catherine Allen)结婚后,这对贵格派教徒夫妇来管理静修所,静修所更类似于一个家庭了。杰普森是一个非常细心的观察者,他孜孜不倦地照料病人,赢得了疯者及家属的信任。我们可以从患者的亲属写给他的信中看到这一点。一位女患者的父亲1803 年写信给杰普森,说道:"很遗憾,我女儿玛丽的状况还是很糟糕,但是我们很高兴看到她健康、舒适,她与那些医护人员关系密切、友好,我毫不怀疑他们对她良好的照顾和关心。"几乎在同一时间,一位已经出院的患者用同样的笔调写信给杰普森:"我非常想念你,希望在你方便的时间听到你的消息……请接受我对你及凯瑟琳·阿伦以及所有静修所的熟人的问候和祝福。另,请向威廉·图克表达我的祝福。"②

静修所还能做到对病人个人基础上的长期观察,而观察结果是决定采用治疗手段的重要根据。其实,静修所采用道德疗法和意识到是友善可以让疯者感到舒适也是基于观察的发现,而不是简单的

---

① Kathleen Anne Stewart, *The York Retreat in Light of the Quaker Way*, Erbor Press, William Sessions Ltd., 1992, p. 62.
② Anne Digby, *Madness, Morality and Medicine, A Study of the York Retreat, 1796 - 1914*, Cambridge University Press, 1985, p. 50.

贵格教徒伦理戒律的先验应用。① 例如，塞缪尔·图克记录了一位病人："几年前，一名大约34岁的大块头疯者被带到静修所。他已经数次发病，当他入院的时候，经常绑着铁链，手铐不解开就被强制换上衣服。而他到静修所的时候，铁链被拿掉，他走进屋里，看到看护人员正在喝汤。他很平静，他的注意力被新环境吸引。他很想用餐，用餐期间他表现的还算得体。用餐结束后，看护把他带到他自己的房间，告诉他：这里想努力使每个人舒服，没有必要，不会使用强制措施。此人对这种友好的态度非常敏感，答应约束自己。他做得非常好，在他住院期间，从未被使用过强制手段。"②

约克静修所挑战了传统的对待疯者的作法，正如约翰·康诺利（John Connolly）所说："所有追随威廉和塞缪尔的人，不管距离有多远，一定非常感激他们对我们的影响。当然，既不是他们也不是皮内尔完全地废除了机械强制；这留给林肯的查尔斯沃斯（Charlesworth）去尝试，加德纳去执行，汉韦尔在更大规模上肯定……每位历史学家都应该承认皮内尔和图克是非强制的、更完整的体系的先锋。"③

五　对约克静修所的批评

当然，也有人对静修所的道德疗法提出异议——福柯就是其中之一，他曾经对静修所提出批评。他说："在19世纪的精神病院中，没有强制措施，并不意味着非理性获得解放，而是意味着疯癫早已被制服了。"④ "因此，我们必须重新评价人们赋予图克工作的

---

① Mary G. Glover, *The Retreat at York, An Early Experiment in the Treatment of Mental Illness*, York: William Sessions, 1984, p. 55.

② Samuel Tuke, *Description of the Retreat, An Institution near York for Insane Persons of the Society of Friends*, York, 1813, pp. 146–147.

③ Anne Digby, *Madness, Morality and Medicine, A Study of the York Retreat, 1796–1914*, Cambridge University Press, 1985, p. 256.

④ ［法］福柯：《疯癫与文明：理性时代的疯癫史》，生活·读书·新知三联出版社2003年版，第233页。

第十五章 疯癫及疯人院

意义：解放精神病人、废除强制、创造一种人道的环境。这些仅仅是一些辩护之词。实际的操作则大相径庭。实际上，在图克创立的静修所中，他用令人窒息的责任取代了疯癫引起的无限制的恐怖；恐惧不再是监狱大门内的主宰，而是在良心的名义下肆虐。图克把束缚精神病人的古老恐怖转移到疯癫者的内心。诚然，休养院不再惩罚疯者的罪过，但是它的做法比惩罚还厉害。它把那种罪过变成秩序中的一部分，使负罪感成为疯者本人的一种意识，一种与看护的单向关系，使罪过成为有理性的人的他者意识，一种对疯者的生存状态的治疗干涉。"①

斯考本教授也对静修所提出了类似的批评，他认为：19 世纪，疯人院改革的根本社会原因是由于工业文明的发展，静修所是在寻求一种与当时社会需求相吻合的制度的控制，这与当时的监狱改革的背景是一样的。他认为：静修所并不是"为了良善而采取良善的措施。从（静修所）建筑到其类似家庭的安排，都是鼓励个人（通过）自己的努力重新找回自我控制的力量"。② 他认为："控制一定来自人的内心，这意味着物理的控制现在已经丧失功用，变得令人生厌。"③ 斯考本教授还认为："努力工作和自我约束是城市资本阶级成功的关键——图克正是来自这个阶层——因此，他的道德疗法也强调用同样的品质改造疯者"。④

笔者不同意福柯先生和斯考本教授对静修所的批评。我们也许还记得，弗洛伊德讲过"压抑是文明的代价"。福柯认为："社会对性的禁制始终是自下而上的、弥漫的，甚至大量地表现为自我禁制；它存在于工厂、学校、监狱、军队、医院等社会组织之中，是一种普遍存在的'惩戒凝视'，其目的是制造'驯服的身体'。"如

---

① ［法］福柯：《疯癫与文明：理性时代的疯癫史》，生活·读书·新知三联出版社 2003 年版，第 229 页。

② Andrew T. Scull, Moral Treatment Reconsidered: Some Sociological Comments on an Episode in the History of British psychiatry, *Psychological Medicine*, 1979, No. 9, p. 425.

③ Ibid., p. 427.

④ Andrew T. Scull (ed.), *Madhouses, Mad - Doctors and Madmen, the Social History of Psychiatry in the Victorian Era*, London, The Athlone Press, 1981, p. 115.

果如他们所理解的,文明本身就是对人性的压抑,也许我们就可以说:那些疯者是真正自由的人,而我们这些正常的人是被压抑的,是疯者。如此,也许整个文明史需要重写。但在目前人类认识的条件下,如果我们还承认疯者是"疯者",他们也需要像我们一样被"文明化",那这种压抑是必然的,那我们应该通过什么样的手段对其进行"教化"呢?

六 疯人院改革

"约克静修所的成功对于医学界是个打击,因为,19世纪的医学人士正努力想控制整个疯人院。"① 同时,肆意禁闭疯癫病人的丑闻,已经促使18世纪一个重要立法的通过——即1774年的《关于疯人院立法》(*The Madhouse Act*)。这部法案建立了精神病院开业的基本的执照和证书体系。② 在这一法令的要求下,所有私立的疯人院每年都要由市政官员审查、颁发执照。其规定了每个疯人院的最大规模。如果患者满意,他们才可以更新执照。市政官员有权视察疯人院(在伦敦,视察机构是皇家内科医生学会的一个委员会)。更重要是,一系列的医疗证书第一次被确立下来。从此以后,虽然疯者可以在市政官员的同意下被禁闭,但需要有正规医生手写的证明,禁闭才合法。

19世纪还进行了更进一步的改革。1828年的《关于疯人院立法》(*the Madhouses Act*)仍旧体现了1774年法令的原则,但也做了一些重要的修改。不适当的监禁会受到更严格的限制,私人患者如果没有两位医生的证明不能入院,贫穷的疯者入院需要两位市政官员或者监察者或教区牧师的签字并且要附带医学证明。但这种监

---

① Andrew Wear, *Medicine in Society: Historical Essays*, Cambridge University Press, 1992, p. 286.
② William Llywelyn Parry-Jones, *The Trade in Lunacy, A Study of Private Madhouse in England in the Eighteenth and Nineteenth Century*, Routledge & Kegan Paul, Limited, 1971, p. 10.

管主要针对的是私立疯人院，对公立疯人院还没有进行监管。视察专员从 1774 年法令要求的 5 位成员增加到 15 位（包括 5 名内科医生）。他们的职责是为伦敦的私立疯人院颁发执照，视察这些机构。但是在各省，这一权力还是由地方官员掌握。后来，1832 年的《关于疯人院立法》(the Madhouses Act) 又取代了 1828 年法令。

虽然这项法令还有不完善之处，但总的来说，它提供了一个在全国范围内试图解决疯者问题的可行模板。具体来说，"它确立了一个基础的行政管理模式，能够在大范围中推广"[1]，"它提供了（疯人院）建设与管理所需的必要行政基础结构，还在一些关键重要的标准上给予了引导。所以，抛开那些局限性，这项法令为英国疯人院体系提供了实践的基础"[2]。

总之，近代早期英国对疯癫疾病的认识仍旧停留在中世纪时代，疯者被认为是异类。对这些人的看护也逐渐从家庭转移到专门机构——虽然英国没有发生法国那样的"大禁闭"，但大量疯者被关进疯人院是不争的事实。大小各异、价格各异的疯人院满足了社会不同阶层的需求，因为"19 世纪的官僚机构和功利主义者们都相信住院治疗的方法，事实上，在文学上讲，是相信钢筋水泥的力量。学校、管教所、监狱、医院、精神病院——人们认为这些机构会解决当时由于人口增加、城市化、工业化带来的大量社会问题"[3]。在疯人院兴起的过程中，约克静修所值得特别关注，其首次尝试实施道德疗法——虽然史学家对其褒贬不一；虽然道德疗法不可能解决疯癫的根本问题。一般人认为，约克静修所的宗教意义大于医学意义——静修所是贵格派的机构，最初只收留贵格派教徒，只是后来才收留非贵格派教徒；所有疯者都被要求参加祈祷及

---

[1] Leonard D. Smith: *Cure, Comfort and Safe Custody: Public Lunatic Asylums in Early Nineteenth - Century England*, Lecester University Press, 1999, p. 2.

[2] Ibid., p. 6.

[3] Andrew Wear, *Medicine in Society: Historical Essays*, Cambridge University Press, 1992, pp. 294–295.

读经活动，认为宗教是解开疯癫症结的关键，并且认为鼓励疯者自律就能治愈病人的疯癫。无论如何，在冰冷的镣铐中，那些被踩在社会最底层的疯者终于看到看管者眼中慈爱的目光，这也是一个进步。即使静修所的批评者福柯也承认："它对于确定疯者在医学领域中的位置十分重要。这是因为，在西方科学史上，精神病医学第一次具有了几乎完全独立的地位。要知道，从古希腊以来，它一直仅仅是医学中的一章……而在皮内尔和图克以后，精神病学将成为一门独特的医学。"①

我们现在并没有关于近代早期英国疯者的统计数字，不知道到底有多少人发疯，但我们从政府通过的相关法案可以看出，这个问题也许比我们了解的更严重。

---

① ［法］福柯：《疯癫与文明：理性时代的疯癫史》，生活·读书·新知三联出版社 2003 年版，第 254 页。

第十六章　自杀现象及认知

近代早期英国疯人院中的患者经常有自我伤害和自杀①的倾向。并且，在这一时期，自杀者经常被认为是疯癫患者。自杀与疯癫之间关系密切。自杀是一个古老的社会现象，也是近代英国社会面临的社会问题。英国社会对自杀的看法代表了基督教世界对自杀的态度。都铎王朝和斯图亚特王朝继承了很多中世纪敌视自杀的态度和惩罚自杀的措施。到近代晚期，英国人开始争论自杀是否合法、如何对待自杀者的尸体以及自杀者的家人等问题。从这种因时代而变化的态度，我们可以了解到近代早期英国社会对自杀的认知。由于资料的限制，在迪尔凯姆之后，研究自杀的历史学家尽量避免进行统计研究——如迈克尔·麦克唐纳，他关注近代早期英国社会对自杀的反应及人们的态度。② 笔者这里采取类似的作法。

一　自杀的人数

17世纪，人们开始注意到，当时社会中自杀人数开始增加，在1637年一篇关于自杀的长文中，威廉·古奇（William Gouge）

---

① 埃米尔·杜尔凯姆（Emile Durkheim 又被译为涂尔干）在《论自杀》中对"自杀"所下的定义是："人们把任何由死者自己完成并知道会产生这种结果的某种积极和消极的行动直接或间接地引起的死亡叫做自杀。"（《自杀论——社会学研究》，商务印书馆1996年版，第11页）。关于"自杀"一词在英文中的出现，请参见笔者于2017年3月15日发表于《中华读书报》上的《"自杀"一词在英文中的出现及意义》一文。

② Michael MacDonald and Terence R. Murphy, *Sleepless Soul, Suicide in Early Modern England*, Oxford University Press, 1993, introduction part.

写道:"我认为,自从世界开始之后,很少有任何时代像我们这个时代一样出现这么多绝望的例子,涉及各种人士,包括教士、俗人、受过教育的人、没受过教育的人、贵族、仆人、富人、穷人、"自由人"、佣工、男人、女人、年青的、年老的。在这个时代,这种绝望的、邪恶的作法展露无疑。"① 对自杀人数的增加,不同的史学家有不同的观点,有人认为是绝对的增加,有人认为是由于统计方法的改变所带来的相对增加。据迪尔凯姆统计,1871年,在英格兰和威尔士十万居民中,有175人为疯癫患者,同时,在一百万居民中有70人自杀。② 关于近代早期英国,我们能看到的最好的统计数字是麦克唐纳教授提供的图表(见图16-1和图16-2)。

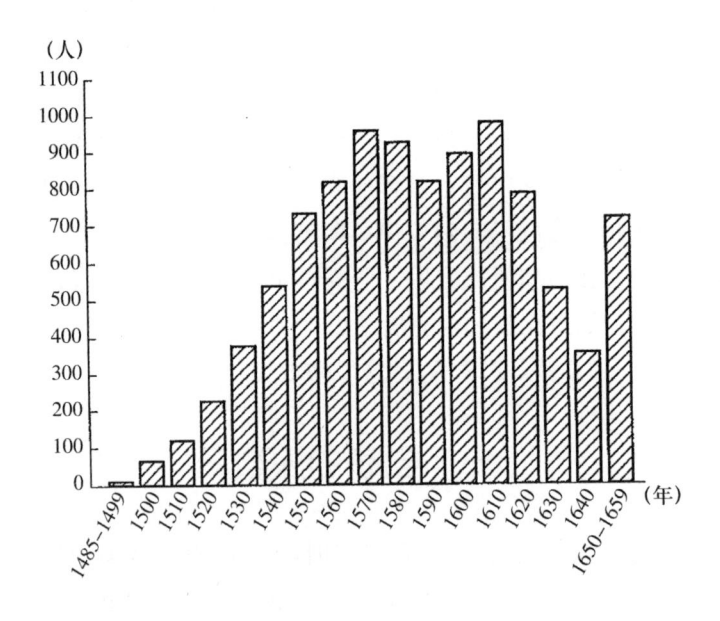

图 16-1 1485—1659 年报告的自杀人数③

---

① Michael MacDonald, The Inner Side of Wisdom: Suicide in Early Modern England, *Psychological Medicine*, Vol. 7, 1977, p. 566.

② [法]埃米尔·迪尔凯姆:《自杀论——社会学研究》,商务印书馆1996年版,第45页。

③ Michael MacDonald and Terence R. Murphy, *Sleepless Souls, Suicide in Early Modern England*, Oxford University Press, 1993, p. 30.

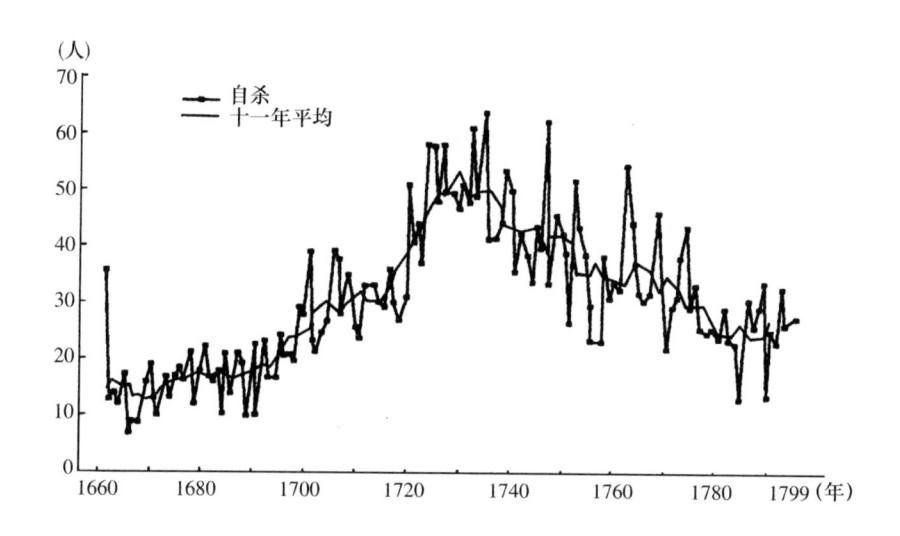

图 16-2　1660—1799 年伦敦出生/死亡登记表中记载的自杀人数①

麦克唐纳教授认为，历史学家低估了所发现的自杀人数。麦克唐纳说：涉及到自杀的资料非常凌乱，很少有历史学家读过当时法庭记录、教区记录、验尸官的调查笔记。②他调查了英国三个郡的验尸官记录，就发现有大量自杀记录；调查了王座法庭（King's Bench）关于自杀的记录，发现存在很多遗失。他说："把已知自杀者的名字和残存的记录核对起来，就能发现调查的不完整性。例如理查德·纳皮尔（Richard Napier）记载了 1597—1634 年 11 例发生在贝德福德郡、白金汉郡和北安普顿郡的自杀的例子；他还记载有 57 人自杀未遂，以及 99 人有自杀倾向。而同一时期，验尸官记录的 262 例自杀者，没有一个与纳皮尔记载的自杀者或有自杀倾向者重合。"③因此，麦克唐纳认为，这些历史学家低估了当时英国自

---

① Michael MacDonald and Terence R. Murphy, *Sleepless Souls, Suicide in Early Modern England*, Oxford University Press, 1993, p. 246.
② 笔者同意麦克唐纳教授的观点，即使今天我们得到的自杀统计数字也是低于实际的自杀人数。
③ Michael MacDonald, The Inner Side of Wisdom: Suicide in Early Modern England, *Psychological Medicine*, Vol. 7, 1977, p. 566.

杀的人数。

二 自杀的方式及动机

在都铎王朝和斯图亚特王朝，判定一个人是否是自杀远比想象的复杂。有些人由于其死亡的方式没有被认定是自杀；有时这些人会被认为是圣徒或英雄；还有的自杀行为被认为是意外死亡。自杀的判定通常涉及到对死亡情况的评估、调查死者的情绪和行为，也需要考虑到自杀的方法。学者发现，在贝德福德郡、白金汉郡和北安普顿郡的自杀人群中：132 人悬梁，88 人投河，27 人自刎，19 人服毒，1 人跳井。① 在这个阴暗的统计数字中，令人惊奇的是选择溺亡的人数。溺亡是女性首选的自杀方式，对男人来说则是第二选择。但溺亡也是意外死亡最普遍的原因。很明显，没有一种确定的方法知道是否一位溺亡的人是自己跳下去的、或是被推下去的、或者是受伤掉下去的；除非有人看到现场。当死亡发生，在验尸官的调查和星室法庭的审讯中，没有人能证明死者如何死亡。

对男人来说，通常是用刀、剑等比较暴力的方式自杀。但目前关于自杀方式的研究还很欠缺。

第一类自杀动机就是耻辱。名誉在东方与西方都被看重。无论是男女，如果名誉受到伤害，一些人就会选择自杀。近代早期英国有双重标准。社会对男人的性丑闻持宽容态度，性丑闻对他们名声的损害只是不诚实；而对女性则是致命的伤害，她们可能嫁不出去，也可能走上绝路。造成女性自杀的主要原因就是未婚先孕。1614 年，罗伯特·尼格斯（Richard Negus）证明，可怜的伊丽莎白·高尔（Elizabethe Goare）未婚，但产下一名私生子，所以该女子投河自尽。②

第二类可能的自杀动机就是经济原因。星室法庭的卷宗记载，

---

① Michael MacDonald, The Inner Side of Wisdom: Suicide in Early Modern England, *Psychological Medicine*, Vol. 7, 1977, p. 567.

② Ibid., p. 569.

伦敦商人兰斯洛特·约翰逊（Lancelot Johnson），曾经是一个非常富有的商人，但后来破产，成为一个自怨自艾的、悲观的人。他不再信任上帝，决定自杀。生意上的失败或破产是非常耻辱的事情，有人受不了这样的打击而自杀。[①]

第三类自杀动机是由于感情的原因——丧失挚爱而遭受的痛苦——或者是求婚被拒绝，或是丧偶，或是失去父母。舞台上的台词经常说，如果他们得不到他们的爱人，就会采取莎士比亚悲剧的作法结束他们的生命。人们也许会认为，只有女人才会为爱自杀，但史料记载，男人有时也会因爱而殉情。1597年，理查德·纳皮尔写道：罗伯特·玛琳斯（Robarte Malins）是当地农夫的儿子，因为他不能娶一位他爱的女佣而服毒自杀。[②] 挚爱的家人的死亡带来的痛苦也是一些人自杀的原因。弗兰西斯·马歇尔的辩护人声称，他自杀主要是因为最近他儿子和孙子的死亡使他悲痛欲绝。纳皮尔记载，他的一位患者——一位老妇人，在其丈夫和女儿死后企图自杀；另一位企图自杀者是他的父亲去世后。

第四个可能的动机是身体疾病或困苦。约翰·斯托那（John Stoner）的疾病使他不能入睡，据说这是他自杀的原因；威廉·巴尔内斯（William Barnes）在患病时割断了自己的喉咙。[③] 事实上，我们很熟悉，疾病带来的绝望可能是自杀的原因的说法，因为英国法律规定，疯者自杀应该免于被惩罚。近代早期英国普遍认为，自杀是谋杀的一种，实施者如果发疯或者年幼不应被判定为犯罪，因为他们不知道这种行为是错误的。

要了解违反法律时某个人的精神状态是困难的；要弄清死者的想法就更难了。都铎王朝和斯图亚特王朝，自杀者很少留下字条，因为大多数自杀者都是穷人，不会书写。这就是为什么星室法庭的记载和调查中充满了访谈以及行为描述的原因。约翰·布拉斯顿

[①] Michael MacDonald, The Inner Side of Wisdom: Suicide in Early Modern England, *Psychological Medicine*, Vol. 7, 1977, p. 569.

[②] Ibid., pp. 569–570.

[③] Ibid., p. 570.

(John Bramston) 添油加醋地描述了约翰·哈尼伍德（John Honywood）的自杀，因为他讨厌后者的政治观点。哈尼伍德曾经被他妻子哄骗把他的财产置于她的名下："财产转移了，他非常伤心，心里充满不满，试图吞火鸡屁股噎死自己；还有一次把烟枪插进自己喉咙；又有一次想摔下楼梯，但都被制止了。后来他的妻子雇了两个人看着他，但他假装出来的快乐情绪使她认为可以对付他。"布拉斯顿写道："他的失望继续"，1693 年的一个周日，"他的妻子走出卧室，派一个人取一杯啤酒。他拿起一个破旧的吊袜带，把它系在他床头窗帘杆上，在魔鬼的帮助下上吊自杀，因为吊袜带和窗帘杆都不足以支撑他体重的 1/4"。①

三 对自杀的惩罚

追溯历史，我们知道，古代希腊、古代罗马在某些情况下接受自杀，但是法律也惩罚某种形式的自杀。因此，我们说，古代希腊、古代罗马对自杀的态度是谴责与宽容并存。在希腊，"只有未经国家批准，自杀才被视为非法。因此，在雅典，自杀的人因为对城邦做了一件不公正的事而受到'凌辱'：他不能享受正常的荣誉和葬礼，而且尸体的双手还要被砍下来另埋在他处。"② "在雅典，如果在自杀之前说明生活难以忍受的理由，请求元老院批准，如果请求得到同意，那么自杀就被认为是合法的行为。"③ "在罗马，在道义上或法律上评价自杀时，关于自杀动机的考虑始终起着决定性的作用。因此有这样的诫条：如果一个人无缘无故地自杀，那么他理应受到惩罚；因为一个不爱惜自己的人更不会爱惜他人。公众通

---

① Michael MacDonald, The Inner Side of Wisdom: Suicide in Early Modern England, *Psychological Medicine*, Vol. 7, 1977, p. 571.
② ［法］埃米尔·迪尔凯姆：《自杀论——社会学研究》，商务印书馆 1996 年版，第 356 页。
③ 同上书，第 357 页。

第十六章 自杀现象及认知

常谴责自杀，同时保留在某些情况下批准自杀的权利。"[1] 无论是古代希腊还是古代罗马都谴责奴隶自杀，因为奴隶被看作是主人的财产，奴隶自杀是对主人的背叛。同样，士兵自杀也受到严厉谴责，特别是在古代罗马，因为这会影响军队的战斗力。

中世纪的英国教权和俗权都敌视自杀。[2] 在这一时期，自杀者不仅受到教会的惩罚（不能进行基督徒式的安葬，尸体被亵渎，家人蒙羞），而且也受到国家的惩罚（自杀者财物要被没收）。"在673年的赫里福德宗教会议上，坎特伯雷大主教决定，'大陆的古代教会法令应该在英格兰得到遵守'。"[3] 自此，在563年布拉格宗教会议上决定，禁止给予自杀者基督徒式安葬仪式，这一规定也在英格兰确立：自杀者的葬礼不能在教会举行，死者的尸体不允许被安葬在教堂墓地，要埋在十字路口，胸口要插木棍[4]，以防其灵魂跑出来伤害他人。教会反对自杀的原因是认为自杀者篡夺了上帝对生命的所有权。英国牧师约翰·亚当斯（John Adams）阐述了基督教反对自杀的理由：生命不属于个人，他对自己没有所有权，因为他不能自己创造自己，他只有使用权。[5]国家反对自杀，是因为自杀者剥夺了国家对生命的控制权。福柯说："古典时代的人发现人体是权力的对象和目标。我们不难发现，当时对人体密切关注的迹象。这种人体是被操纵、被塑造、被规训的。"[6] 无论是教权还是

---

[1] ［法］埃米尔·迪尔凯姆：《自杀论——社会学研究》，商务印书馆1996年版，第358—359页。

[2] 亚历山大·莫里（Alexander Murray）教授认为，中世纪英国对自杀的谴责不是非常绝对。中世纪的英国没有惩罚自杀未遂者的做法，只惩罚成功实施的自杀。他认为，中世纪人更关心生命的逝去，而不是自杀的非道德性。

[3] Charles Moor, *A Full Inquiry into the Subject of Suicide*, Vol. 1, London: Printed for J. F. and C. Rivington, 1788, p. 307.

[4] Thomas R. Forbes, London Coroner's Inquests for 1590, *Journal of the History of Medicine and Allied Sciences*, xxviii (1973), p. 378.

[5] John Adams, *An Essay Concerning Self-Murther, Wherein is Endeavour'd to Prove, That it is Unlawful According to Natural Principles*, London: Printed for Tho. Bennet..., 1700, pp. 5-10.

[6] ［法］米歇尔·福柯：《规训与惩罚》，生活·读书·新知三联书店2007年版，第154页。

俗权都反对自杀。这一时期"我们可以说，'让'人死或'让'人活的古老权力已经被'让'人活或'不让'人死的权力取代了"。①

在都铎王朝和斯图亚特王朝的英格兰，自杀被认为是一种犯罪，习俗和法律都要求惩罚死者及其后人。自杀者的葬礼和安葬不能在教会举行，也不能举行标志基督徒灵魂转到来世的宗教仪式。死者的尸体要被埋在杂乱的十字路口，心脏上要插一根木棍。并且死者要接受死后审判：验尸官调查团从当地选出，如果能证明死者确实是自杀，则宣布他/她犯了重罪，是谋杀的一种，他/她的动产要没收（不动产在中世纪时也要被没收，近代开始只没收动产），并交给王室救济品分发员。迈克尔·达尔顿（Michael Dalton）在1626年发表的《治安法官》一书中写道："对于自杀的残忍性，应该注意，这是反对上帝、反对国王、反自然的犯罪。在谋杀的程度和性质上有不同——假装要去实行、决心要去实行、真正实行之前，总之，这种犯罪比杀死他人的罪行更大……"②达尔顿继续说：如果自杀是预谋的，他们的财物要被没收，他们的尸体要被拖出房子（为了威慑其他的人），用一匹马拉着一根绳子把尸体拉到受惩罚地，在那里，尸体会被挂在绞刑架上。

习惯法对自杀的惩罚在1661年埃德蒙·文盖特（Edmund Wingat）的书中也作了描述："他犯了重罪，或者由于仇恨自己的生命，或者出于消灭自己的幽默，其所有财物和动产都归国王。"③

这些惩罚根植于一种古老的传统观念——自杀是令人厌恶的。各地坚持自杀者不能进行基督徒式的安葬。没收自杀者财物使得王室官员有机会得到一部分利益——因为那些验尸官的收入是从没收的财物中支出。伤心欲绝的家庭竭力避免耻辱以及经济上的损失，会想法设法隐瞒自杀。当约翰·哈里森（John Harrison）上

---

① [法]米歇尔·福柯：《性经验史》，上海人民出版社2002年版，第102页。
② Michael Dalton, *The Countrey Justice, Containing the Practice of the Justices of the Peace out of Their sessions*, Company of Sationers, 1661, p. 297.
③ Michael MacDonald, The Inner Side of Wisdom: Suicide in Early Modern England, *Psychological Medicine*, Vol. 7, 1977, p. 568.

吊自杀后,他的妻女迅速、秘密地把其埋葬,并给仆人钱让他们保守秘密,然后把他们遣送到另一个郡。弗兰西斯·马歇尔(Francis Marshall,一个埃塞克斯的约曼农)自杀后,妻子和家里人毁坏他的尸体,希望验尸官作出他杀的结论。① 艾伦·约翰逊(Ellen Johnson)在应讯她丈夫有自杀(他的尸体被发现溺亡于泰晤士河)企图的指控时,辩解说:他是一个虔诚的人,所以不会作出这样不虔诚的事情。她说:"他从来没说过任何不虔诚的话","他的名誉一直很好,邻居和熟人都很尊重他,并且他非常诚实、正直"。安妮·洛克伍德(AnneLockwood)的丈夫在1622年自杀,他的债务人和王室代理人要没收他的财产。"他的个人财产都面临被没收的危险,他的债权人还不满意。"② 安妮·洛克伍德在11天后也自尽。布拉德福德郡(Bradford)的一个磨坊主悲叹法律对自杀者的惩罚。他说:死于自杀,我的财产都归国王,我的妻子和孩子会成为乞丐。③

如果验尸官或者邻居同情死者的家人,对自杀者的惩罚有时会有减轻的情况。有时,王室救济品分发员会允许穷人以非常合理的价钱买回死者的遗物。也有邻居帮助死者家里人隐藏自杀的情况。在约翰·斯托那(John Stoner)的案子里,陪审团拒绝相信他自杀的证据,坚持"没有直接证据表明斯托那投河自尽或自己走上绝路"。④ 另一个陪审团接受了阿瑟·巴尔内斯(Arthur Barnes)的贿赂,隐瞒了他的弟弟自杀的事实。当秘密被揭穿时,巴尔内斯辩解说:他的弟弟留下8个孩子,其中6个孩子住在他的兄弟姐妹家,这些孩子需要钱活下去。⑤ 富有同情心的邻居最多使用的策略是拒绝支付他们欠死者的钱(本应该交给王室救济品分发员),或者坚

---

① Michael MacDonald, The Inner Side of Wisdom: Suicide in Early Modern England, *Psychological Medicine*, Vol. 7, 1977, p. 568.
② Ibid..
③ Ibid..
④ Ibid., p. 567.
⑤ Ibid., p. 568.

持自杀者的钱财应该属于他们,因为死者欠他们的钱。有一个这样的例子,萨摩赛特德郡约曼农有5位邻居,从农夫到骑士,都拒绝向王室官员支付所谓他们欠死者的债务。在星室法庭的其他案子中还有记载,很多邻居扛着自杀者的东西,声称不属于死者。贝德福得郡的一位药剂师自杀后,那个镇的人很快卖掉他的遗物,以便用这笔钱养活他的孩子。因为陪审团大多是从教区中选出的,很多时候他们就是自杀者的邻居,所以不会轻易作出重罪的判决。这也体现了邻里互助的精神。

四 自杀在宗教上的解释

中世纪及近代早期英国人认为,自杀与个人的虔诚不符合,是魔鬼引诱的结果。这种观点被深信不疑,经常出现在验尸官审讯和星室法庭的案子中;出现在纳皮尔的患者对他们自杀原因的解释中;出现在神职人员的忏悔中。在所有这些资料中,作者都表达了一种观点——自杀的行为是与上帝的疏离。自杀被人们看作是背弃上帝,且受到魔鬼的甜言蜜语的哄骗。验尸官审讯用语中有这样的句子:这种事情是"受到魔鬼的引诱"。对于前面提到的斯托那的自杀,验尸官宣称,他"不害怕他眼前的上帝,而被魔鬼诱惑"。

自杀等于放弃了上帝的救赎希望。一些自杀未遂者的自述,说他们看到了魔鬼。例如伊丽莎白·海福德(Elisabeth Hayford)说:"她不能得救,因为魔鬼告诉她了,当她说的时候,看见了魔鬼站在远方,她哭泣很长时间。"罗伯特·托埃(Robert Toe)认为:"一个穿黑衣的男孩"就是魔鬼化装成的,他从其那里买了一把刀。在17世纪,这种情况不会被认为是有严重的心理问题。当时人们还是相信魔鬼的力量——狡猾、黑暗、反社会,这些观念深入人心。人们接受世俗观点,认为自杀就是受到了魔鬼的引诱,因为正常人是不会自杀的,并且个人也走不上这种极端的道路,一定是魔鬼的作用。有时天使和魔鬼会争夺对一个人的控制。威尔·林格(Will Ringe)向医生陈述了他与魔鬼斗争的经历,魔鬼对他说:

"我的灵魂将使你自由。"然后,他善良的天使努力争取他说:"耶稣会看管你的身体与灵魂。"魔鬼又一次引诱他说:"你必须把它从上帝的手中拿开(自杀)。"他的天使又说:"上帝会看顾。"①

魔鬼有时以乌鸦的形象、有时以女人的形象出现,有时还是牧师的形象,有时也可能是一个不可辨别的声音。沃林顿(Wallington)记载了魔鬼引诱他的经过:"恶魔引诱我8次……他要我拔出刀,割断我的喉咙。但是我拒绝了。恶魔又一次引诱我,我又抵抗了。他第3次引诱我,我对他屈服了,我拔出刀,放在喉咙边。"然后,上帝的荣耀让我思考:如果我这样做,接下来会发生什么。沃林顿意识到如果他自杀,他的父亲会悲痛欲绝,敌人会诽谤他的信仰,他说:"看这些清教徒,看沃林顿大人的儿子自杀了。"② 他又一次从死神那里挣脱,把刀放在一边。

正是由于这种观念,近代早期英国人认为,自杀是一种背弃上帝的罪行,是屈服了魔鬼的引诱,因此是不敬的。自杀者不能有基督徒式的安葬,并且尸体不能被埋在教堂的院子里。并且,最重要的是,人们相信自杀者的灵魂不能上天堂,而是要下地狱。

五 反对自杀的原因

近代早期英国的一切问题都要从《圣经》寻求答案。基督教《十诫》中的一诫是"不可杀人"。奥古斯丁指出,此诫意味着不但不可杀别人,同时也包括不可杀自己。

《圣经》说,起初,神是按照自己的形象创造人(创世纪9:6),人的生命在神的眼中是极其宝贵的,因为生命是来自神、由神施予和由神交托的。自杀便是毁灭神所创造的,不让自己分享神的荣耀。本来神的心意是希望人代他管理万物③,好好地运用生命来

---

① Michael MacDonald, The Inner Side of Wisdom: Suicide in Early Modern England, *Psychological Medicine*, Vol. 7, 1977, p. 574.
② Ibid., p. 576.
③ 《圣经》:《创世纪》,第2章,第15节。

服侍神和荣耀神；而自杀违背神的旨意。耶和华"是你的生命，你的日子长久也在乎他"①，只有神有权利使人死、使人活，"凡活物的生命，和人类的气息，都在他手中"。② 生命是属于神的，人没有权利夺去自己的生命，亦没有权利决定自己生命的长短。所以，自杀是夺取神对人生命的主权。

基督教反对自杀的理由，也可以在《天主教百科全书》中找到最权威的说法："毁坏一个东西是把自己看成是绝对的主人，并且似乎是其对生命拥有完全的、独立的控制权，因为拥有者一定高于其所有物。"③ 因此，人们只拥有生命的使用权，生命的所有权属于造物主。其他谴责自杀的言论——违反了自我保存的本能，本身是怯懦的表现，等等——被看作是支持这些观点的附加物，即人拥有对自己生活的掌握，除了控制生命本身之外。

近代早期英国人会问，人是上帝的财产吗？人的生命是自己的吗？这是回答人是否有权利自杀的关键。在《斐多篇》中，柏拉图说：我们属于上帝——我们的主人，我们千万不能夺取这种权力。"人是囚徒，他没有权利打开门自己走出去。"他做了一个重要的比喻：如果我们的动物自杀，它们是否也侵犯了我们的权力？亚里士多德也不赞成自杀，他说，勇气意味着忍受。"以死来逃避贫困、爱或其他任何痛苦的事物不是一个勇敢的人，并且是一个怯懦的人的所为。因为在困难之中，逃避是更软弱的行为。而一个人这样做不是因为这样面对死是高尚（高贵）的，而是因为这样可以逃避可怕的事情。"④

近代早期英国布道者强调，上帝是由于自然的原因而把我们放在这里，是想让我们一直活到自然原因使我们离开。"在任何情况

---

① 《圣经》：《申命记》，第30章，第20节。
② 《圣经》：《约伯记》，第12章，第10节。
③ Lester G. Crocker, The Discussion of Suicide in the Eighteenth Century, *Journal of the History of Ideas*, Vol. 13, No. 1 (1952), p. 49.
④ [古希腊]亚里士多德：《尼克马可伦理学》，商务印书馆2003年版，第81—82页。

下都不能把你放在上帝的位置，让你破坏他的成果。"约翰·杜马斯（Jean Dumas）强调：（人）是上帝的成果，人不能拿走不是他自己的东西。约翰·亚当斯［(John Adams)，英国国王的牧师］曾用最简单的话来表述：生命不属于个人，他对自己不拥有生命所有权，因为他不能自己创造自己，很明显，他只有生命使用权。

六　近代晚期对自杀态度的转变及原因

英国社会对自杀的认知，经历了从近代早期的严苛到近代晚期的逐渐宽容的转变。这是一个渐进的、复杂的过程，一直持续到19世纪末和20世纪初。在这一时期，各个社会群体、各个阶层逐渐转变了对自杀者的态度，开始同情自杀者及其家人。史学家认为："对自杀态度的转变是漫长的18世纪现代化的标志，这一时期，死亡成为非社会化的——一种私人的、单独的、神秘的（行为）。"[1]自杀逐渐"去犯罪化"，或者说，人们的看法越来越"世俗化"[2]，人们不再相信，自杀是与超自然力量或恶魔的引诱相关。[3]人们认为，自杀是疯癫、压力或抑郁的表现，是与（正常的）自我分离的行为。人们越来越不认为自杀是一种罪（Sin），而是一种可以解释的世俗的行为。自17世纪60年代以后，当地选出的验尸官调查团作出了越来越多的疯癫判决，这样就可以避免自杀者的财产被没收——因为神志不清的人不能对自己的行为负责，可以免除惩罚。"1485—1660年，95%以上的自杀者都被判重罪，不到2%的

---

[1] R. A. Houston, *Punishing the Dead? Suicide, Lordship and Community in Britain, 1500-1830*, Oxford University Press, 2010, p. 2.

[2] 苏珊·莫里西（Susan Morrissey）教授建议，应该用"hybridization"（融合）一词替换原来的"secularization"（世俗化）一词。

[3] Hannah Barker, Book Reviews: Michael MacDonald and Terence R. Murphy, Sleepless Souls, Suicide in Early Modern England, Oxford University Press, 1990, *Sociology of Health & Illness*, Volume 13, Issue 4, 2008, p. 571.

人被判为疯癫并免于定罪"。① "1640—1660 年，这一比例稳定增加，从 17 世纪 60 年代的 8.4% 增加到 80 年代的 15.8%，再到 18 世纪前期的 42.5%。"② 同样，"1660 年以后，（自杀者）被没收财产的比例稳步下降（按每 10 年计算），17 世纪 60 年代是 35%，80 年代下降到 25%，18 世纪前十年下降到 13%"。③

为何近代晚期英国社会对自杀的态度出现这样的变化？

1. 自杀的"医学化"（Medicalization）

古典医学认为，自杀是一种疯癫的行为，只有那些疯癫的人才会自杀。英国社会也曾一度从宗教意义上解释疯癫，但最终认识到疯癫是一种疾病。尽管当时自然科学提供的治疗并不比宗教的或奇迹医疗有效，医学还是逐渐摆脱了超自然的解释。随着医学的发展，医学界人士认为，抑郁、疯癫和谵妄都会导致人自杀。英国内科医生理查德·布莱克莫尔（Richard Balckmore）在他的畅销书《脾脏与潮气的论文》中提到："这些病人经历着极度的绝望和难以忍受的焦虑不安，这是造物主在他们身上留下的印记……是某种程度的疯癫。"④1788 年，威廉·罗利医生写道："自杀应该被认为是一种疯癫的行为。"⑤ 佩内洛普·杜布（Penelope Doob）指出：疯者经常有伤害自己的倾向。他谈到希律王时说："他未遂的自杀……很清楚表明他发疯了，自我伤害通常是疯者的特点，这一点

---

① Michael MacDonald and Terence R. Murphy, *Sleepless Souls, Suicide in Early Modern England*, Oxford University Press, 1993, p. 16.

② Michael MacDonald, The Medicalization of Suicide in England: Laymen, Physicians and Cultural Change, 1500 – 1870, *The Milbank Quarterly*, Vol. 67, Supplement 1. 1989, p. 75.

③ Michael MacDonald and Terence R. Murphy, *Sleepless Souls, Suicide in Early Modern England*, Oxford University Press, 1993, p. 115.

④ Richard Balckmore, *A Treatise of the Spleen and Vapours, Or Hypocondriacal and Hysterical Affections, with Three Discourses on the Nature and Cure of the Cholik, Melancholy and Palsies*, London: Printed for J. Pemberton…, 1725, p. 163.

⑤ William Rowley, *A Treatise on Female, Nervous, Hysterical, Hypochondriacal, Bilious, Convulsive Diseases, Apoplexy and Palsy: Which Thoughts on Madness, Suicide…*, London: Printed for J. Pemberton…, 1788, p. 343.

第十六章　自杀现象及认知

在希律王身上表现得特别明显。"① 在 17 世纪，这方面最好的例子是约翰·奥布里（John Aubrey）对福克兰（Falkland）子爵的评论。奥布里认为，福克兰近乎疯狂的危险举动杀死了自己。他写道："在纽伯里的战斗中，我的主人福克兰……在两军对垒中，像个疯子一样在阵地间穿行，他被打中了（正如他被希望的那样）。这种疯狂的行为一定有原因，（人们以为）他不满意查理国王听从那些谗言……但我从最了解他的人那里，了解到背后的真相是他的情妇莫莉的死亡（使他痛不欲生）……他爱她超过一切，这是他自杀的确定原因。"②

近代晚期英国，随着医学的发展和医学知识缓慢、逐渐的普及，人们意识到，不仅疯癫与自杀相关，而且抑郁也与自杀相关。近代早期英国学者罗伯特·伯顿（Robert Burton）认为：抑郁是由于身体中的胆汁太多，是一种身体的疾病影响到人的心智，由此能导致自杀。他说：自杀既不是有尊严的，也不是正常的死亡，是抑郁这种疾病的致命的后果。因此自杀者值得我们同情。他总结抑郁者的特征是："他不害怕死亡，有自我毁灭倾向；他怕光，为了结束自己的恐惧和心中的悲哀，他会自尽而免除痛苦。"③ 在其著作《剖析抑郁》中，他写道：抑郁的男女经常会自杀，"他们多次表达厌倦了自己的生命，他们经常有一些野蛮的想法，想暴力伤害自己"。④ 当他讨论抑郁症的结果时，他观察到这种病很少会引起死亡，除非他们自杀（这是非常可能的、非常可悲的事故，是最大的不幸）。开业医师的笔记中也提到自杀是抑郁症的表现。医生纳皮

---

① Penelope Billings ReedDoob, *Nebuchadnezzar's Children: Conventions of Madness in Middle English Literature*, Yale University Press, 1974, p. 113.

② Michael MacDonald, *Mystical Bedlam, Madness, Anxiety, and Healing in Seventeenth-Century England*, Cambridge University Press, 1981, p. 136.

③ Robert Burton, *The Anatomy of Melancholy, What it is, with All the Kinds, Causes, Symptomes, Prognostics, and Several Cures of it: in Three Partitions. With Their Several Sections, Members, and Subsections, Philosophically, Medicinally, Historically Opened and Cut Up*, London: B. Blake, 13, Bell Yard, Temple Bar, 1838, p. 285.

④ Michael MacDonald, The Inner Side of Wisdom: Suicide in Early Modern England, *Psychological Medicine*, Vol. 7, 1977, p. 572.

尔说：他的抑郁症患者的5.5%都想过自杀，占了精神问题患者的7.8%。①具体的数字是："493位抑郁位患者，27人自杀；794位'精神有问题'的患者，62人想自杀；所有来咨询的'有精神不适的'患者，6.4%有自杀倾向。"② 随着人们认为自杀是一种罪（Sin）发展到认为自杀是一种疯癫的行为的转变，判定自杀的责任开始从教士之手转移到医生之手。③

医生开始认识到，疯癫与抑郁是造成自杀的主要原因，并提倡免于对自杀者指控。医生认为：这些自杀者的神志不受自己的控制，他们自杀是由于疾病的原因，而不应该归结于魔鬼的引诱。1621年，英国学者罗伯特·伯顿写道：当疯者或抑郁的人自杀，他们不应该被谴责。他写道："在一些案子中，人们严厉地谴责（自杀者的人），认为暴力伤害自己的人是疯子，或者是遭受了长期抑郁困扰的人。在极端的情况下，他们不知道自己在做什么，丧失了理性和判断力，就像一条船，失去了驾驶者，一定会撞上岩石或沙滩，导致沉船。"④ 18世纪的艾斯奎诺说：自杀是疯狂的行动，治疗（它）是属于心智疾病治疗学的范畴。由此，自杀开始被认为是一种在医学上可以解释的"疾病"。我们称之为自杀的"医学化"。

自杀的"医学化"无疑使整个社会对自杀的宽容迈出了重要的一步。人们开始意识到，自杀的人并不是遭到魔鬼的引诱，而是由于其自身的疾病导致。"16世纪晚期和17世纪，忧郁成为一个时髦的标志，对抑郁的着迷使人们认识到自杀是精神疾病的标志，而

---

① Michael MacDonald, The Inner Side of Wisdom: Suicide in Early Modern England, *Psychological Medicine*, Vol. 7, 1977, p. 580.

② Michael MacDonald, *Mystical Bedlam, Madness, Anxiety, and Healing in Seventeenth-Century England*, New York: Cambridge University Press, 1981, p. 279, note 81.

③ Roisin Healy, Historiographical: Suicide in Early Modern and Modern Europe, *The Historical Journal*, 49.3 (2006), p. 909.

④ Michael MacDonald, The Inner Side of Wisdom: Suicide in Early Modern England, *Psychological Medicine*, Vol. 7, 1977, p. 573.

不是一种宗教意义上的犯罪。"① 随着《少年维特的烦恼》的出版，自杀甚至被肯定。因此，人们开始认为，自杀的人不是邪恶的化身，不应该遭到严酷的对待。但我们也要知道，对自杀道德的解释没有随着医学的进步而退却，医学认为自杀是身体的行为、但经常是心理的原因。因此，在一段时间内，英国存在着一个"混杂"的过程，在这期间，两种解释（道德的、医学的）并存。

2. 理性呼声的出现

从近代晚期开始，许多思想家从理论上为自杀辩护。他们认为，生命是一种礼物或恩惠，如果生命变得艰辛，人们有权利放弃之。也就是说，如果一个人不管怎样都要死，当他对社会没用时，他的自杀就不违反任何人类法或自然法。大卫·休谟激烈地攻击了"人的自杀是违背上帝的意愿"的说法。他说："对我来说，我的出生是一系列的原因，其中许多因素依赖人自愿的行为……如果你说上帝引导所有这些因素，那么自愿死亡也是同一个上帝引导的结果。"② 休谟写《论自杀》的目的是，"通过考察反对自杀的争论，根据古代哲学家的论述，证明自杀是可以免于定罪和责备的，从而恢复人的自然拥有的自由"。③ 休谟认为，《圣经》中并没有禁止自杀的经文，即使摩西《十诫》中的"不可杀戮"显然是指不可杀害他人，因为我们无权剥夺他人的生命。休谟说：那些认为（自杀）是违背上帝、天意或自然法的看法是没有任何道理的。休谟还认为：人的生命是上帝旨意的结果，就像那些没有生命的物种一样。"所以，当我倒在自己的剑下，与死在神之手是一样的，就如我死于狮子之口，或者死于一场发烧是一样的。"④ 若说自杀是有

---

① Michael MacDonald, *Mystical Bedlam, Madness, Anxiety, and Healing in Seventeenth-Century England*, Cambridge University Press, 1981, p. 135.
② David Hume, *Essays on Suicide and the Immortality of the Soul*, Basil, 1799, pp. 10-11.
③ Ibid., p. 3.
④ Ibid., p. 9.

罪的，那是因为，我们因怯懦而自杀。如果它不是有罪的，那是因为，当生命成为重负时，审慎和勇气驱使我们立即了断此生。我们为社会树立了榜样，人们效仿它，要么留下幸福生活的机会，要么有效地摆脱一切苦难；正因为如此，我们才是对社会有益的。①

蒙田是第一位挑战自杀是非自然的举动的思想家，他指出："死的能力是自然的馈赠。"② 他对18世纪的人文主义者起了重要的引导作用。伊拉斯谟认为：自杀是对"麻烦"世界的合理逃避，那些自杀的老年人比那些不愿死、还想活得更久的人要明智。孟德斯鸠严厉地批判了法律对自杀的惩罚，他说："欧洲的法律，对自杀者非常残暴：拖着尸体游街，对着死者咒骂，没收死者的财产，可以说是再一次把他们处死。伊本，我觉得这样的法律很不公正。我身心痛苦，生活贫困，受人藐视，为什么别人不让我脱离苦海，而残忍地夺走我自己手中的解药？"③ 我们知道，伏尔泰和爱尔维修也认为自杀是一种英雄主义的行为。

18世纪，教会人士和道德家也都呼吁，要仁慈地对待自杀者。英国教士约翰·乔廷（John Jortin）认为："在我们国家，脾气暴躁、抑郁、疯癫的人到处都是，这些人中的大部分人自杀，他们思维混乱，不知道自己在干什么。"因此，调查者仁慈一些是很睿智的，因为"在所有这些可疑的案子中，对死去的人更宽容的裁决比更严厉的裁决更安全、更好，相反的作法只会使得死者家庭的苦难更多、悲上加悲、难上加难"。④ 亚当·斯密在其支持乔廷的论述中加入了一段哲学的驳斥："的确有一种特殊的抑郁，似乎伴随着一种不可抵御的自杀倾向……用这种方式结束自己生命的人是同情的对象，而不是讽刺的对象。要惩罚这些人（他们已经不能再接受

---

① David Hume, *Essays on Suicide and the Immortality of the Soul*, Basil, 1799, p. 14.
② Lester G. Crocker, The Discussion of Suicide in the Eighteenth Century, *Journal of the History of Ideas*, Vol. 13, No. 1 (1952), p. 60.
③ ［法］孟德斯鸠：《波斯人信札》，商务印书馆2006年版，第143页。
④ John Jortin, *Sermons on Different Subjects*, Vol. 5, London, 1787, pp. 147–148.

人类的惩罚）不仅是荒谬的，也是不公平的。"①治安法官迈克尔·达尔顿虽然强烈反对自杀，但他对法官解释说，有三种人不能对他们的行为负责：天生痴呆者；曾经健康理智的人，但由于疾病、受伤或其他事故丧失记忆力者；最后还有疯者，他可能有时清醒、有记忆，有时疯癫。②

除了思想家、教士、道德学家的呼吁，其他社会人士也发出过类似的呼吁。早在17世纪70年代，英国物理学家威廉·拉姆齐（William Ramesey）就劝说他的读者，要原谅那些患抑郁症的人自杀。他写道："如果任何人采取这样的行为，他们应该获得我们最大程度的同情，而不是被谴责为谋杀者和被诅咒的生物，等等。因为，也许是由于上帝的选择，他们的判断及理性被疯癫、极度抑郁或类似疾病夺走，因此自决。"③ 这些理性的呼声无疑撼动了中世纪对自杀的一致谴责。

3. 对社会陋习的摒弃及权利意识的增强

18世纪，那些认为人们有权利结束自己生命的人，秉持一种观点：即自愿和平静死亡的人，死得荣耀。他们认为，放弃生命的权利是一种优势，人先于上帝拥有之。自杀的行为证明人比自然更伟大，在所有生物中，人拥有理性思考的能力，能控制自己的生命。这是启蒙运动思想家的观点之一。从这种变化中我们可以看到，英国社会开始摆脱宗教的束缚，尊重人的主观意识，认为生命是属于自己而不是上帝的。这种思想之所以逐渐被接受，并得到广泛传播，也是出于人们对惩罚自杀者尸体陋习的反感。

损毁自杀者尸体的作法是前基督时代邪恶的习俗，这种作法体现出的是对自杀的极端的厌恶。人们坚信，这种行为会有精神污

---

① Adam Smith, *The Theory of Moral Sentiments*, Philadelphia, 1817, pp. 464–465.
② Michael Dalton, *The Countrey Justice, Containing the Practice of the Justices of the Peace out of Their Sessions*, London, 1626, p. 243.
③ William Ramesey, *The Gentlemans Companion: or, A Character of True Nobility and Gentility*, London, 1672, p. 240.

染;插一个棍子在自杀者的尸体上可以防止他的鬼魂出走。① "很明显,(自杀者的尸体)被埋在十字路口,身体上插一根木棍的作法,在伦敦一直延续到16世纪90年代。"② 英国各地有着各种不同的亵渎自杀者尸体的方法:有的地方,自杀者尸体被拖在地上穿过街头(而不是我们看到的在葬礼上把棺椁扛在肩上);有的地方,不掩埋自杀者尸体(警告其他人不要自杀);有的地方,焚烧或者砸碎自杀者的骨头(消灭自杀者所有的物质存在);还有的地方,脸朝下埋葬自杀者尸体,或裸体埋葬,或暴尸于绞刑架下或路口,有时甚至直接扔到河里。1595年11月28日,在圣博托夫教区的奥戈特(Algate),一位名叫伊丽莎白·维克汉姆(Elizabeth Wickham)的寡妇,在花园中用围裙绳吊死在栅栏上。陪审团认定她是自杀,定性为重罪。结果,她的尸体被埋在她上吊的小径路口,一根木棍插入她尸体。③ 到近代晚期,这些作法越来越引起人们反感,随着社会文明的进步,一些人意识到这种行为的残忍、愚蠢。詹姆士·麦金托什(James MacIntosh)爵士在下院宣称:"惩罚自杀者尸体是残忍愚蠢的行为。"④ 虽然议会没有通过麦金托什的议案,议员伦纳德(T. B. Lennard)马山又提出议案。他认为:亵渎(自杀者)尸体的作法是"令人讨厌和恶心的仪式"⑤,对死人没有任何作用,只是惩罚活人。他认为:这是英国存在的陋俗,应该尽早禁止。1823年,他提出的议案对放弃对(自杀者)尸体的亵渎起了重大作用。在他持续的呼吁下,1823年,议会通过了《埋葬自杀者法案》,禁止这种亵渎尸体的仪式。

---

① R. Wymer, *Suicide and Despair in the Jacobean Drama*, St. Martin Press, 1986, pp. 118 – 119.

② S. J. Stevenson, Social and Economic Contributions to the Pattern of "Suicide" in South – East England, 1530 – 1590, *Continuity and Change*, Vol. 2, Issue 2, 1987, p. 232.

③ Jeffrey Rodgers Watt, (ed.) *From Sin to Insanity: Suicide in Early Modern Europe*, Cornell University Press, p. 26.

④ M. Williams, *Cry of Pain: Understanding Suicide and the Suicidal Mind*, Piatkus, 2014, p. 15.

⑤ Michael MacDonald, The Secularization of Suicide in England 1660 – 1800: Reply, *Past and Present*, No. 119, 1988, p. 167.

第十六章　自杀现象及认知

同时，人们的权利意识开始增强，反对没收自杀者财产。早在1704年，笛福就曾说："孩子们不应该因为他们的父亲自杀而被饿死。"① 这种论调经常被提及，即使是那些反对对自杀宽容的人士也同意这样的观点。英国律师约翰·马赤说："我认为，世界上不能有更严苛和暴虐的法律了，孩子们要因为他们父亲的罪过和邪恶而受苦。"② 一些人——如查克斯顿（Cuxton）的牧师查理·摩尔（Charles Moore）支持放弃法律中没收自杀者财物的条款。摩尔说："如果一个家庭在金钱上的利益可以与犯罪的惩罚剥离——这是一个重要的举措——这会使得自杀判决其他部分的可执行性提高。"③

上文提及的麦金托什爵士还指出，自杀者的疯癫判决总是出现在上层人的案子中，而底层的、没有防御能力的人自杀，经常被判重罪。他认为：上层人的自杀可以通过疯癫的借口免除惩罚，但下层人却要受到严厉惩罚。因此，他要求废除对自杀世俗的和宗教的惩罚。我们可以看到，社会阶层越高的人自杀，调查团越容易作出疯癫的判决，从而免除惩罚。而那些底层的人——如罪犯、佣人、学徒、流浪汉的自杀就容易被判为"重罪"。这反映了当时社会地位的差异，以及享受权利的差异。事实上，麦金托什爵士认为，国家根本没有必要宣布（自杀）不合法。

当时的情况是，如果自杀者是一家之主，且其生前的名声好，调查团就容易作出疯癫的判决，这样，自杀者家庭的财产就可以免于被没收。相反，如果自杀者生前名声不好，不仅不会获得同情，尸体还会被亵渎。1735年9月10日，伦敦一群愤怒的群众把自杀的船长詹姆士·纽斯（James Newth）的尸体从十字路口挖出来，把他的肠子拽出来，把眼睛挖出来，把骨头砸碎，主要是因为他生

---

① Michael MacDonald, *The Medicalization of Suicide in England: Laymen, Physicians and Cultural Change, 1500–1870*, *The Milbank Quarterly*, Vol. 67, Supplement 1. 1989, p. 78.

② John March, *Amicus Reipublicae: The Commonwealths Friend*, London, 1651, p. 109.

③ Charles Moore, *A Full Inquiry Into the Subject of Suicide: To which are Added (as Being Closely Connected with the Subject) Two Treatises on Duelling and Gaming*, Volume 1, London, 1790, p. 339.

前杀死自己老婆和孩子,还与三个海员的死亡有关系,这激起了人们的公愤。①

在这一时期,人们仍旧虔诚地相信上帝,但他们认为上帝可以宽恕自杀的行为。1732 年,一位名叫理查德·史密斯(Richard Smith)的订书匠家庭发生了可怕的自杀、谋杀案。此人由于欠债,根据王座法庭的规定应该入监,他被发现与他妻子一起自缢于家中。他们两岁大的婴儿被杀死在他们身旁的摇篮里。他留下三封信,其中一封给他的领主,另一封给其堂兄,最后一封他希望由其堂兄公开。遗嘱如下:

> 在任何情况下这种行为(自杀)都不普遍,因此应该对其原因略加说明——我们都憎恨贫穷,但这种可怕的贫穷由于一系列不幸的事故变得不可避免。因此,我们请求那些认识我们的人,不管你们认为我们无所事事还是过于浪费,或者你们认为我们没有像邻人那样努力,总之我们没有成功(过上体面的生活)——我们知道杀死自己的孩子会受到谴责。但我们认为,让孩子跟我们一起离世比把他留在这个残酷的世界、忍受无知和痛苦是两权相较取其轻的作法。现在,为了减轻人们对我们的责难,我们应该告诉世界,我们相信全能的上帝的存在,这并不是我们不敢公之于众的信念,而是自然的信仰。我们认为,从他大量的杰作——从无数闪耀的星体,杰出的秩序、和谐——都可以看到上帝的存在。我们长久地欣赏他的创造物(这在世界上很多地方都可以愉悦地欣赏到)。没有上帝的存在,这些奇迹不可能存在。我们也不得不相信,上帝是善良的,是不可取代的,不像那些邪恶的人,上帝不会欣赏他的创造物遭受苦难。正由于此,我们选择结束自己的生命……我们也不是不了解国家的法律,就把我们的尸体留给验尸官和调

---

① *The Geleman's Magazine, or Monthly Intelligencer*, London: Printed by Edward Cave, Vol. Ⅴ, 1735, pp. 557 – 558.

第十六章 自杀现象及认知

查团处置吧,我们的尸体会被安葬在何处,对我们已经没有意义,更不会担心墓碑上的话语,但我们希望在这里中借用一段引用的碑文:

没有名字,死寂无声,
此坟墓中只有灰尘,
我们生长在何处,
谁是我们的父母无关紧要,
我们曾经但现在不会再想着自己,
因为你与我们一样终将化为尘土。①

任何人读到这份遗嘱都会同情死者,知道他们是因生活所迫,而不是受到魔鬼引诱或是超自然的力量导致他们自杀。没收这样的人的财产的作法——如果他们有任何财产的话——无疑是残忍的。并且,随着1690年洛克《政府论》的发表,"私人财产至上"的观念深入人心,没收自杀者财产的作法越来越受到批评。此外,没收自杀者财产的规定与《继承法》相冲突,由当地人组成的陪审团通常同情自杀者的家属,在具体的执行过程中,他们会努力避免没收自杀者家庭的财产。1870年,英国议会正式通过法律,没收自杀者财物的作法被彻底废除。

总之,在近代早期英国,无论是教界还是国王政府,都对自杀持反对态度。对自杀的解释仍旧是基于宗教上的。虽然自杀人数从来没有上升到让人吃惊的地步,但这个社会问题也引起了政府的关注。到近代晚期英国,社会对自杀的法律的、宗教的和文化的态度有很大的改变。自杀被认为是疯癫、压力或抑郁的表现。自杀的语言学的变化也从把自杀认定为谋杀转变到把自杀认定为一种疾病。这一时期,人们注意到,自杀的例子更多,有时甚至用一种幽默的

---

① Charles Moore, *A Full Inquiry into the Subject of Suicide: Two Treaties on Duelling and Gaming*, Volume 2, London, 1790, pp. 165–166.

语气谈论之。人们越来越不认为自杀是一种罪（Sin），而是一种可以解释的世俗的行为：如一位奶酪工人因在集市上度过了一个糟糕的一天而自杀；一位海员为了不被叛乱的奴隶抓住而自杀；一位妇女为了报复一位男性而自杀；一位黑人男仆因为不能与一位白人女仆结婚而自杀……随着这样的故事在报纸上出现的越来越多，人们开始正视自杀，并且越来越把其看作是由于普通世俗原因引起的事故，跟魔鬼无关、也跟上帝无关。人们开始注意到，自杀与性别的关系，如男人经常是由于"骄傲和虚荣"自杀——特别是在钱财散尽的时候。相反，女人的自杀经常与爱和家庭有关；女人会因丈夫离开他们或者因非婚生子，或者因孩子遭受不幸而自杀。总之，人们开始从世俗意义上认识自杀、理解自杀。近代晚期英国人不认为自杀是反对上帝的罪（Sin），或者反对国家的罪（Crime），而是心智失衡的结果。人们也不认为自杀应该被教会、国家或社区惩罚。同时，人们认为，对自杀者应该免除法律的、宗教的惩罚，对自杀者及家庭应报以同情和怜悯。

加缪坚持认为，自杀是唯一真实严肃的哲学问题，自杀研究虽然涉及到的只是社会中的少数人，但其折射的社会意义重大。同时，自杀研究也可以帮助我们更好地理解生命的本质。理查德·柯布教授写到的："死亡，无论是采取什么方式死亡，都是谈论生的前提。"[①] "18世纪科学至上主义、启蒙人文主义、新古典主义，以及浪漫主义都对越来越宽容的态度有所贡献。但任何一种思想都不是决定性的，既不是一种'主义'决定的，也不是一些"主义"决定的。"[②] 我们目前所能得出的结论是：近代晚期英国由于社会的进步，人们开始摆脱用超自然的力量解释一切的作法。人们不再认为自杀是恶魔控制了人们的心智，从这个意义上，我们也许可以说，近代晚期英国社会出现宽容自杀者的呼声是社会、文明进步的表现。这种态度对于我们今天客观理性地对待自杀的态度形成起了

---

① Richard Cobb, *Death in Paris, 1795 – 1801*, Oxford University Press, 1978, p. 102.
② Michael MacDonald, The Medicalization of Suicide in England: Laymen, Physicians and Cultural Change, 1500 – 1870, *The Milbank Quarterly*, Vol. 67, Supplement 1. 1989, p. 84.

重要作用，也是人们争取"安乐死"权力的基础。萨斯教授认为，自杀是我们最重要的道德与政治问题，自杀是人类最重要的自由（Fatal Freedom）。

但我们也要注意以下几点：一、对自杀的哲学的和医学的认知是矛盾的。哲学家把自杀看作是一种理性的选择，医生认为这是一种非理性的疯癫行为（这种冲突今天仍旧存在）。二、"事实上，所有现代国家在关心自杀去犯罪化问题的同时，出于关心其人口的持续性的原因，都在努力寻找新的方法去控制（自杀）。即使没有宗教，自杀仍旧是一种威胁。"[①] 三、在英国，自杀的"去犯罪化"过程非常缓慢，报纸上经常出现反对对自杀者宽容的声音。启蒙哲学对统治阶层只起到有限的影响。他们忽略哲学家呼吁取消反对自杀的法律，因此议会立法相对滞后：1823年，英国议会通过法案禁止亵渎尸体；1870年，禁止没收自杀者财物；直到1961年《自杀法案》的通过才最终结束对自杀未遂者的惩罚。

---

① Roisin Healy, Suicide in Early Modern and Modern Europe, *The Historical Journal*, 49 (2006), p. 918.

结　　语

　　近代早期是英国社会转型期，从 1500 年到 1700 年的两百年里，英国社会见证了政治、经济、文化及社会的变革。这一时期，既有诸多的社会问题——如饥荒、瘟疫、叛乱、贫穷、犯罪，同时也有一系列的成就——如经济发展、教育发展、医疗进步及科学革命。这是一个独特的时期，进步混杂着蒙昧（如对巫术的惩罚）、开化混杂着野蛮（如对自杀者尸体的亵渎）。

　　1500 年之前，英格兰经济仍旧是以农业和城市手工业为主的自然经济。自然经济又被称作自给自足经济，生产的目的是自我消费，具有封闭性的特点，发展十分缓慢。近代早期英国人的生活、居住单位可以定义为庄园、教区、城镇或村庄。人们在这些单位上发生经济关系，这种经济关系基本上可以说是农业性质的、小规模的、简单的、内敛的、根深蒂固的。18 世纪的托马斯·格瑞（Thomas Gray）的诗歌《墓园挽歌》（Elegy in a Country Churchyard）描述了当时的图景："村中粗鄙的先辈葬于墓园"，"他们既要劳苦又能享受家常的快乐"，"远离世俗、过着平静、隐居的生活"。①"（在）农业体系下，不变的传统生活像地下的河流一样奔流不息，已经流淌了近 1000 年，还将继续流淌 200 年。"②

　　到 1700 年左右，这种中世纪的平静被打破，商品经济开始发

---

　　① http：//www.thomasgray.org/cgi-bin/display.cgi? text = elcc visited on 8th June, 2017.

　　② William George Hoskins, *The Midland Peasant: the Economic and Social History of a Leicestershire Village*, MacMillan, 1957, p. 178.

结 语

达。依赖于呢绒业的生产和出口,英国的资本主义生产方式取代了自然经济,资本主义经济开始发展,商贸繁荣。不仅国内市场形成,而且国际市场形成。当代英国学者对该国 16 世纪末 17 世纪初市场的数目有大致相近的估算:威廉·史密斯提供的数字是,1588 年有 644 个市场;托马斯·威尔森的数字是,1601 年有 641 个;约翰·斯皮德则认为,1611 年有 656 个[①];现代学者查特瑞斯根据各种统计资料提出,同时期有 800 个之多。[②] 这里所说的市场指集镇,从规模上看是小城镇,人数在 600—1000 人之间,其中不少是专业市场,既服务于一定范围的乡村地区,也是所在地区经济上与外界联系的基地。当然,最大的市场是伦敦。随着英国国内市场的发展,英国对外贸易也发展起来,贸易对象开始延伸至大西洋以及远东。当时,主要有三条贸易线路:第一条线路是,船只由不列颠西部港口出发,到北大西洋纽芬兰附近捕鱼;再将干鳕鱼运到的欧洲南部;再将欧洲南部的产品运回英格兰。第二条线路是,船只从伦敦前往东印度群岛,到东印度群岛和印度大陆之间贸易(也就是今天的印尼附近);然后把产品运回不列颠。第三条线路——也是最著名的"三角贸易",是所谓的"大西洋三角",英国商人把武器和酒等产品从英国本土出口到西非;再从西非购买奴隶并运到加勒比及美洲大陆殖民地,这就是臭名昭著的"大西洋三角"贸易。

正如约翰·布鲁尔(John Brewer)所说:经过两百年的发展,英格兰商贸体系不断发展,"店主将集镇以及当地社区连接到市场网络,该网络已经延伸到全国,跨过大洋,到达各个大洲"。[③] 这一体系连接起了农民、手工业者、商人、水手、猎人、种植园奴隶,并将一切紧密连接为一个整体、一个市场经济、一个新兴的世

---

① D. M. Palliser, *The Age of Elizabeth*: *England under the Later Tudors*, *1547 – 1603*, Routledge, 1983, p. 227.

② J. Chartres, *Agricultural Markets and Trade*, *1500 – 1750*, Cambridge University Press, 1990, p. 43.

③ John Brewer, *The Sinews of Power*: *War*, *Money and the English State*, *1688 – 1783*, Unwin Hyman Ltd, 1989, p. 150.

界经济（有人将其描述为早期全球化）。在这种商贸文明中，英格兰逐渐扮演核心角色，为日不落帝国的形成奠定基础。如里格里（E. A. Wrigley）教授所言，这仍然是一种"高级有机经济"（Advanced Organic Economy）①，依旧依赖人和动物的肌肉，或者风、水等自然力量带动机器运转，还没有到他所说的工业革命时期的"矿物能量经济"（Mineral – Based Energy Economy）②时期。

  在都铎王朝和斯图亚特王朝时期，发生的重大历史事件有宗教改革、内战③以及"光荣革命"。1500 年，英格兰基本上还是一个国王政府，议会权力有限。亨利八世本是坚定的天主教徒，在欧洲大陆发生宗教改革时，他坚定地站在教皇一边。但由于他个人的婚事以及继承人问题，使他最终走上与教皇决裂的道路。亨利八世时期的宗教改革一度被称为"国家行为"（the Act of State），其实质在于英国教会的统治权威从罗马教皇转移到英格兰君主，英格兰由天主教会变成"安立甘教会"（Anglican Church）。亨利八世时期的改革更多是权力之争而不是教义之争。1529—1536 年，英国议会先后召开八次会议，通过了一系列教会改革的法令。这一时期，宗教改革政策的主要内容是废止罗马教皇在英国的各种权力，确立王权的最高地位，控制英国教会组织，并把最高司法权力转入国王手中。在克伦威尔的建议下，亨利八世下令解散修道院（最初是年收入在 200 镑以上的修道院，后来所有的修道院都被解散），剥夺了它们的地产。这些地产或者被出售，或者成为王室领地。在这个过程中，王室的财政收入增加了两倍，亨利八世成为空前富有的国王。新教改革在其儿子爱德华六世在位时继续，但到玛丽一世时期又恢复了天主教，直到伊丽莎白一世才确立英国国教。宗教改革告

---

  ① E. A. Wrigley, *Continuity, Chance and Change: The Character of the Industrial Revolution in England*, Cambridge University Press, 1988, pp. 50 – 51.
  ② Ibid., p. 95.
  ③ "内战"在英文中是 Civil War，中国国内学界受苏联史学的影响，仍旧称之为"英国资产阶级革命"，很多教科书也仍旧以此名称定义这一事件，是时候对之进行修订了。

结 语

一段落，但宗教争端绝没有结束。

英国的王权一直不是绝对王权，王权不能凌驾于上帝之上，不能凌驾于人民神圣的自由之上。国王需要关注政治群体的意见和利益，关注地方层面的管理者——他们是国王政府和地方实际治理之间的代理人。为了维持政府的有效运作及政治稳定，国王处理好与这些政治群体的关系至关重要。如果说，都铎王朝的君主较好地处理了这一问题，那么斯图亚特王朝的君主则在此问题上栽了跟头。1642年，内战在国王和议会之间爆发。1649年，查理一世被议会的高等法院送上断头台，之后宣布共和国。共和国存在了10年，这些是17世纪发生的极端政治事件——英国国王被公开审判，并送上断头台。按照克伦威尔的说法，"我们斩断了一颗头戴皇冠的国王的头颅"。其含义是，虽然处决的是国王，但重点是废除了王权体系。关于内战的原因，传统的辉格派史学家认为，议会越来越渴望保卫自己的权益，担心自身自由权受到国王的威胁，而国王则不断扩大君主特权的形式、范围，于是议会反击，双方爆发冲突。中国国内历史学家的解释认为：政治运动和议会冲突的原因是乡绅和城镇精英阶层社会和经济力量的逐渐壮大，这类人群是新兴的资产阶级力量，他们要求权力，希望寻求更好的境遇。20世纪70—80年代出现了更保守的修正主义历史学派，他们对内战的解释是：英格兰政体中不存在深刻的矛盾，没有本质上的体制冲突，没有通往内战之路。他们认为：17世纪40年代的灾难，只是短期错误判断和不可预见因素造成的，内战虽然影响重大但不过是一场偶发的事件。[①] 笔者在这里，不深入介绍内战具体过程，总之，1688年的"光荣革命"之后，英国建立起君主立宪政体，政治权力中心转向由选举产生的议会。1707年后，英国历史才成为包括英格兰、威尔士、苏格兰的历史。

这一时期，被视为英国历史上的黄金时代、特别是都铎王朝的

[①] 关于内战原因的各种解释和争论可以参考：Richard Cust and Ann Hughes, *Conflict in Early Stuart England: Studies in Religion and Politics 1603–1642*, Routledge, 1989, pp. 2–10.

鼎盛时期被赋予和平、繁荣、统一和强盛的时代特征。英美历史学家通常认为，都铎王朝时期是英国历史上的分水岭。神圣的传统、本土的爱国主义以及后帝国时期的阴暗，使我们认为这一时期是真正的黄金时期。这一时期的重要人物有——君主亨利八世、伊丽莎白；政治家沃尔西、威廉·塞西尔、莱斯特（Leicester）；富有创造力的艺术家莎士比亚、希利亚德（Hilliard）、伯德（Byrd）。亨利八世豪华的王宫，托马斯·莫尔的刚毅，英文《圣经》《祈祷书》以及国教的出现，议会的发展，无敌舰队的覆灭，莎士比亚的戏剧，都铎王朝的建筑遗留——所有这一切表明，都铎王朝是一个巅峰发展阶段，涌现大量天才，充满浪漫及悲剧的色彩。[①] 这一时期，在文化上其实还是以贵族文化为主导，但来自较为偏远的埃文河畔的斯特拉福镇的莎士比亚却撑起了一个时代。莎士比亚生于1564年，卒于1616年。人们常常以莎士比亚时代来指称伊丽莎白一世时代。他的戏剧不仅体现了对国家和平、繁荣、统一、强盛的赞颂和渴望，而且还体现了对世俗世界的反思和批判、对个体命运无常的绝望和抗争，并揭示了人文主义理想与现实之间的矛盾。他的作品是那个时代的一面镜子。[②]《亨利五世》《罗密欧与朱丽叶》《哈姆雷特》等剧作今天仍在英国乃至世界各地上演。

  这一时期文化的发展还体现在普通人读写能力的提高上。15世纪后期，普通人的读写能力有限（文盲程度既跟社会阶层有很大关系，也跟地域有关系）。到18世纪早期，普通民众的读写能力普遍提高。斯通教授认为：这一时期发生了"教育革命"，体现在高等教育的发展（以牛津大学、剑桥大学为代表）及中等教育的发展（以文法学校的建立为代表）。由于印刷业的发达，加上人文主义思想以及新教信仰的刺激（每个人都可以通过自己读《圣经》、领悟上帝的话语），英国民众识字率普遍提高，到18世纪后期，文盲率已经有极大的下降，这时，英国已经是欧洲文化程度最高的国家了。

---

  ① Kenneth O. Morgan, *The Oxford History of Britain*, Oxford University Press, 2007, p. 257.
  ② 张乃和：《走进莎士比亚时代》，《光明日报》，2014年7月9日第15版。

结 语

科学革命的发生，进一步打破了教会和知识的权威，科学书籍大量出版。1737年，甚至出版了《为女士写的牛顿主义》。虽然社会下层仍旧无法读懂上层精英人士的作品，但他们开始读一些简单的作品，文化水平明显提高。他们渴求书籍，阅读一切可以找到的作品。17世纪60年代，大约印刷了40万份年历，以及400万本市井歌谣（Broadside Ballads）、小册子。这一时期，大量民谣、小册子和畅销故事书充斥市场，大众既可以买得到，也买得起。民众对这些读物感兴趣是因为大部分书籍都与宗教主题有关。这些读物经常讨论一些令人压抑的话题，提醒人们关于死亡及末日审判，让人们忏悔。此外，读书除了快乐和享受也有实际的用处。一些图书对健康、美容、烹饪、黄历、天气变化和宗教节日以及其他节日都有实际的用处。同时，也有很多浪漫的爱情故事、笑话集，冒险、犯罪、鬼怪的故事吸引人们阅读。并且，这一时期诞生了第一份英文报纸。

总之，这一阶段见证了政治文化的改变、代议制政府的发展、君主权力的弱化、法治观念的发展以及政治参与、自由观念的发展，我们看到了资本主义市场经济的早期发展，以及它同初期世界经济之间的关联。我们探讨了近代早期英国社会秩序和宗教文化变革。我们还研究了教育层面的巨大变化——包括大众识字、印刷文化等等。在所有这些基础之上，我们了解到冲突是如何产生以及最终如何和平解决（如审判女巫）。这些问题非常重要，很明显，某些事件和进程在一定程度上仍然对现代世界产生着深远影响，包括制度、价值取向、意识观念。这些影响不仅限于英格兰或不列颠，而且对整个西方，甚至世界产生影响。近代早期英国的特点是平静与动荡、传统及变革、进步与落后共存。这是一个独特的历史时期，与中世纪相比，进步大于保守；与现代社会相比，保守大于进步，所有这一切奠定了今天英国社会的基础。

参 考 文 献

第一章 土地与人口

1. 江立华:《英国人口迁移与城市发展,1500—1750》,中国人口出版社2002年版。
2. Appleby, A., Agrarian Capitalism or Seigneurial Reaction? The Northwest of England, 1500 – 1700, *American Historical Review*, 80 (3) 1975.
3. Appleby, A., Diet in Sixteenth – Century England:Sources, Problems, Possibilities, in C. Webster (ed.) *Health, Medicine and Mortality in the Sixteenth Century*, Cambridge, 1979.
4. Appleby, A., Grain Prices and Subsistence Crises in England and France, 1590 – 1740, *Journal of Economic History*, 39 (4) 1979.
5. Broad, J., The Fate of the Midland Yeoman:Tenants, Copyholders, and Freeholders as Farmers in North Buckinghamshire, 1620 – 1800, *Continuity & Change*, 14 (3) 1999.
6. Campbell, M., *The English Yeoman under Elizabeth and the Early Stuarts*, New Haven, 1942.
7. Chartres, J. and Hey, D. (ed.), *English Rural Society:Essays in Honour of Joan Thirsk*, Cambridge, 1990.
8. Clay, C., *Economic Expansion and Social Change, England, 1500 – 1700:Volume I, People Land and Towns*, Cambridge, 1984.
9. Harrison, C. J., Grain Price Analysis and Harvest Qualities, 1465 – 1634, *Agricultural History Review*, 19 (1971).

10. Hey, D. , *An English Rural Community*: *Myddle under the Tudors and Stuarts*, Leicester, 1974.
11. Hoskins, W. G. , Harvest Fluctuations and English Economic History, 1620 – 1759, *Agricultural History Review*, 16 (1968).
12. Hoskins, W. G. , *The Midland Peasant*: *The Economic and Social History of a Leicestershire Village*, London, 1965.
13. Hoyle, R. , Tenure and the Land Market in Early Modern England: Or, a Late Contribution to the Brenner Debate, *Economic History Review*, 2nd ser. 43 (1) 1990.
14. Hoyle, R. (ed.), *The Estates of the English Crown, 1558 – 1640*, Cambridge, 1992.
15. Husbands, C. , Regional Change in a Pre – Industrial Society: Wealth and Population in England in the Sixteenth and Seventeenth Centuries, *Journal of Historical Geography*, 13 (1987).
16. Kerridge, E. , *Agrarian Problems in the Sixteenth Century and After*, London, 1969.
17. Palliser, D. M. , Tawney's Century: Brave New World or Malthusian Trap? *Economic History Review*, 2nd ser. 35 (4) 1982.
18. Slack, P. , Books of Orders: The Making of English Social Policy, 1577 – 1631, *Transactions of the Royal Historical Society*, 5 (30) 1980.
19. Scott, T. (ed.), *The Peasantries of Europe*: *From the Fourteenth to the Eighteenth Centuries*, Longman, 1998.
20. Spufford, M. , *Contrasting Communities*: *English Villagers in the Sixteenth and Seventeenth Centuries*, Cambridge University Press, 1974.
21. Tawney, R. H. , *The Agrarian Problem in the Sixteenth Century*, Routledge, 1912.
22. Short, B. (ed.), *The English Rural Community*: *Image and Analysis*, Cambridge University Press, 1992.
23. Thirsk, J. (ed.), *The Agrarian History of England and Wales*, Vol-

ume IV: *1500 – 1640*, Cambridge University Press, 1967.
24. Wrigley, E. A. and Schofield, R. S., *The Population History of England, 1541 – 1871: A Reconstruction*, Cambridge University Press, 1981.

第二章　经济与社会

1. ［英］阿萨·勃里格斯:《英国社会史》,商务印书馆 2015 年版。
2. 许洁明:《十七世纪的英国社会》,中国社会科学出版社 2004 年版。
3. 赵秀荣:《1500—1700 年英国商业与商人研究》,社会科学文献出版社 2004 年版。
4. Amussen, S., *An Ordered Society: Gender and Class in Early Modern England*, Columbia University Press, 1994.
5. Brewer, J. and Styles, J. ed, *An Ungovernable People: The English and Their Law in the Seventeenth and Eighteenth Centuries*, Hutchinson, 1983.
6. Clay, C. G. A., *Economic Expansion and Social Change: England, 1500 – 1700*, Vol. I, Cambridge University Press, 1984.
7. Cressy, D. Describing the Social Order of Elizabethan and Stuart England, *Literature & History*, 3 (1976).
8. French, H. R. Social Status, Localism and the "Middle Sort of People" in England, 1620 – 1750, *Past and Present*, 166 (2000).
9. Heal, F. & Holmes, C., *The Gentry in England and Wales, 1500 – 1700*, Basingstoke, 1994.
10. Heaton, H., *The Yorkshire Woollen and Worsted Industries*, Clarendon Press, 1965.
11. Hill, Christopher., The Many – Headed Monster in Late Tudor and Early Stuart Political Thinking, in C. H. Carter (ed.) *From the Renaissance to the Counter – Reformation: Essays in Honour of Garrett Mattingly*, Random House, 1965.
12. Hill, Christopher, *Change and Continuity in Seventeenth – Century*

England, Yale Universtity Press, 1991.

13. King, P. Edward Thompson's Contribution to Eighteenth – Century Studies: The Patrician – Plebeian Model Re – Examined, *Social History*, 21 (1996).

14. Laslett, P., *The World We Have Lost Further Explored*, Methuen Young Books, 1983.

15. Overton, M., *Agricultural Revolution in England: The Transformation of the Agrarian Economy*, Cambridge University Press, 1996.

16. Postan, M. M., *The Cambridge Economic History of Europe*, Vol. 2, Cambridge University Press, 1977.

17. Ramsay, G. D., The Distribution of the Cloth Industry in 1561 – 1562, *English Historical Review*, 57 (227) 1942.

18. Ramsey, P., *Tudor Economic Problem*, Victor Gollancz Ltd, 1968.

19. Thomas, K., Age and Authority in Early Modern England, *Proceedings of the British Academy*, 62 (1976).

20. Tawney, R., H. *The Agrarian Problem in Sixteenth Century*, Harper & Row, 1912.

21. Thompson, E., *Customs in Common*, Penguin Books, 1991.

22. Wrightson, K., *Earthly Necessities: Economic Lives in Early Modern Britain*, Yale University Press, 2000.

23. Wrightson, K., *English Society, 1580 – 1680*, Routledge, 2002.

第三章 乡村与城市

1. Barry, J. (ed.), *The Tudor and Stuart Town: A Reader in English Urban History, 1530 – 1688*, Routledge, 1990.

2. Beier, A. L., and Finlay, R. eds., *London, 1500 – 1700: The Making of the Metropolis*, Longman, 1986.

3. Boulton, J., *Neighbourhood and Society: A London Suburb in the Seventeenth Century*, Cambridge University Press, 1987.

4. Clark, P. (ed.), *The Cambridge Urban History of Britain*, Vol. 2:

1540 –1840, Cambridge University Press, 2000.

5. Clark, P. and Slack, P. *English Towns in Transition*, *1500 – 1700*, Oxford University Press, 1976.

6. Earle, P. *A*, *City Full of People*: *Men and Women of London*, *1650 – 1750*, Methuen Publishing Ltd, 1994.

7. Earle, P. , *The Making of the English Middle Class*: *Business*, *Society and Family Life in London*, *1660 – 1730*, Methuen Publishing Ltd, 1989.

8. Fisher, F. J. , The Development of the London Food Market, 1540 – 1640, *Economic History Review*, 1 (5) 1934 – 1935.

9. Carus – Wilson, E. A. (ed.), *Essays in Economic History*, Volume I, London, 1954.

10. Griffiths, P. and Jenner, M. (eds.), *Londinopolis*: *Essays in the Cultural and Social History of Early Modern London*, Manchester University Press, 2000.

11. Lang, R. G. , Social Origins and Social Aspirations of Jacobean London Merchants, *Economic History Review*, 2 (27) 1974.

12. Manley, L. (ed.), *London in the Age of Shakespeare*: *An Anthology*, Pennsylvania State University Press, 1990.

13. Manning, Roger B. , *Village Revolts*: *Social Protest and Popular Disturbances in England*, *1509 – 1640*, Clarendon Press, 1988.

14. Pearl, V. , Change and Stability in Seventeenth – Century London, *London Journal*, 5 (1979) .

15. Porter, R. , *London*: *A Social History*, Harvard University Press, 1994.

16. Rappaport, S. , *Worlds within Worlds*: *The Structures of Life in Sixteenth Century London*, Cambridge University Press, 1989.

17. Seaver, P. , *Wallington's World*: *A Puritan Artisan in Seventeenth – Century London*, Stanford University Press, 1985.

18. Wareing, J. , Changes in the Geographical Distribution of the Recruit-

ment of Apprentices to the London Companies, 1486 – 1750, *Journal of Historical Geography*, 6 (1980).

19. Wrigley, E. A., *People, Cities and Wealth: The Transformation of Traditional Society*, Wiley – Blackwell, 1987.

第四章 宗教改革

1. Aston, M., *The King's Bedpost: Reformation and Iconography in a Tudor Group Portrait*, Cambridge University Press, 1993.
2. Collinson, P., *The Religion of Protestants: The Church in English Society, 1558 – 1625*, Clarendon Press, 1982.
3. Collinson, P., *The Birthpangs of Protestant England: Religious and Cultural Change in the Sixteenth and Seventeenth Centuries*, Basingstoke, 1988.
4. Dickens, A. G., *Reformation Studies*, The Hambledon Press, 1982.
5. Doran, S. and Durston, C. *Princes, Pastors, and People: The Church and Religion in England, 1500 – 1700*, Routledge, 2003.
6. Elton, G. R., *England under the Tudors*, London, 1983.
7. Haigh, C., *English Reformations, Religion, Politics and Society under the Tudors*, Clarendon Press, 1993.
8. Marcus, L. and Mueller, J. and Mary Rose, B., *Elizabeth I: Collected Works*, The University of Chicago Press, 2000.
9. Marsh, C., *Popular Religion in Sixteenth – Century England*, Basingstoke, 1998.
10. Nuckols, R. A., *Had the Queen Lived: An Alternative History of Anne Boleyn*, Authrhouse, 2011.
11. Powicke, M., *The Reformation in England*, Oxford University Press, 1941.
12. Reay, B., *Popular Cultures in England, 1550 – 1750*, Routledge, 1998.
13. Rex, R., *Henry VIII and the English Reformation*, Palgrave Macmil-

lan, 2006.

14. Simpson, W. , *The Reign of Elizabeth*, Heinemann Educational Publishers, 2001.

15. Solt, L. F. , *Church and State in Early Modern England*, *1509 – 1640*, Oxford University Press, 1990.

16. Spurr, J. , *English Puritanism*, *1603 – 1689*, Basingstoke, 1998.

17. Whiting, R. , *The Blind Devotion of the People*: *Popular Religion and the English Reformation*, Cambridge University Press, 1991.

18. Whiting, R. , *The Reformation of the English Parish Church*, Cambridge University Press, 2010.

第五章 叛乱与镇压

1. Beer, Barrett L. , *Rebellion and Riot*: *Popular Disorder in England During the Reign of Edward VI*, Kent State University Press, 1982.

2. Bush, M. L. , *The Pilgrimage of Grace*: *A Study of the Rebel Armies*, Manchester University Press, 1996.

3. Clifton, Robin. , *The Last Popular Rebellion*: *The Western Rising of 1685*, Maurice Temple Smith Ltd, 1984.

4. Cornwall, J. , *Revolt of the Peasantry*, 1549, Routledge, 1977.

5. Davies, C. S. L. , Popular Religion and the Pilgrimage of Grace, in Anthony Fletcher and John Stevenson (ed.) *Order and Disorder in Early Modern England*, Cambridge University Press, 1985.

6. Dickens, A. G. , Secular and Religious Motivation in the Pilgrimage of Grace, in G. J. Cuming (ed.) *Studies in Church History*, 4 (1967), reprinted in Dickens, A. G. , *Reformation Studies*, Bloomsbury, 1982.

7. Elton, G. R. , Politics and the Pilgrimage of Grace, in B. Malament (ed.) *After the Reformation*: *Essays in Honour of J. H. Hexter*, Manchester University Press, 1980.

8. Elton, G. R. , *Reform and Reformation*: *England*, *1509 – 1558*, Harvard University Press, 1977.

9. Fletcher, A and MacCulloch, D., *Tudor Rebellions*, Routledge, 1997.

10. James, Mervyn., Obedience and Dissent in Henrician England: The Lincolnshire Rebellion, 1536, *Past and Present*, 48 (1970).

11. James, M., The Concept of Order and the Northern Rising, 1569, *Past and Present*, (60) 1973.

12. James, M., *Society, Politics and Culture: Studies in Early Modern England*, Cambridge University Press, 1988.

13. Land, S. K., *Kett's Rebellion: The Norfolk Rising of 1549*, Boydell Press, 1977.

14. Manning, R. B., Violence and Social Conflict in Mid-Tudor Rebellions, *Journal of British Studies*, 16 (1977).

15. Manning, R. B., *Village Revolts: Social Protest and Popular Disturbances in England, 1509–1640*, Clarendon Press, 1988.

16. Marcombe, D., A Rude and Heady People: The Local Community and the Rebellion of the Northern Earls, in David Marcombe (ed.) *The Last Principality: Politics, Religion and Society in the Bishopric of Durham*, University of Nottingham, 1987.

17. Slack, P. (ed.), *Rebellion, Popular Protest and the Social Order in Early Modern England*, Cambridge University Press, 1984.

18. Undertown, D., *Revel, Riot and Rebellion: Popular Policits and Culture in England, 1603–1660*, Oxford University Press, 1985.

19. Wood, Andy., *Riot, Rebellion and Popular Politics in Early Modern England*, Basingstoke, 2002.

20. Wood, Andy, *The 1549 Rebellions and the Making of Early Modern England*, Cambridge University Press, 2007.

第六章 贫困与济贫

1. 丁建定：《英国济贫法制度史》，人民出版社2014年版。

2. 张佳生：《十六世纪英国的贫困问题与民间济贫》，中国社会科学出版社2012年版。

3. 尹虹：《十六、十七世纪前期英国流民问题研究》，中国社会科学出版社 2003 年版。

4. Archer, I. W., *The Pursuit of Stability: Social Relations in Elizabethan London*, Cambridge University Press, 1991.

5. Arkell, T., The Incidence of Poverty in England in the Later Seventeenth Century, *Social History*, 12 (1987).

6. Beier, A. L., Poor Relief in Warwickshire, 1630 – 1660, *Past and Present*, 35 (1966).

7. Beier, A. L., Social Problems in Elizabethan London, *Journal of Interdisciplinary History*, 9 (1978).

8. Beier, A. L., Vagrants and the Social Order in Elizabethan England, *Past and Present*, 64 (1974).

9. Beier, A. L., *Masterless Men: The Vagrancy Problem in England, 1560 – 1640*, Methuen, 1985.

10. Beier, A. L., *The Problem of the Poor in Tudor and Stuart England*, Routledge, 1983.

11. Clark, P. and Souden, D. (ed.), *Migration and Society in Early Modern England*, Routledge, 1987.

12. Fletcher, A., *Reform in the Provinces: The Government of Stuart England*, Yale University Press, 1986.

13. Heal, F., The Idea of Hospitality in Early Modern England, *Past and Present*, 101 (1984).

14. Heal, F., *Hospitality in Early Modern England*, Clarendon Press, 1990.

15. Hindle, S., Dependency, Shame and Belonging: Badging the Deserving Poor, 1550 – 1750, *Cultural and Social History*, 1 (1) 2004.

16. Hindle, S., Exclusion Crises: Poverty, Migration and Parochial Responsibility in English Rural Communities, 1560 – 1660, *Rural History*, 7 (2) 1996.

17. Hindle, S., *On the Parish? The Micro – Politics of Poor Relief in Rural England, 1550 – 1750*, Oxford University Press, 2004.

18. Leonard, E. M., *The Early History of English Poor Relief*, Cambridge, 1900.

19. Pelling, M., *The Common Lot: Sickness, Medical Occupations and the Urban Poor in Early Modern England*, Routledge, 1998.

20. Pound, J., *Poverty and Vagrancy in Tudor England*, Longman, 2008.

21. Slack, P., *The English Poor Law, 1531－1782*, Cambridge University Press, 1995.

22. Slack, P., Vagrants and Vagrancy in England, 1598－1664, *Economic History Review* 27（3）1974.

23. Slack, P., *Poverty and Policy in Tudor and Stuart England*, Longman, 1988.

24. Wrightson, K. and Levine, D., *Poverty and Piety in an English Village: Terling, 1525－1700*, Clarendon Press, 1995.

第七章　瘟疫与饥荒

1. 邹翔：《近代早期伦敦鼠疫的社会危害》，《鲁东大学学报》，2011年第6期。

2. 邹翔：《鼠疫与伦敦城市公共卫生1518－1667》，人民出版社2016年版。

3. Appleby, A., Disease or Famine? Mortality in Cumberland and Westmorland, 1580－1640, *Economic History Review*, 26（3）（1973）.

4. Appleby, A., The Disappearance of the Plague: A Continuing Puzzle, *Economic History Review*, 33（2）（1980）.

5. Appleby, A., *Famine in Tudor and Stuart England*, Stanford University Press, 1978.

6. Clark, P. (ed.), *The European Crisis of the 1590s: Essays in Comparative History*, Harper Collins Publishers Ltd, 1985.

7. Laslett, P., Did the Peasants Really Starve? in Laslett, *The World We Have Lost Further Explored*, Methuen Young Books, 1983.

8. Outhwaite, R. B., Dearth and Government Intervention in English

Grain Markets, 1590 – 1700, *Economic History Review*, 33 (4) 1981.

9. Outhwaite, R. B., *Dearth, Public Policy and Social Disturbance in England, 1550–1800*, Cambridge University Press, 1991.

10. Schofield, R. S., The Impact of Scarcity and Plenty on Population Change in England, 1541 – 1871, *Journal of Interdisciplinary History*, 14 (2) 1983.

11. Schofield, R. S., & Wrigley, E. A., Infant and Child Mortality in England in the Late Tudor and Early Stuart Period, in C. Webster (ed.) *Health, Medicine and Mortality in the Sixteenth Century*, Cambridge Universtiy Press, 1979.

12. Scott, S., & Duncan, C. J., The Mortality Crisis of 1623 in North – West England, *Local Population Studies*, 58 (1997).

13. Scott, S., Duncan, S. R., & Duncan, C. J., The Origins, Interactions and Causes of the Cycles in Grain Prices in England, 1450 – 1812, *Agricultural History Review*, 46 (1) 1998.

14. Slack, P., Dearth and Social Policy in Early Modern England, *Social History of Medicine*, 5 (1) 1992.

15. Slack, P., Mortality Crises and Epidemic Disease in England, 1485 – 1610, in C. Webster (ed.) *Health, Medicine and Mortality in the Sixteenth Century*, Cambridge Unviersity Press, 1979.

16. Slack, P., The Response to Plague in Early Modern England: Public Policies and their Consequences, in John Walter & Roger Schofield (ed.) *Famine, Disease and the Social Order in Early Modern Society*, Cambridge, University Press 1989.

17. Slack, P., *The Impact of Plague in Tudor and Stuart England*, Oxford University Press, 1991.

18. Slack, P., The Disappearance of the Plague: An Alternative View, *Economic History Review*, 34 (1981).

19. Walter, J., and Wrightson, K., Dearth and the Social Order in Ear-

ly Modern England, *Past and Present*, 71 (1976).

第八章 犯罪与刑罚

1. Amussen, S. D., Punishment, Discipline and Power: The Social Meanings of Violence in Early Modern England, *Journal of British Studies*, 34 (1995).
2. Beattie, J. M., The Criminality of Women in Eighteenth – Century England, *Journal of Social History*, 8 (1974 – 1975).
3. Cockburn, J. S. (ed.), *Crime in England, 1550 – 1800*, Princeton University Press, 1977.
4. Dolan, F., *Dangerous Familiars: Representations of Domestic Crime in England, 1550 – 1700*, Cornell University Press, 1994.
5. Gaskill, M., Reporting Murder: Fiction in the Archives in Early Modern England, *Social History*, 23 (1) 1998.
6. Gaskill, M., *Crime and Mentalities in Early Modern England*, Cambridge University Press, 2000.
7. Herrup, C. B., Law and Morality in Seventeenth – Century England, *Past and Present*, 106 (1985).
8. Herrup, C. B., *The Common Peace: Participation and the Criminal Law in Seventeenth – Century England*, Cambridge University Press, 1987.
9. Hindle, Steve., *The State and Social Change in Early Modern England, 1550 – 1640*, Palgrave Macmillan, 2000.
10. Hoffer, P. C., and Hull, N. E., *Murdering Mothers: Infanticide in England and New England, 1558 – 1603*, New York University Press, 1981.
11. Jenkins, Philip, From Gallows to Prison? The Execution Rate in Early Modern England, *Criminal Justice History*, 7 (1986).
12. Kent, J., *The English Village Constable, 1580 – 1642: A Social and Administrative Study*, Oxford University Press, 1986.
13. Kermode, J. and Walker, G. (ed.), *Women, Crime and the Courts*

in Early Modern England, University North Carolina Press, 1994.

14. Kesselring, K. J. , *Mercy and Authority in the Tudor State*, Cambridge, 2003.

15. Lawson, P. G. , Property Crime and Hard Times in England, 1559 – 1624, *Law and History Review*, 4 (1986).

16. Sharpe, J. A. , "Last Dying Speeches": Religion, Ideology and Public Execution in Seventeenth – Century England, *Past and Present*, 107 (1985).

17. Sharpe, J. A. , Domestic Homicide in Early Modern England, *Historical Journal*, 24 (1981).

18. Sharpe, J. A. , *Crime in Early Modern England, 1550 – 1750*, London, 1999.

19. Sharpe, J. A. and Stone, L. , Debate: The History of Violence in England, Some Observations, *Past and Present*, 108 (1985).

20. Stone, L. , Interpersonal Violence in English Society, 1300 – 1980, *Past and Present*, 101 (1983).

21. Walker, G. , *Crime, Gender and the Social Order in Early Modern England*, Cambridge University Press, 2003.

第九章 巫术与迫害

1. Barry, J. , Hester, M, &Roberts, G. (ed.), *Witchcraft in Early Modern Europe: Studies in Culture and Belief*, Cambridge University Press, 1996.

2. Clark, S. , Inversion, Misrule and the Meaning of Witchcraft, *Past and Present*, 87 (1980).

3. DeWindt, A. R. , Witchcraft and Conflicting Visions of the Ideal Village Community, *Journal of British Studies*, 34 (1995).

4. Gaskill, M. , *Witchfinders: A Seventeenth – Century English Tragedy*, John Murray, 2005.

5. Gaskill, M. , *Crime and Mentalities in Early Modern England*, Cam-

bridge University Press, 2000.

6. Holmes, C., Women: Witnesses and Witches, *Past and Present*, 140 (1993).

7. Jackson, L., Witches, Wives and Mothers: Witchcraft Persecution and Women's Confessions in Seventeenth - Century England, *Women's History Review*, 4 (1) 1995.

8. Larner, C., *Witchcraft and Religion: The Politics of Popular Belief*, Blackwell, 1984.

9. Macfarlane, A. D. J., *Witchcraft in Tudor and Stuart England*, Routledge, 1970.

10. Reay, B., *Popular Cultures in England, 1550 - 1750*, Routledge, 1998.

11. Rushton, P., Women, Witchcraft, and Slander in Early Modern England: Cases from the Church Courts of Durham, 1560 - 1675, *Northern History*, 18 (1982).

12. Sawyer, R., "Strangely Handled in All Her Lyms": Witchcraft and Healing in Jacobean England, *Journal of Social History*, 22 (1989).

13. Scarre, G., *Witchcraft and Magic in Sixteenth and Seventeenth Century Europe*, Palgrave, 2001.

14. Sharpe, J. A., Witchcraft and Women in Seventeenth - Century England: Some Northern Evidence, *Continuity and Change*, 6 (2) 1991.

15. Kermode, J., & Walker, G. (ed.), *Women, Crime and the Courts in Early Modern England*, University North Carolina Press, 1995.

16. Sharpe, J. A., *Early Modern England: A Social History, 1550 - 1750*, Routledge, 1997.

17. Sharpe, J. A., *Instruments of Darkness: Witchcraft in England, 1550 - 1750*, Hamish Hamilton Ltd, 1996.

18. Sharpe, J. A., *Witchcraft in Early Modern England*, Pearson Education, 2001.

19. Thomas, K., *Religion and the Decline of Magic: Studies in Popular Beliefs in Sixteenth and Seventeenth Century England*, Weidenfeld & Nicolson, 1971.

20. Tyler, P., The Church Courts at York and Witchcraft Prosecutions, 1567–1640, *Northern History*, 4 (1969).

21. Underdown, D., The Taming of the Scold: The Enforcement of Patriarchal Authority in Early Modern England, in Anthony Fletcher & John Stevenson (ed.) *Order and Disorder in Early Modern England*, Cambridge University Press, 1985.

22. Unsworth, C. R., Witchcraft Beliefs and Criminal Procedure in Early Modern England, in T. G. Watkin (ed.) *Legal Record and Historical Reality: Proceedings of the Eighth British Legal History Conference*, Hambledon Continuum, 1989.

23. Whitney, Elspeth., International Trends: The Witch "She"/The Historian "He": Gender and the Historiography of the European Witch Hunts, *Journal of Women's History*, 7 (3) 1995.

第十章　婚姻与家庭

1. [英] 劳伦斯·斯通：《英国的家庭、性与婚姻：1500—1800》，商务印书馆2011年版。

2. 宋佳红：《近代早期英国婚姻观念的变迁》，世界图书出版公司2015年版。

3. Amussen, S., *An Ordered Society: Gender and Class in Early Modern England*, Columbia University Press, 1994.

4. Capp, B., Separate Domains? Women and Authority in Early Modern England, in Paul Griffiths, Adam Fox & Steve Hindle (ed.) *The Experience of Authority in Early Modern England*, Palgrave, 1996.

5. Capp, B., The Double Standard Revisited: Plebeian Women and Male Sexual Reputation in Early Modern England, *Past and Present*, 162 (1999).

6. Capp, B., *When Gossips Meet. Women, Family and Neighborhood in Early Modern England*, Oxford University Press, 2003.

7. Crawford, S. and Mendelson, P., *Women in Early Modern England, 1550 – 1720*, Clarendon Press, 1998.

8. Fletcher, A., *Gender, Sex and Subordination in England, 1500 – 1800*, Yale University Press, 1995.

9. Fletcher A. J. & Stevenson, J. (ed.), *Order and Disorder in Early Modern England*, Cambridge University Press, 1985.

10. Froide, A., *Never Married: Singlewomen in Early Modern England*, Oxford University Press, 2005.

11. Gowing, L., *Domestic Dangers: Women, Words and Sex in Early Modern London*, Oxford University Press, 1996.

12. Houlbrooke, R., *The English Family, 1450 – 1700*, Longman, 1984.

13. Laslett, P. and Wall, R. (ed.), *Household and Family in Past Time Cambridge*, Cambridge University Press, 1972.

14. Laurence, A., *Women in England, 1500 – 1700: A Social History*, Weidenfeld & Nicolson, 1994.

15. Macfarlane, A., *Marriage and Love in England, 1300 – 1800*, Wiley – Blackwell, 1986.

16. Outhwaite, R. B. (ed.), *Marriage and Society: Studies in the Social History of Marriage*, Europa Publications Ltd, 1981.

17. O'Hara, D., *Courtship and Constraint: Rethinking the Making of Marriage in Tudor England*, Manchester University Press, 2000.

18. Prior, M. (ed.), *Women in English Society, 1500 – 1800*, Routledge, 1984.

19. Reay, B., *Popular Cultures in England, 1550 – 1750*, Routledge, 1998.

20. Sharpe, J., Plebeian Marriage in Stuart England: Some Evidence From Popular Literature, *Transactions of the Royal Historical Society*, 5 (36) 1986.

21. Stone, L., *Road to Divorce: England, 1530 – 1987*, Oxford Univer-

sity Press, 1992.

22. Thomas, K. , The Double Standard, *Journal of the History of Ideas*, 20 (1959).

23. Willen, D. , Women in the Public Sphere in Early Modern England: The Case of the Urban Working Poor, *Sixteenth Century Journal*, 19 (1988).

第十一章 科学革命

1. [英] 怀特海:《科学与近代世界》,商务印书馆 1989 年版。
2. [美] 弗兰克·萨克雷和约翰·芬德林编著,《世界大历史:1571—1689》,新世界出版社 2014 年版。
3. Bernal, J. D. , *Science in History*, Vol. 1: *The Emergence of Science*, Massachusetts Institute Technology Press, 1983.
4. Christianson, G. E. , *Isaac Newton and the Scientific Revolution*, Oxford University Press, 1996.
5. Cohen, H. F. , *The Scientific Revolution*, *Historiographical Inquiry*, The University of Chicago Press, 1994.
6. Dascal, M. and Boantza, V. D. (ed.), *Controversies within the Scientific Revolution*, John Benjamins Publishing Company, 2011.
7. Dolby, R. G. A. , *Uncertain Knowledge: An Image of Science for a Changing World*, Cambridge University Press, 1996.
8. Henry, J. , *The Scientific Revolution and the Origins of Modern Science*, Macmillan, 2008.
9. Huff, T. E. , *Intellectual Curiosity and the Scientific Revolution*, *A Global Perspective*, Cambridge University Press, 2011.
10. Hunter, M. (ed.), *Archives of the Scientific Revolution*, *the Formation and Exahgne of Ideas in Seventeenth – Century Europe*, The Boydell Press, 1998.
11. Jones, R. F. , *Ancient and Moderns: A Study of the Rise of the Scientific Movement in Seventeenth Century England*, University of Califor-

nia Press, 1965.

12. Lindberg, D. and Westman, R., *Reappraisals of the Scientific Revolution*, Cambridge University Press, 1990.

13. Kearney, H. (ed.), *Origins of the Scientific Revolution*, Longmans, 1964.

14. Kearney, H., *Science and Change, 1500 – 1700*, McGraw – Hill Book Company, 1971.

15. Klaaren, E. M., *Religious Origins of Modern Science: Belief in Creation in Seventeenth – Century Thought*, University Press of America, 1985.

16. Shpin, S., *The Scientific Revolution*, the University of Chicago Press, 1996.

17. Webster, C. (ed.), *The Intellectual Revolution of the Seventeenth Century*, Routledge, 2012.

18. Webster, C., *The Great Instauration, Science, Medicine and Reform, 1626 – 1660*, Gerald Duckworth & Co. Ltd, 1975.

19. Yound, M., *The Scientific Revolution*, Greenhaven Press, 2006.

第十二章 教育的进步

1. 刘贵华:《人文主义与近代早期英国大学教育》, 中国社会科学出版社2016年版。

2. Alexander, M. van Cleave., *The Growth of English Education, 1348 – 1648: A Cultural and Social History*, University Park, 1990.

3. Capp, B. S. Popular Literature, in B. Reay (ed.), *Popular Culture in Seventeenth – Century England*, Routledge, 1985.

4. Charlton, K., *Education in Renaissance England*, Routledge, 1965.

5. Clark, P., The Ownership of Books in England, 1560 – 1640, in L. Stone (ed.) *Schooling and Society: Studies in the Social History of Education*, Johns Hopkins University Press, 1976.

6. Cressy, D., Educational Opportunity in Tudor and Stuart England, *History of Education Quarterly*, 16 (1976).

7. Cressy, D., Levels of Illiteracy in England, 1530 – 1730, *Historical Journal*, 20 (1977).
8. Cressy, D., Literacy in Seventeenth – Century England: More Evidence, *Journal of Interdisciplinary History*, 8 (1977).
9. Cressy, D., *Education in Tudor and Stuart England*, Palgrave Macmillan, 1975.
10. Cressy, D., *Literacy and the Social Order: Reading and Writing in Tudor and Stuart England*, Cambridge University Press, 1980.
11. Fletcher, A., *Gender, Sex and Subordination, 1500 – 1800*, Yale University Press, 1999.
12. Kearney, H., *Scholars and Gentlemen: Universities and Society in Pre – Industrial Britain, 1500 – 1700*, Faber & Faber, 1970.
13. McMullan, N., The Education of the English Gentlewoman, 1540 – 1640, *History of Education*, 6 (1977).
14. O'Day, R., *Education and Society, 1500 – 1800: The Social Foundations of Education in Early Modern Britain*, Longman, 1982.
15. Reay, B., *Popular Cultures in England, 1550 – 1750*, Routledge, 1998.
16. Simon, J., *Education and Society in Tudor England*, Cambridge University Press, 1966.
17. Spufford, M., The Schooling of the Cambridgeshire Peasantry, 1575 – 1700, in Land, Church and People: Essays Presented to Professor H. P. R. Finberg, *Agricultural History Review*, supplement, 18 (1970).
18. Spufford, M., First Steps in Literacy: The Reading and Writing Experiences of the Humblest Seventeenth – Century Autobiographers, *Social History*, 4 (1979).
19. Spufford, M., *Small Books and Pleasant Histories: Popular Fiction and its Readership in Seventeenth – Century England*, Cambridge University Press, 1985.
20. Stone. L., The Educational Revolution in England, 1560 – 1640,

Past and Present, 28（1964）.

21. Thomas, K., The Meaning of Literacy in Early Modern England, in G. Baumann（ed.）*The Written Word*: *Literacy in Transition*, Oxford University Press, 1986.

第十三章　疾病与健康

1. ［美］亨利·欧内斯特·西格里斯特：《疾病的文化史》，中央编译出版社 2009 年版。
2. ［美］苏珊·桑塔格：《疾病的隐喻》，上海译文出版社 2003 年版。
3. 林富士：《疾病的历史》，联经出版事业公司 2011 年版。
4. Bynum, W. *The History of Medicine*: *A Very Short Introduction*, Oxford University Press, 2008.
5. Digby, A., *Making a Medical Living. Doctors and Patients in the Market for Medicine*, *1720 – 1914*, Cambridge University Press, 1994.
6. Dobson, M., *Contours of Death and Disease in Early Modern England*, Cambridge University Press, 2010.
7. Elmer, P., *The Healing Arts*: *Health, Disease and Society in Europe*, *1500 – 1800*, Manchester University Press, 2004.
8. Elmer, P., *Health, Disease and Society in Europe*, *1500 – 1800*: *A Source Book*, Manchester University Press, 2003.
9. Gentilcore, D., *Food and Health in Early Modern Europe*: *Diet, Medicine and Society*, *1450 – 1800*, Bloomsbury Academic, 2015.
10. Harrison, M., *Disease and the Modern World*: *1500 to the Present Day*, Polity, 2004.
11. Healy, M., *Fiction of Disease in Early Modern England*: *Bodies, Plagues and Politics*, Palgrave Macmillan, 2001.
12. Hofmann, B., Complexity of the Concept of Disease as Shown Through Rival Theoretical Frameworks, *Theoretical Medicine and Bio-*

ethics, 22 (3) 2001.

13. Landmann, M., *Medicine and Society in Early Modern Europe*, Cambridge University Press. 1999.

14. Lane, J. *A Social History of Medicine*: *Health, Healing and Disease in England, 1750–1950*, Routledge, 1988.

15. Margolis, J., The Concept of Disease, *The Journal of Medicine and Philosophy*, 1 (3) 1976.

16. Mortimer, I., *The Dying and the Doctors*: *The Medical Revolution in Seventeenth–Century England*, Roydell & Brewer, 2015.

17. Porter, R., *Disease, Medicine and Society in England, 1550–1860*, Cambridge University Press, 1995.

18. Porter, R., *Health for Sale. Quackery in England, 1660–1850*, Manchester University Press, 1989.

19. Porter, R., *The Greatest Benefit to Mankind*: *A Medical History of Humanity*, Fontana Press, 1999.

20. Radley, A., *Making Sense of Illness*, *The Social Psychology of Health and Diease*, Sage Publications Inc., 1994.

21. Wear, A. (ed.), *Medicine in Society*: *Historical Essays*, Cambridge University Press, 1992.

22. Wear, A., *Knowledge and Practice in English Medicine, 1550–1680*, Cambridge University Press, 2000.

23. Wear, A., *Health and Healing in Early Modern England*: *Studies in Social and Intellectual History*, Ashgate, 1998.

第十四章 医疗行业的发展

1. [英] 罗伊·波特：《剑桥插图医学史》，山东画报出版社2007年版。

2. [英] 罗伊·波特：《极简医学史》，清华大学出版社2016年版。

3. [法] 米歇尔·福柯：《临川医学的诞生》，译林出版社2001年版。

4. 余凤高:《呻吟声中的思索》,山东画报出版社 1999 年版。
5. 周俊、何兆雄主编:《外国医德史》,上海医科大学出版社 1994 年。
6. 赵秀荣:《近代英国医院兴起的社会影响初探》,《首都师范大学学报》,2010 年第 3 期。
7. Cook, H. J., *The Decline of the Old Medical Regime in Stuart London*, Cornell University Press, 1986.
8. Digby, A., *Making a Medical Living: Doctors and Patients in the English Market for Medicine, 1720 – 1911*, Cambridge University Press, 1994.
9. Hamilton, B., The Medical Professions in the Eighteenth Century, *The Economic History Review*, New Series, 4 (2) 1951.
10. Granshaw, L. and Porter, R., *The Hospital in History*, Routledge, 1989.
11. John Bell, *Letters on Professional Character and Manners*, Edinburgh, 1801.
12. Loudon, I., *Medical Care and General Practitioner, 1750 – 1850*, Clarendon Press, 1986.
13. McNeill, W., *Plagues and Peoples*, Anchor Books, 1976.
14. Pelling, M., Healing the Sick Poor: Social Policy and Disability in Norwich 1550 – 1640, *Medical History*, (29) 1985.
15. Pelling, M., Medical Practice in the Early Modern Period; Trade or Profession? *The Society for the Social History of Medicine*, 32 (1983).
16. Porter, R, *Patient's Progress. Doctors and Doctoring in Eighteenth – century England*, Polity Press, 1989.
17. Porter, R. and Porter. D., *In Sickness and in Health: the English Experience, 1650 – 1850*, Fourth Estate, 1988.
18. Porter, R. and Wear, A. (ed.), *Problems and Methods in the History of Medicine*, Croom, 1987.
19. Poynter, F. (ed.), *The Evolution of Medical Practice in Britain*,

Pitman Medical, 1961.

20. Risse, G. B., *Mending Bodies, Saving Souls – A History of Hospitals*, Oxford University Press, 1999.

21. Waddington, I., The Role of the Hospital in the Development of Modern Medicine: A Sociological Analysis, *Sociology*, 7 (2) 1973.

第十五章　疯癫与疯人院

1. ［法］福柯：《疯癫与文明：理性时代的疯癫史》，生活·读书·新知三联出版社2003年版。

2. ［英］罗伊·波特：《疯狂简史》，左岸出版社2004年版。

3. ［英］罗宾·布里吉斯：《与巫为邻：欧洲巫术的社会和文化语境》，北京大学出版社2005年版。

4. 陆启宏：《近代早期西欧的巫术与巫术迫害》，复旦大学出版社2009年版。

5. 赵秀荣：《英国约克静修所的道德疗法初探》，《史学理论研究》，2015年第2期。

6. Burton, R., *The Anatomy of Melancholy*, Hard Press Publishing, 2016.

7. Bynum, W. F., Porter, R. and Shepherd, M., *The Anatomy of Madness: Essays in the History of Psychiatry*, Vol. 2, Tavistock Publications Ltd. 1958

8. Digby, A., *Madness, Morality and Medicine, A Study of the York Retreat, 1796 – 1914*, Cambridge University Press, 1985.

9. Doob, P., *Nebuchadnezzar's Children: Conventions of Madness in Middle English Literature*, Yale University Press, 1974.

10. Hunter, R. and MacAlpine, I. (ed.), *Three Hundred Years of Psychiatry, 1535 – 1860, A History Presented in Selected English Texts*, Oxford University Press, 1963.

11. Insel, T., *Toward a New Understanding of Mental Illness*, Ted talk.

12. MacDonald, M., *Mystical Bedlam, Madness, Anxiety, and Healing in Seventeenth – Century England*, Cambridge University Press, 1981.

13. Murphy, E. , Mad Farming in the Metropolis, *History of Psychiatry*, 12 (3 & 4) , 2001.

14. Parry-Jones, W. , *The Trade in Lunacy, A Study of Private Madhouse in England in the Eighteenth and Nineteenth Century*, Routledge, 2006.

15. Porter, R. , Madness and Society in England: The Historiography Reconsidered, *Studies in History*, 3 (2) 1987.

16. Porter, R. , The Rage of Party: A Glorious Revolution in English Psychiatry? *Medical History*, 27 (1983) .

17. Porter, R. , *Mind-Forg'd Manacles: A History of Madness in England from the Restoration to the Regency*, Penguin Books Ltd, 1987.

18. Porter. R. , *Madmen: A Social History of Mad-Houses, Mad-Doctors, and Lunatics*, The History Press Ltd. , 2001.

19. Porter, R. A, *Social History of Madness: Stories of the Insane*, Weidenfeld & Nicolson History, 1996.

20. Porter, R. (ed.), *The Faber Book of Madness*, Faber and Faber, 1991.

21. Rowley, W. A, *Treatise on Female, Nervous, Hysterical, Hypochondriacal, Bilious, Convulsive Diseases, Apoplexy and Palsy: Which Thoughts on Madness, Suicide . . .* , London, 1788.

22. Saks, E. , *A Tale of Mental Illness - from the Inside*, Ted Talk.

23. Scull, A. , Madness and Segregative Control: The Rise of the Insane Asylum, *Social Problems*, 24 (3) 1977.

24. Scull, A. , Moral Treatment Reconsidered: Some Sociological Comments on an Episode in the History of British Psychiatry, *Psychological Medicine*, (9) 1979.

25. Tuke, S. , *Description of the Retreat, an Institution near York for Insane Persons of the Society of Friends*, York, 1813.

26. Wear, A. , *Medicine in Society, Historical Essays*, Cambridge University Press, 1992.

第十六章　自杀现象及认知

1. ［法］埃米尔·杜尔凯姆：《自杀论——社会学研究》，商务印书馆 1996 年版。
2. 张三夕：《死亡之思》，洪叶文化事业有限公司 1996 年版。
3. 赵秀荣：《"自杀"一词在英文中的出现及意义》，《中国读书报》，2017 年 3 月 15 日 20 版。
4. 赵秀荣：《英国社会对"自杀"的认知》，《经济社会史评论》，2017 年第 3 期。
5. 黄永峰：《英国法对自杀者的惩罚和宽宥》，《暨南学报》，2009 年第 3 期。
6. 李建军：《自杀：是"犯罪"还是"权利"？》，《云南大学学报法学版》，2009 年第 1 期。
7. Adams, J., *An Essay Concerning Self-Murther, Wherein is Endeavour'd to Prove, That it is Unlawful According to Natural Principles*, London, 1700.
8. Anderson, O., *Suicide in Victorian and Edwardian England*, Clarendon Press, 1987.
9. Andrew, D., Debate, The Secularization of Suicide in England, 1660-1800, *Past and Present*, (119) 1988.
10. Burton, R., *The Anatomy of Melancholy, What it is, with All the Kinds, Causes, Symptoms, Prognostics, and Several Cures of it: in Three Partitions. With Yheir Several Sections, Members, and Subsections, Philosophically, Medicinally, Historically Opened and Cut Up*, London, 1838.
11. Crocker, L., The Discussion of Suicide in the Eighteenth Century, *History of Ideas*, 13 (1) 1952.
12. Forbes, T. R., London Coroner's Inquests for 1590, *Journal of the History of Medicine and Allied Sciences*, 28 (4) 1973.
13. Healy, R., Suicide in Early Modern and Modern Europe, *The His-*

torical Journal, 49 (3) 2006.

14. Houston, R., A. *Punishing the Dead? Suicide, Lordship and Community in Britain, 1500 – 1830*, Oxford University Press, 2010.

15. Hume, D., *Essays on Suicide and the Immortality of the Soul*, Basil, 1799.

16. MacDonald, M. & Murphy, T., *Sleepless Souls, Suicide in Early Modern England*, Oxford University Press, 1993.

17. MacDonald, M., The Inner Side of Wisdom: Suicide in Early Modern England, *Psychological Medicine*, (4) 1977.

18. MacDonald, M., The Medicalization of Suicide in England: Laymen, Physicians and Cultural Change, 1500 – 1870, *The Milbank Quarterly*, 67 (Supplement 1), 1989.

19. Moore, C., *A Full Inquiry into the Subject of Suicide: Two Treaties on Duelling and Gaming*, Vol. 2, London, 1790.

20. Murray, A., *Suicide in the Middle Ages, Vol. 1, the Violent against Themselves*, Oxford University Press, 1998.

21. Murray, A., *Suicide in the Middle Ages, Vol. 2, the Curse on Self – Murder*, Oxford University Press, 2000.

22. Shepherd, A. and Wright, D., Madness, Suicide and the Victorian Asylum: Attempted Self – Murder in the Age of Non – Restraint, *Medical History*, 46 (2) 2002.

23. Stevenson, S., Social and Economic Contributions to the Pattern of 'Suicide' in South – East England, 1530 – 1590, *Continuity and Change*, 2 (2), 1987.

24. Williams, M., *Cry of Pain: Understanding Suicide and the Suicidal Mind*, Piatkus, 2014.

后　　记

虽然此书不是我的第一本专著，但却是第一次写后记。在意欲把23年的心路历程付诸笔端之时，心中感慨颇多。

23年前（1994），我投奔王先恒先生门下，开始对都铎王朝发生兴趣。2002年先生仙逝，我曾写下一段文字纪念他，转录于此。

  恩师在1935年5月4日出生于河北正定，后随父迁到安徽省潜山县。1953年考入北京大学历史系，1958年毕业后分配到内蒙古大学历史系任教直到逝世。据王先生讲，由于他不是班上的积极分子，因此毕业时被分配到内蒙古。

  王先生在语言方面有极高的天赋。他具体掌握了几门外语，我也不是很清楚，但可以肯定的是他通晓英语、法语、俄语、德语、西班牙语、意大利语、拉丁语、葡萄牙语。我们四位弟子，都跟他学习过英语、拉丁语等。我跟王先生学过俄语（我的第二外语）、师姐学过意大利语、师弟学过法语、师妹学过西班牙语……在他去世前不久，还让师妹帮他寻找有英语对照的瑞典语语法书。

  王先生在专业方面有很深的造诣。还在北京大学求学期间，王先生就在《光明日报》上发表过《巴黎公社的文教措施》；后来又在《历史研究》上发表过关于共产国际的若干论文——据王先生讲，他利用发现的一份德文资料，更正了关于共产国际的若干误解；王先生还留下了一部译著《人权哲学》。以先生的学识本可以写出更多的东西，但他疏于动笔，他天才

后　记

的思想也随之而去了。

王先生不仅学识过人，更是少有的道德榜样。他一生清苦，默默无闻，学界知道他的人都不多，但在认识、了解他的人中，却有极高的威望。王先生对我影响最大的就是他的铮铮傲骨——他从不媚俗，更不趋炎附势。他正直善良，爱憎分明，特别痛恨的就是贪官污吏，骂他们祸国殃民。王先生身上有许多侠士精神，为了自己的目标，即使付出终身也不后悔。王先生还极其自尊，在生病的时候不愿见任何人，从不轻易接受别人的帮助。王先生去世后，师妹写就挽联："时耶？命耶？古道不存斯人犹在，悲哉！幸哉！先生遗恨弟子承芳。"其上联，真正体现了王先生的风骨。

王先生保守但决不迂腐，淡薄名利但决非不思进取，疏于动笔但决不是没有思想。他几乎不看报、不看电视、不听收音机，但天下大事无所不知。他乐观豁达，即使在最后的日子里仍笑对人生。他留下的最后一句话是"丧事从简，不麻烦任何人。"

我希望，此书的出版能够告慰王先生在天之灵；我深知，虽然还没有达到王先生的要求，但我一直在努力。

1997年，我投奔陈曦文先生门下，攻读博士学位，专攻英国经济史。虽然我对经济史并不感兴趣，但在陈先生那里受到严格训练。我记得2000年博士论文写作进入关键时期，除夕夜我仍旧伏案疾书……当时的抱怨，现在化为感激。2000年陈先生退休，当时我还没完成学业，陈先生由于家庭的原因旅居澳门。她没有把我转给其他导师，而是一直通过电话对我指导。在陈先生严格的要求和耐心指导下，我完成了《1500—1700年的商业与商人研究》博士论文，后集结出版。

陈先生于1934年出生在澳门，在香港长大，后来到内地投身革命事业，经历了轰轰烈烈的革命年代，一直秉持共产主义的信念。陈先生对我影响最大的就是严于律己，宽以待人。在我认识陈先生的20年里，从未听她抱怨过任何一个人，任何一件事。在我人生最困难的阶段，陈先生不仅在精神上鼓励我，还在经济上帮助我。我每次去看陈先生，都能感受到她深深的爱意与关切。虽然我目前已经不再做经济史的研究，但她一直关心我的事业、身体，鼓励我秉持自己的原则，踏踏实实做学问。在本书出版之际，借此表达对陈先生的无尽感激。

此书源起于2005年我的第一次英伦之行。2005年，我申请到了英国华威大学的"中国学者奖学金"。那是我第一次出国，也是第一次踏上英伦三岛，当时日记中的一段话，记下了我刚到华威大学的情景。

> 这里的冬天天很短，四点钟天就黑了，刚下飞机，时差没有倒过来，午饭也没有吃，但还是坚守承诺到系里报道。返回公寓时，只能一路打听。还没等我走到公寓，突然下起大雨。在诺大的一个校园里，一个人也看不见，雨打在我的脸上、身上，我根本分不清方向，怎么也找不到公寓，一个人在大雨里，真的很恐惧，但我告诉自己要坚强，强忍住泪水继续寻找，跑了几个方向都错了。好不容易看到一个窗子开着，赶紧向里面的人问路，她告诉我公寓的方向，到公寓的时候，我已经浑身湿透了。英国在以它特有的方式欢迎我。

如今，我频繁地往返于北京伦敦之间，对英国已经没有新鲜感。2005年11月16日的日记中，我记下了对英国最初的印象。

> 去莱明顿（Lemington）警察局注册后，路过一个公园。公园门口，有一座士兵的雕像，上面刻着"纪念我们逝去的英雄"（For Our Fallen Heroes），下面刻着阵亡将士的名字，一些是"一战"时将士的名字，一些是"二战"时将士的名字。记得问过别人，这几天是"阵亡将士纪念日"，许多人胸前都佩带着小红花。在这里，我也看到了用这种小花扎成的花环，上面写着逝者的名字。人们在追忆逝去的亡灵，纪念保护祖国

后　记

的英雄们。公园很小，但有一种质朴、原始之美。在一条缓缓流淌的小河上有一座小桥，上面长满了青苔，有些破败，但一切都是那么自然，没有人工雕琢的痕迹。在这个静谧、安详的地方，时间似乎静止了。这时，一个老人摇着轮椅孤独地来到公园，突然拐杖掉了下来，我赶紧拾起递给他……夕阳的余辉落在老人和周围的鸽子身上，有一种凄凉的美。

在华威大学，我选修了伯纳德·卡普（Bernard Capp）教授的课《英国社会史》，以及科林·琼斯（Colin Jones）的《医疗社会史专题》，这是我第一次对社会史发生兴趣。2007－2008年，我又申请到美国哈佛大学燕京学社的奖学金，在那里参加了《中世纪和文艺复兴时期的医学、奇迹和神迹》《疯癫和医学：心理史学中的主题》《医学、伦理与文化》《医疗道德史研究》等课程的学习和研讨。

两次出国的经历极大地开阔了我的视野，获得了珍贵的史料。回中国后，我从2009年起开始给硕士生开设《英国社会史》课程。这些年的积累是本书的基础。英国的近代早期是社会转型时期。英国作为最先迈进现代社会的国家，其成功的经验及失败的教训对我们今天的社会仍有启发、借鉴意义。我虽然研究英国史，但一直关注的是中国的社会问题。他山之石可以攻玉，一个文明如果可以汲取其他文明之长处并将之内化，无疑会为这个文明注入新的活力。如近代早期英国政府的济贫措施，虽然很原始，但仍旧对我们今天解决贫困问题有借鉴意义；再如议会法令要求必须有两个医生的手书，疯者才可以入院；还如教育的发展及科学家不向权势屈服的精神，对今天仍旧有意义。最重要的是英国对待传统的态度——既不是完全地抛弃，也不是完全地继承，这在近代早期英国社会有显著的体现——是其循序渐进的基础。我希望在这方面能引发读者的思考。

今天的治学条件比起我做博士论文时好很多。写博士论文期间，我整天泡在北京图书馆（今国家图书馆）和北京大学图书馆——当时这两个地方关于英国史的藏书最丰富。当时，要想找到一本国内没有的书只能依靠国际互借，一本书就需要300多元，这对于没有收入的博士生而言无疑难以负担。收集原始文献最全面的"英国早期出版物"(EEBO)数据库在国内根本没有。如今，人民大学图书馆不仅购买了 EEBO，还有"18 世纪在线"以及各种期刊数据库。资料来源的丰富，也会产生问题——相信所有的史学界同仁都有这样的经历：史料不足时，无米下锅；史料太多时，如何甄别、遴选。在我研究的过程中，既有遇到问题的困顿与痛苦，也有解决问题时文思泉涌的喜悦；既有凌晨四点钟醒来突然有的灵感，也有不知如何下笔如困兽般在房间里转来转去的苦闷。随着研究的深入，我感兴趣的题目越来越多，发掘的文献也越来越多。时不我待，只争朝夕。

在本书的写作过程中，我的好友兼同事王皖强教授在谋篇布局上给于了宝贵的建议，河南大学的阎照祥教授也对此文提出建设性的指导。孟广林教授在百忙之中为本书作序，不胜感激。特别感谢我的编辑郭鹏老师，他为本书的出版付出了极大的心血，从语句、文字到标点符号，付出了大量的时间和精力，并且由于种种原因，他对本书的编辑付出了双倍的时间。还要感谢我的丈夫 Michael Whitton，感谢他对家庭的付出，感谢他对我事业的支持，虽然他一直不赞成我从事自杀的研究，但我理解那是出于对我的关爱（Many thanks to my husband Michael Whitton. Thanks for your dedication to our family, thanks for your support with my career. Although you never approve my research on suicide, it is because you love me）。此外，在本书写作期间，我在伦敦大学学院（University College London）的高等研究所（Institute of Advanced Studies）访学，那里丰富的藏书及网上资源为本书的写作提供了便利条件

其实，本书的任何一个题目都可以作为专题研究，足以写就一本专著，而本书把这些题目列为篇章探讨，不可避免的会挂一漏万。由于时间仓促及本人水平所限，文中不足、甚至错误之处，请方家指正。

赵秀荣
2017 年 12 月